淮河生态经济带发展研究丛书

熊文 总主编

国家出版基金项目
NATIONAL PUBLICATION FOUNDATION

淮河生态经济带

发展政策保障研究

程广帅 编著

长江出版社
CHANGJIANG PRESS

淮河流域地处我国东中部，介于长江和黄河两流域之间，流域地跨河南、安徽、江苏、山东及湖北5省，干流流经河南、安徽、江苏3省，分为上游、中游、下游3部分，全长1000千米。洪河口以上为上游，长360千米；洪河口以下至洪泽湖出口中渡为中游，长490千米；中渡以下至三江营为下游入江水道，长150千米。由于历史上黄河曾夺淮入海，淮河流域以废黄河为界分为淮河和沂沭泗河两大水系，面积分别为19万平方千米和8万平方千米。淮河流域西部、南部和东北部为山丘区，面积约占流域总面积的1/3，其余为平原（含湖泊和洼地），是黄淮海平原的重要组成部分。

古老的淮河，发源于桐柏山，沿途纳千河百川，以丰富的支流水系，像一把展开的扇面，铺满中原大地。这里曾流淌着中华民族的古老文明，从新石器时代，到夏商周王朝，再到隋唐，每个重要时期，它都扮演着重要角色；这里曾出现过改天换地的历史人物，大禹治水"三过家门而不入"，刘邦项羽掀楚汉风云，神医华佗悬壶济世，都与它息息相关；这里有丰富的历史文化遗址，有独具特色的山水名胜，更有南北过渡的民俗文化。可以说，充满人文色彩的淮河，堪称是一条非常有故事的河流。

历经百年沧桑，走入近现代，淮河的精彩故事还在续写，人们对它的情感也开始变得复杂而纠结。一方面，人们对它有着"走千走万，不如淮河两岸"的赞美。一组直观的数据是，淮河流域以不足全国3%的水资源总量，承载了全国约13.6%的人口和11%的耕地，贡献了全国9%的GDP，生产了全国六分之一的粮食。另一方面，它也有着中国"最难治理的河流"的名号。深受水患之困，沿线民众苦不堪言，1951年，毛泽东主席提出的"一定要把淮河修好"的号召更让它成为新中国成立后第一条全面系统治理的大河。

2018年10月6日，国务院正式批复《淮河生态经济带发展规划》，标志着淮河生态经济带建设正式上升为国家区域发展战略。与过去几十年治理淮河的思路不同，这次国务院批复的《淮河生态经济带发展规划》呈现出多个"第一"：

第一次从发展的角度来治理淮河，一改过去单纯从防汛角度治理淮河的理念。

第一次从生态保护角度出发进行流域治理，一改过去将发展和生态相对立的做法。

第一次实行五省联动全流域治理，一改过去"各个省份各自干"的模式。

第一次把水利、交通、农业、工业、商贸、旅游、文化等部门集中起来，提出综合性治理方案，一改过去"各个部门各自行"的方式。

《淮河生态经济带发展规划》是第一个从国家层面制定的全流域发展规划，第一次把淮河流域的治理和发展作为一个系统工程，充分体现了统筹协调、全面系统的规划理念。规划实施将充分发挥淮河流域独特的区位优势、天然的资源禀赋，淮河流域生态经济带也将迎来前所未有的发展机遇。立足当前国家淮河生态经济带区域发展重大战略部署推进实施，梳理剖析淮河生态经济带发展建设中的难点、热点问题，系统研究淮河生态经济带发展状况并提出应对措施和建议，为推动淮河生态经济带建设和发展提供决策支撑，具有重要理论价值和现实意义。在多年相关研究基础上，长江出版社组织策划出版《淮河生态经济带发展研究丛书》，丛书分为《淮河生态经济带总体构想研究》《淮河生态经济带发展政策保障研究》《构建淮河生态经济带现代产业体系》《淮河生态经济带现代化进程研究》《淮河生态经济带现代综合交通运输体系建设研究》《淮河生态经济带关键节点开发研究》。

本研究丛书由湖北工业大学长江经济带大保护研究中心主任熊文教授总负责，中南财经政法大学何雄、程广帅，湖北大学李楠，湖北省社会科学院陈思，湖北工业大学黄羽，东华理工大学曹立斌分别负责相关分册编著。丛书从淮河流域发展实际出发，以《淮河生态经济带发展规划》为指导，进行系统研究，力求做到内容全面、重点突出、分析透彻、建议中肯，实现整体研究的系统性、针对性、前瞻性以及可操作性的高度统一，以期对推动淮河流域生态经济带发展助一臂之力。

编者

  本书为《淮河生态经济带发展研究丛书》中的第二册，共分六章，从淮河流域发展面临的历史机遇开篇，逐一梳理淮河流域协调发展机制、投资金融体系、激励政策体系、发展保障体系和生态环境保护政策，系统展现新时期淮河生态经济带发展迎来的政策利好，助推淮河生态经济带乘着政策东风，顺势而为，驶入发展快车道。

  本书由中南财经政法大学程广帅编著，张凌超、邱月玲、张琨、杨增、吴泳沛、陈碧云等参与了部分编写与校稿工作。自 2020 年 6 月启动编纂工作以来，从最初的酝酿、策划、筹备，到多次研究、论证及编撰实施，全体编撰人员开展了大量的资料收集、分析、研究工作，为本书的撰写付出了辛勤的劳动和汗水。在本书编写过程中，多家权威机构的专家教授给予悉心指导和帮助，同时本书还参考和引用了国内外学者的诸多案例和文献资料，并得到了长江出版社高素质编辑出版团队的大力支持与帮助，在此一并致以最衷心的感谢！

  由于时间仓促，编者水平有限，书中不足之处，敬请广大同行专家和读者批评指正。

编者

目 录

第一章　淮河流域发展现状面临的历史机遇和战略作用

第一节　淮河流域发展面临的历史机遇

一、淮河流域经济带的历史演变

（一）古代淮河流域的兴衰

1.先秦时期淮河流域初步开发阶段

夏商时期，淮河流域经济开发的主体是徐、淮夷以及当地的土著，受制于较低的生产力水平，人类活动范围和手段有限，整个淮河流域未能得到足够有效的开发利用，淮河流域处于低洼潮湿、河流沼泽纵横、草木繁茂、鸟兽恣肆的自然状态。农业生产有了一定的发展，主要使用石制乃至骨制的工具，但也出现了部分青铜工具；当地的采集渔猎生产仍然在经济生活中占据了重要地位。

西周的大分封将先进的周文化和生产力引入了淮河流域。农业生产的工具依然以木石为主，但青铜工具较商代相比有了明显的增多，同时形成了规划较为整齐的沟洫系统，人为地改善了当地的地理条件。

春秋时期是淮河流域经济开发的加速阶段，周文化、楚文化、吴文化以及当地文化在这一时期得到了更深的融合，更为先进的生产工具被引入淮河流域的经济生产活动中。农业生产方面，铁犁牛耕技术历经整个春秋时期后，在淮河流域得到了逐步地推广和使用，但铁器的使用存在着不平衡的状况，更靠近中原文明的淮北地区更早地出现了铁器。同时伴随着水利灌溉技术的发展，大型水利工程也在这一时期开始兴修。农业生产管理也得到了重视，加强了农田防污、施撒肥料等意识，精耕细作的农业模式初具雏形。

战国时期，楚国势力不断壮大，淮河流域的大部分被纳入楚国的版图，淮河流域优越的自然条件使其成为楚国的经济重心,并由此成为政治的重心,从而淮河流域的开发程度被极大地增加了。铁犁牛耕进一步地普及了,铁器使用不平衡的状况得到了改善,但部分青铜农具在这一时期仍然存在并被使用于农业生产。在水利事业方面,鸿沟和芍陂两大灌溉工程的修建,形成了更为庞大的水利灌溉网络,充分利用了淮河流域水网密布的自然优势,开垦了更多的农田,农业生产大幅进步。手工业在战国时期得到了前所未有的大发展,冶铁炼钢冶铜技术取得了重大突破,出现了渗碳钢等技术。伴随着生产力的提升,交通条件的改善,商品经济深深融入了淮河流域的经济发展中。

2.两汉时期淮河流域进入了经济繁荣阶段

在两汉大一统的整体前提下,在一个强有力的中央集权政府的统治下,能够有效地集中人力物力,对淮河流域进行更深入的开发。淮河流域虽饱经楚汉相争时期的战乱摧残,却在汉初的休养生息下迅速恢复并得到进一步的发展。在农业生产方面,铁器基本覆盖了淮河流域的农业生产,总体上结束了自春秋以来的铁器使用不平衡的状态。牛耕的耕作方式不仅在范围上得到推广,更在技术上取得了长足进步,其基本结构成为后世改良的基本样式。随着汉武帝时期治理黄河决口的水患,两汉时期的水利建设事业成为淮河流域各郡县官吏的重要事务,整修原有的水利设施和兴建水利工程均有所记载。手工业在此时期也快速发展,盐铁专营,西汉官府对铁器生产极为重视。除了传统的冶铁业、冶铜业的发展,在这一时期,淮河流域还产生了豆腐的制作方法,始记于《淮南子》。淮河流域日益发达的农业生产,加之汉代官府层面的盐官铁官大量设立,民间手工业也日渐繁荣,又有着绝佳的四通八达的水陆交通,淮河流域的商业一度成为财富增长最快的行业。经济上的繁荣,相对充裕的物质保障,淮河流域的人口也急剧膨胀,一方面是当地人口自然增长率的增加,另一方面其优渥的经济开发条件也促使汉代朝廷下令北方生活窘困的饥民前来谋生,这些饥民带来了北方更为先进的生产技术,也加速了淮河流域的民族融合,打破了先秦时期的徐、淮夷和中原民族的民族界限,减少了民族矛盾冲突,成为淮河流域经济更进一步发展的有利条件。

3.魏晋南北朝时期的曲折发展阶段

与两汉大一统不同,魏晋南北朝呈现了大分裂的状态,而淮河流域正处于几方对峙割据的边界地带，从整个历史时期的宏观角度来看，淮河流域历经战火后经济发展水平整体上有一个明显的下降。但从几方对峙态势有所起伏的不同时期来看，淮河流域在经济受到破坏的同时也有了一个破而后立的过程，孕育出了新的经济形态和生产方式。曹魏西晋时期的屯田制极大地恢复了遭受汉末战乱而凋敝的淮河流域的经济，招揽流民，开垦荒地，兴修水利，加强防务，主观上为曹魏政权积攒了重要的经济储备，客观上则促进了淮河流域的经济发展，同时淮河流域也一度成为曹魏经济中极其重要的一环，甚至被视作"天下之腹心"。永嘉之乱，北方百姓、官僚流离失所，分别于淮北淮南形成了两种经济形态。淮北部分未渡江的地主豪强、官僚士绅纠集部曲宗族、招徕流民形成了带有较强军事色彩的坞堡经济；淮南在安置流民和平衡北方士族和南方士族的利益的背景下，成为侨置郡县举措施行的一个极为重要的地区。

4.隋唐时期淮河流域经济重现辉煌阶段

隋朝结束了自永嘉之乱以来的南北对峙局面，数百年的战乱使得人口锐减，大量农田荒芜，为保证有充足税收，隋唐推行均田制，轻徭薄赋，招徕流民，授予田地，也将大量豪强地主势力下的隐户重新纳入国家编户之中，大大增强了中央对于经济的掌控力，削弱了汉末以来不断势大的地方豪强地主。杜牧言道"天下以江淮为国命"，表现为朝廷极为重视淮河流域的水利建设；新兴的农业赋税制度和土地制度也首先在淮河流域施行，如租庸调制、两税法；精耕细作的农业模式在淮河流域不断进行经验总结、模式改良，在淮河流域的农业生产实践中走向了顶峰。隋炀帝时期，大运河的修建将交通航运发达这一特点彻底刻在淮河流域的经济发展之中，大运河贯穿淮河流域，加之淮河水系原本就四通八达，两者结合形成了当时最为发达的交通枢纽，使得淮河流域成为经济重心南移的一个重要节点，从南方征收的粮食运往京城，漕运便由此兴起。伴随交通发展而来的是手工业、商业的兴旺繁盛，黄河和淮河之间形成了一个贸易繁华的大商业区。淮河流域一度成为朝廷最重要的赋税基地，这虽然说明封建朝廷对淮河人民的剥削加重，但也从侧面反映了淮河流域当时的经济盛况。

5.两宋时期淮河流域经济的兴衰

由于淮河流域靠近北宋都城汴京，不论是在政治上还是经济上，淮河流域在北宋的地位均达到了前所未有的程度。庆历新政和熙宁变法首先在此施行，不管是淮河流域官员的任免还是水利设施的兴建与修缮，北宋朝廷都予以足够的重视，足可见当时淮河流域的经济和政治地位。流域内的茶叶经济、制瓷业、造船业、冶铁业和制盐业在原有发达的基础之上更进一步。南宋时期，战争造成大量破坏，淮河流域首当其冲。黄河决口，水患肆虐，最终黄河夺淮入海，严重破坏了淮河流域的农业生产、水利设施、商业市镇等一系列的社会生产力建设。至此，淮河流域的自然生产力遭到毁灭性的打击，旱涝灾害更为频繁，淮河流域的经济地位开始走下坡路。虽然之后宋金议和，也采取了屯田、互市的举措，淮河流域的经济稍有所恢复，但远不复昔日盛景。

6.元明清时期的淮河流域波折中缓慢发展

金末时期，战乱绵延20余年，蒙古人对淮河流域采取了残酷的烧杀抢掠，淮北地区山河破败，人烟灭迹。元初，蒙古统治者的战略重心就转为了维持其统治的稳定性和延续性，同时也逐渐适应汉人的经济和政治制度，设立专门机构，轻徭薄赋、劝课农桑、开垦荒地，兴修水利、济民赈灾等一系列措施一定程度上恢复了淮河流域的经济元气。垦田面积有所增加，其关键在于棉花被引入了淮河流域，并且得到了初步的推广。经济重心自南宋以后，转向了江南地区，而元设大都于今天的北京城，政治中心在北方的大都，为维持都城经济物质保障，元贯通南北大运河，更进一步地促进了南北经济文化的交流。

有明一代，淮河流域历经复苏和衰退，更重要的是在明代，淮河经济地位大幅下降，国家财政仰仗的重心被坐拥更为优渥自然条件的长江流域所取代，淮河流域的发展也受到旱涝蝗害等的严重干扰，在一个有限的水平范围内起伏。淮河流域属于明代统治集团的发祥地，明廷除了对淮河流域采取了鼓励农垦、兴修水利、移民屯田等恢复农业生产的举措外，也鼓励棉花等经济作物的种植，棉花种植在这一时期推广迅速。明中期，自南宋以来的黄河夺淮更为频仍，黄河、淮河、运河三河错综交汇。出于统治集团的利益，明朝采取了抑河夺淮保运的措施，牺牲了淮河流域的经济发展，使得本就猖獗的旱涝灾害在淮河流域更为凸显。加之社会矛盾加剧、土地兼并等，淮河流域流民四起，即使张居正的"一条鞭法"改革使这一情况有所缓解，但仍然无济于事，于是在明代，淮河流域的整个经济都在经历全面衰退。

清初，统治者同样还是采取了一定的复兴经济的政策，最为瞩目的是引入了番薯这一高产作物，经过数十年的休养生息，淮河流域的农业生产缓慢发展，人口增长也达到了前所未有的高度，人地矛盾加剧，精耕细作的模式在清朝达到了封建王朝的巅峰。经济作物的生产扩大化和专业化在淮河农业生产发展中扮演着日益重要的角色，由此农业生产的领域也萌发了资本主义的种子，产生了资本主义性质的雇佣关系，社会财富在快速增加。然而财富的聚集并未投入再生产，淮河流域在奢靡之风中浪费了宝贵的原始积累的机会，最终淮河流域在自然和社会两个不利的条件下开启了更加全面的经济衰退进程。

（二）近代淮河流域的艰难发展

1.近代淮河流域农业生产的变革

自鸦片战争以来，列强将中国强行卷入世界经济的体系之中，中国传统经济结构产生了剧变，在外国资本的强势入侵和近代政府有限的近代化进程的助推下，走上了艰难转型的道路。而作为传统经济结构中的支柱，农业经济自然首当其冲。

近代农业经济改革的提出是"实业救国"思潮的产物，主张用先进的技术对传统农业进行必要的改造，为传统农业注入近代化的发展因素，将农业的近代化改造与工商业的发展相协调适应是当时进步人士的共识，也是晚清时期淮河流域农业改革的显著特点。传统的农工商关系被政府和社会各界由外进行改变，农工商一体化发展理念取代了传统的重农轻工商的意识。

首先在淮河流域，近代政府设立了各级农业机构，既有管理农业生产的机构也有农业推广改良组织，为农业改革形成了相对完备的制度体系。政府之外的高等院校和实业组织与政府共同发力，加强相互合作、相互协调关系。

近代以前，淮河流域的农业商品化程度就有了相当的基础，鸦片战争以后，随着外国资本的掠夺，以及民族工业的起步发展，对于农产品的需求日增，同时自然经济的解体，农村手工业和农业的分离也为淮河流域农产品的商品化程度的进一步提高提供了必要条件。主要表现为两点，一是经济作物种植的进一步推广和专业化趋势的进一步扩大，包括茶、棉、麻等经济作物在淮河流域的专业化生产的面积扩大。二是粮食商品化程度提高，农民更多地从自然经济的自给自足的状态中解放出来，主动或被迫地卷入当地的市场交换体系，并通过出卖自己过剩的粮食促进经济作物产业和工业的发展，最为明显的就是酿酒业，这些产品大量流入国内的大城市或者流入国际市场，通过这种方式参与进全国乃至世界的经济体系中。

2.近代淮河流域工业的嬗变与发展

由于西方资本主义的大举入侵，以及国内洋务运动等近代化举措，淮河流域的工业经济发生了结构性的变化。一方面传统的手工业如制茶、纺织等行业在各种有利条件的扶持下，产生了新的经济发展因素，或是由于国内外市场扩大而进行的生产规模扩大再生产，或是引入西方现代化的机器设备进行机械化的生产，由此传统的手工业发生了嬗变；另一方面，由于市场需求的发展，也产生了如电力等新兴的机器生产行业，但淮河流域使用机器生产的企业一直是较为少数的存在，因而与手工生产并不构成相互竞争的关系，更接近于相互补充的关系。然而淮河流域工业在发展的同时，在旧中国半封建半殖民地性质的社会性质下，受到了诸如军阀混战、匪患横行、国外商品倾销、交通运输方式的落后、政府赋税剥削严重及自南宋以来一直困扰淮河流域的旱涝灾害等外部因素，以及缺乏足够资金、经营规模狭小、技术设备落后最终导致市场竞争力不足的内部因素的影响，淮河流域的工业发展始终处于缓慢曲折前行的状态，抵御风险能力极其不足，有时甚至出现发展停滞倒退的状况。

3.近代淮河流域交通运输业的曲折发展

在淮河流域经济全面嬗变的整体背景下，淮河流域的交通运输业也不可避免地发生巨大的变化，航运、公路、铁路的近代革新共同构筑了淮河流域近代交通运输体系，在时空距离上对淮河流域的经济发展产生了重要的影响。

淮河流域河网密布，支流发达，水运资源有着得天独厚的优势，形成了以淮河干流为主的庞大水运网络。这些有利条件被列强势力保护下的外国轮船公司所觊觎，外国资本控制下的轮运业将势力的触手伸向了淮河流域，他们不仅有着强大的资金规模、先进的轮船，更有着清政府的特许便利，盘剥着大多数的航运利润。而民族轮运业处于规模较小、缺乏清政府政策支持保护、资金实力不足的尴尬窘境，只能寻求外商合作，不得不在有条件的情况下悬挂外国旗帜，在丧失了航运主权的夹缝中寻求一丝生机。

淮河流域联通中国的南北，占据了水陆交通的要冲，有着无可比拟的区位交通优势。与此同时，在一战以后，淮河流域工业经济近代化进程也在发展，商贸往来和货运交通的需求日益旺盛。在这一背景下，南京政府连同淮河流域沿线的湖北、安徽、江苏、山东省政府以各自的主要商业节点和重要大城市为核心，构建了向周围的市镇辐射的公路网络体系。然而由于各省各自为政，虽然在各方有力的支持和各种有利条件的助推下，公路建设如火如荼地展开，但是缺少了全局的规划和强而有力的中央政府的规制，省际公路的数量与通行需求不成正比，对于各省的经贸往来和交流合作大为不利。

近代以来，政府和社会各界均感铁路建设对于区域联通发展和促进区域经济发展有着至关重要的作用，更是能够驱动社会经济更全面地向近代经济靠近。历届政府都把铁路建设放在了社会建设的重要地位，划拨筹措资金、设立专门机构、制定相关的技术标准和建设法律规章制度，从经济、行政、法律三个层面全面促进相关铁路的建设。陇海线、津浦线和京汉线的建成，真正将中国的南北通过淮河流域相互连接起来，淮河流域的交通要冲地位也实现了更进一步的提升。

4.淮河水运沿线城市的衰落凋敝

由于长久以来的黄河夺淮，在淮河下游淤积了大量泥沙，导致淮河流域旱涝灾害泛滥。淮河流域的传统水运商路受到了来自铁路、公路等新型交通网络的冲击；以及鸦片战争以来多个沿海城市开埠，中国经济开始走向外向型，整个经济格局也使淮河流域的经济地位严重下降。传统水运线路沿岸的怀远、扬州等城市经历了相当长久的持续性衰落。以扬州为例，经过太平天国时期的战争毁坏，津浦线、京汉线的建成，南北商贸往来对运河的依赖大幅降低，扬州的经济重要性也江河日下，丧失了其重要的区位优势，加之海运事业的日渐兴旺，扬州不复曾经的作为盐运中心、富商大贾云集的繁华盛况。

二、淮河流域发展面临区域战略升级的历史性机遇

淮河流域位于中国南北和东西的过渡带，介于长江、黄河流域之间，是连接长江经济带和京津冀城市群的"经济洼地"，由于历史以及自然状况的变化，宋代以后淮河流域经济地位一落千丈。随着国家区域战略的优化升级，淮河流域的区域经济地位和功能发生了根本性的变化，从东中部地区的边缘地带，一跃成为"四大板块"和三大支撑带的交会地区，在国家战略的叠加下枢纽区位属性加强。

（一）对接泛长三角一体化进程加速

国家发改委组织编制的《长三角区域规划》中，淮河流域重要省份安徽被纳入规划范围，淮河流域正式成为"泛长三角"经济区的一部分。

改革开放以来，我国逐步融入国际分工体系中，又由于20世纪70年代以来欧美国家技术革新以及国际局势的变化，我国以小长三角为代表的东部地区最早承接了以传统工业和劳动密集型产业为主的国际产业转移，并在2001年我国加入世贸组织后，长三角地区经过长达二三十年的高速发展，成为我国快速发展的增长极。自2000年以来，长三角地区GDP总量年增速均高于全国总GDP的年增速。虽然长三角地区的经济发展成绩傲人，但经过了多年的高速增长，先发优势效应减弱，长三角地区各项资源要素成本增加，产业发展所需的资源和环境承载力都已构成了对区域经济进一步发展的桎梏。与此同时，随着我国参与经济全球化的程度加深，受经济风险全球化的影响不可避免地加重，在2008年金融危机的冲击下，以外向型经济为主的长三角地区受到的冲击更为明显。在这内部和外压两大不利因素的驱动下，自21世纪以来，长三角在继续承接国际产业转移的同时，也在2008年之后开始加快产业结构的优化升级，调整区域产业布局，不断寻求经济空间的拓展，加强泛长三角经济区联系，开展泛长三角区域内部的分工合作。

相比于长三角区域，同属泛长三角地区的淮河流域由于区位条件的缺陷，没能够直接利用吸引外资、拓展外贸的外向型经济的机会，然而淮河流域与长三角之间的经济、文化等的联系不因两者在经济发展层级上存在显著差距而断绝。相反，随着长三角的产业结构升级，淮河流域与长三角区域的产业

联系将更为紧密，产业转移与承接的产业合作关系将被赋予更为协调有机的内涵。通过淮河流域与长三角地区的分工与合作凝聚起泛长三角地区经济腾飞的强大动力，区域协调、区域一体化是泛长三角地区未来发展道路的要义，通过选择具体合理的产业转移、承接模式，促进极化效应和扩散效应的同时发生，实现优势互补、互利共赢和可持续发展。

淮河流域在经济新常态下相较长三角地区在劳动力成本、土地约束、产业承载力等诸多方面有着明显的后发优势。在《淮河生态经济带发展规划》中，生态经济发展模式被确定为淮河流域的发展方向。生态经济实质上是立足淮河流域现有生态环境，转变经济发展方式，建立经济、社会、自然三者间有机互动、良性循环、和谐发展的现代化新格局。淮河流域自身优越基础将在资源和产业方面形成了独特的发展潜力，为迎接历史性的国家区域战略升级带来的新机遇，推动打造人与自然和谐共生、水清地绿天蓝的生态经济带提供了坚实支撑。

1. 淮河流域耕作条件优渥，农业发展潜力强

农业不仅是工业经济发展的基础，在新常态发展格局下的生态经济建设中，也具有基础地位。淮河流域面积 27 万平方千米，仅占全国土地面积的 2.8%，然而流域内有广大的洪积—冲积平原，包括淮北平原、苏北平原等土地广袤的平原区，占到了流域面积的 2/3，土地广阔、土壤肥沃。地处我国南北气候的过渡带，气候温和，四季分明，日照充足，水系遍布，水资源条件优越。淮河流域一直是我国重要的产粮、棉、油等主要农作物基地。流域总耕地面积约为 1.9 亿亩（1 亩 ≈ 666.67 平方米），约占全国总耕地面积的 11.7%，粮食总产量占到了全国粮食产量的 17.4%，强有力地保障了国家的粮食安全，在我国粮食安全生产体系中占重要地位。而这一有力的农业生产基础能够为生态经济带的建设，为淮河流域产业承载力的提高提供充足的保障。同时泛长三角一体化进程的加强，一体化程度达到更深层次的地步，在生态文明的先进理念指导下，流域农业也将得到反哺，推进农业供给侧结构性改革，进一步提高粮食生产效益，构建现代农业产业体系，建设集约化、现代化的农业生产示范区。

2.淮河流域能源资源丰富，工业基础较好

能源是生态经济带建设的重要保障，能为工业产业发展提供有效、持续强劲的动能。淮河流域能源资源丰富、种类较为齐全且分布广泛、储量丰富、开发利用价值大。淮河干流沿岸的南阳、随州、盐城、淮安等城市分布有煤、铁、金、银、铜以及大量非金属矿产，风能、光能等新能源资源量更位居全国前列，煤炭资源储量尤其丰富，全流域已探明储量约700亿吨，而且兼具着煤炭质量优良、分布集中、埋藏较浅、易于开采的得天独厚的优势，更为关键的是淮河流域水资源富集，对于煤化工业的制约因素的作用较轻。以上种种能源不仅能够满足淮河流域生态经济带建设的能源需求，成为流域发展现代能源、化工等产业的无可比拟的天然优势，更能够成为长三角地区不可替代的能源供应基地，进一步对接泛长三角一体化进程，加强区域间经济分工与合作。基于上述能源方面上优势，淮河流域的第二产业发展蓬勃，第二产业产值占比较大，是淮河流域的主导产业。工业门类较为齐全，传统的轻纺工业、煤炭产业、电力产业、食品加工业等为主要产业，有一定的发展基础，近年来，汽车、电子、机械制造业也有了长足的发展，具有一定的产业配套能力，基本具备了承接长三角地区产业转移的工业发展的基础条件，在承接长三角产业转移的过程中，同样也是淮河流域自身内部产业结构布局优化调整的宝贵窗口期。

淮河流域是长三角产业转移的承接方，产业结构的空间布局可分为高、中、低三个梯度。包括以扬州、合肥、镇江、郑州为首的高梯度区域发展重点在于充分发展现有的优势先进制造业、现代服务业和战略型新兴产业，开拓与长三角地区的差异化分工发展路径，形成自身区域经济的增长极，为未来区域竞争积蓄力量。充分利用城市所拥有的科技、交通、资源等优势，发展战略型产业，形成产业链条，扩大产业规模经济效益，打造自身产业品牌名片。以合肥市为例，2016年合肥市合肥高新技术产业开发区与合肥经济技术开发区成功入围中国百强产业园区，且均在榜单前十五名，分列第十二名、第十五名。作为安徽省先进制造业一号工程的江淮大众，将聚焦新能源汽车领域，充分利用大众汽车和江淮汽车两家集团的优势资源，积极整合国际国内两种战略资源，面向国际和国内两个市场，始终坚持本土化运作、自主化发展，致力新品牌、新技术、新业态、新模式的创新发展，最终将其打造成全国最大的新能源企业聚集地，积极抢占新兴产业发展的制高点。

以徐州、淮安、宿迁、淮北等城市为主构成了中梯度区域。结合本地特色资源优势产业，建成有当地特色的先进装备制造业、矿产资源开采业、农副产品深加工业等，以引进长三角技术或承接长三角转移产业的方式，提升加工深度、产品附加值、产品质量、技术含量以及标准化水平，形成竞争优势。以徐州市为例，徐州在国内外具有雄厚的产业基础和较强的行业竞争优势，全市形成了以工程机械为龙头，矿山机械、建材机械、风电设备、节能环保设备为特色的工程机械产业集群区，产业规模居国内工程机械行业首位。2018 年，仅专用设备制造业全市共 119 个，资产合计 12960216 万元。徐州高端装备产业园计划在"十三五"期间引进装备制造企业 20 余家，到 2020 年，徐州高新区将在淮海经济区率先形成较为完备的高端装备制造体系，建设成为高端装备制造示范园区，力争对接"中国制造 2025"。

低梯度区域主要包括安庆、滁州、六安等以农业发展为主的城市，劳动力主要集中在第一产业，第二、三产业产值占比较低，城镇化工业化发展程度不足，但具有较为丰富的劳动力和土地资源的城市。首要目标便是利用劳动力和土地成本相对不高的比较优势吸引劳动密集型产业，促进产业集群的发展，解放农村剩余劳动力。其次是引入高新技术产业，并通过人力政策投资招揽优秀人才促进当地高新技术产业的发展。2019 年 8 月 31 日，安庆市经开区集中签约了 8 个亿元以上的招商引资项目，其中就包括来自长三角地区的浙江上华电气、上海浩扬机械。上海晶欣汽车内饰件项目、昆山北钜数控机床项目和上海瑞钼特新材料等项目也正在办理前期手续，即将开工。

加快承接长三角地区的产业转移，不仅有利于淮河流域自身产业结构水平的优化，提升自身整体实力，也有助于长三角地区产业结构更进一步的提升。淮河流域要把握这一重要机遇，把淮河流域建设成人与自然和谐共生的生态文明示范经济带。

（二）对接周边国家区域发展战略，枢纽属性凸显

1.江苏沿海地区开发

《江苏沿海地区发展规划》正式将江苏沿海发展上升到国家战略的层面。在国家战略视角下，江苏沿海地区将被规划成以环境友好的生态格局为发展基调，以国家和区域重点建设项目为发展动力，建设重要综合交通枢纽、沿海新型工业基地和重要土地资源后备开发区，切实贯彻落实科学发展观，全面有序推进新型工业化、城镇化，培育新兴经济增长点，提振区域整体实力，为促进全国区域协调发展大战略迈出坚实的一步。与江苏沿海地区毗邻的淮河流域生态经济带地缘相近，经济联系紧密，依托区域优势的重要有利条件，在战略背景和地理区位的叠加效应下，江苏沿海地区的开放政策导向下，势必为淮河流域的发展带来新的机遇。

长久以来，淮河流域经济洼地的不利地位未得到改善，经济开发总体水平较为落后，相较于沿海的长三角地区，也不具备更为有利的对外开放条件，因此，淮河流域经济外向度相当有限。淮河流域东面的江苏沿海各市，受制于长江的地理分隔以及行政壁垒的阻隔，当地经济发展水平不高，同时未能充分发挥沿海港口的外贸优势，港口实力不足，港口体系不完善，对于淮河流域外贸出口的服务能力有限，这也是制约淮河流域经济外向度发展的一部分原因。

沿海开发战略强调以沿海港口群多节点建设为实施发展战略的重要环节。以连云港为核心，将其建设成区域性国际枢纽港，南通港区、盐城港区及地方主要港区为重要节点，发挥各自的比较优势，合理协作分工，避免同质化恶性竞争，将错位发展作为建设思路，以港口产业集聚促进人口、资源要素的集聚，将拓展港口服务领域提升为淮河流域经济对外开放的服务功能，为淮河流域提高经济外向度开辟了新通道。

在《江苏沿海地区发展规划》的战略构想中，着重发展临港产业，加快调整钢铁产业的空间布局，引导内陆及沿江地区的钢铁产能向中心港口城市转移。淮河流域自身所具备的传统优势产业，将成为强化与江苏沿海地区间的合作、共同提升钢铁行业竞争力的纽带，构建区域间信息、人口和科技畅通流动的新平台。比较淮河流域优势产业的资本流入、人才引进和技术革新等方面，并合作互补，转变传统产业发展方式，推动产业智能化改造升级，为全面提高工业化和信息化的深度融合水平奠定基础。

淮河流域要秉持地区平等、共同发展意识，走差别化竞争模式，立足地区现有基础，解决产业趋同和同质化竞争问题，树立全局观念，放眼区域产业链，积极拓展产业链新格局下的自身定位。针对国家重大战略布局下的相关产业进行产业配套衔接，完善我国全工业体系发展水平，将培育区域特色产业实行专业化规模化生产，兼顾当地资源技术等基础优势。另一方面，明确自身发展方向，通过产业衔接，联手江苏沿海地区推进各自特色优势产业的创新发展，打通地区行政分割的壁垒，围绕新能源、新材料等重点领域，依托双方创新资源，开展技术信息平台的共建共享，共同攻克技术难题，延长、完善并创新产业链。深度挖掘自身产业潜力，共同探索经济发展新动能，在优化存量和扩大增量并举的两条路径上拓展区域产业发展空间，引导培育一批带动作用强、产业定位明确的企业。在围绕转型升级、引领新产业发展方向这些重要议题上，务实创新，为淮河流域经济的转型发展增添新动力，为摆脱区域整体经济实力不足的缺陷创造发展机遇。

2.皖江城市带

作为紧邻经济发展水平较高的长三角地区的皖江城市带，不仅有着区位条件上的优势，而且长期以来的区际合作使得皖江经济带与长三角的经济联系深度融合，但却与长三角地区的发展水平有不小的距离。为缩小区域发展差距，为统筹区域协调发展提供切实可行的路径，皖江城市带以承接产业转移为主题，从产业层面推进区域间联动发展，将安徽沿江城市带承接产业转移示范区的建设纳入国家发展战略。

皖江城市带依托现有的城市和产业布局基础，推进"一轴两核两翼"的产业空间布局，为承接来自长三角地区的产业转移提供合理的地理空间上的依托和经济空间上的整体性。与经济、技术更为先进的长三角地区建立进一步的深化区域分工和合作的经济联系，并发挥一系列诸如营商环境的优化、行政壁垒的破除等正向效益，形成长效的区域合作发展机制，探索产业合理空间布局、促进资源要素流动合理化高效化的途径，在产业发展中实现中部地区崛起的突破，为中西部地区承接来自沿海发达地区的产业转移提供示范和带动作用。

皖江城市带承接产业转移示范区的进一步建设发展将对淮河流域产生重要的带动辐射作用。在优化皖江经济带的空间布局的过程中，以城市为产业布局的空间载体，优化多个城市间的协调组合，进而构建城市群，将皖江城市带与淮河流域生态经济带实现有机连接，实现从皖江城市带向江淮城市群的跨越，是提高承接集群式产业转移能力的应有方向。这不仅提高皖江城市带产业发展和空间布局相协调的水平，对于淮河流域来说，也是其与皖江城市带形成更加积极主动的经济联系纽带的一个双赢选择。

实际上，在《皖江城市带承接产业转移示范区规划》中也提出要将淮南、蚌埠纳入承接产业转移示范区的整体框架的战略考量，提到了要强化合肥、芜湖的区域中心城市地位，建设合肥—淮南交通快速通道，加快合（肥）淮（南）同城化进程，提升合肥的行政、商务、信息等综合服务功能，进而为加强综合承接产业转移支撑，化解产业集群式转移中存在的竞争力不足的困境，弥补皖江城市带发展中存在的区域功能缺陷，为皖江城市带产业发展空间布局的优化指明了战略方向。在建设的实践活动中，注重突破固有的行政界线，开拓新的发展空间，密切示范区内部城市间和周边沿淮城市的经济、科技等方面的联系，推动区域间联动发展机制的形成。

以淮南和蚌埠两个沿淮城市为连接节点，通过跨区共建的协调机制，以建设承接产业转移集中区，围绕化工、装备制造业和高新技术产业，形成高起点高水平的产业集聚，强化皖江城市带与淮河生态经济带的经济联系，提高淮河生态经济带受到承接产业梯度转移的辐射带动作用，也积累自身承接长三角地区产业转移的建设经验，提高自身综合承接竞争力。

3.中原经济区

中原经济区位于我国中心腹地，在国家战略定位上被确定为国家重要粮食生产和现代化基地，是加快中原地区崛起，河南及周边沿淮河、沿黄河区域振兴的载体。沿淮经济带是中原经济区"一轴四核两带"网络化空间发展格局下的南翼经济带，依托淮河水运以及沿淮交通路网，提升区域产业集聚和城市发展水平，成为支撑中原经济区东南部区域发展的经济带。淮河生态经济带范围涉及安徽省的宿州、淮北、阜阳、亳州、蚌埠和淮南市，与中原经济区崛起规划的总体框架形成战略政策上的重合叠加。中原经济区在支持沿淮经济带开展"三化"协调发展创新实践示范、加强沿淮区域的交通枢纽功能、推进淮河生态治理等方面产生有利于淮河生态经济带协同推进经济建设与生态建设的机遇。

在河南省发挥主体作用的前提下，鼓励以区域合作的形式，以现代产业园和美好乡村建设为依托，建设皖北淮河"三化"协调发展先行区，探索城乡融合发展机制，客观上为淮河生态经济带加强了内生发展动力和活力。阜阳、亳州与宿州等与周边的信阳、周口、驻马店等同属于农业型区域，传统农业产出较大，第一产业占比较重，工业化水平不高，城镇化水平较低，农业剩余劳动力较多，人口不断外流。以新型农业现代化、新型工业化和新型城镇化为主题基调，加快转变经济发展方式，结合当地自身实际，充分发挥"三化"对于产业集聚、产城互动融合和城乡统筹、城乡一体的引领作用。

中原经济区在沿淮经济带开展先行先试的"三化"创新实践，不仅为淮河生态经济带更大区域的"三化"协调发展指明理论和实践的方向，更能发挥辐射带动作用，形成发展格局上的引领和促进。首先在沿淮农业生产基础较好的地域推进新型农业现代化，立足农业优势资源，以粮食安全高效生产为目标，构建现代农业生产体系，为"三化"的协调发展打下坚实基础。其次是在沿淮地区依托中原经济区的空间布局规划，整合淮河沿线各地市的资源，以综合全局为原则，以承接产业转移为契机，以低碳环保集约高效为理念引领，更深层次地融入全球生产分工体系和价值链路径，推动沿淮区域产业集聚的形成，并不断优化完善，形成强而有力、结构合理、绿色环保的现代产业体系，加强新型工业化在协调发展中的主要引导作用。最后构建沿淮城市体系辐射周边的发展格局，统筹城乡规划布局，深度融合产业的生产服务功能和城市的综合带动功能，形成产城互动的发展局面。

沿淮地区成为中原经济区除郑州外又一个构建现代交通网络的重点区域，强化沿淮经济带联通东中部的枢纽地位，进一步融入全国交通运输网络体系。在内河水运方面，加快推进淮河水道以畅通高效为主要目标的国家高等级航道建设，提升航运等级，通过疏浚河道和整治航道升级改造船闸和扩容航道，实现全面提升淮河干道通航标准的目标，为负载更高水平和更高层次的中原经济区和长三角经济带两大经济增长高地的经济联系提供坚实的支撑。重点建设阜阳—六安、宿州—淮安城际铁路，推进沿淮铁路建设，以信阳、阜阳、蚌埠等为沿淮铁路交通枢纽，完善铁路网络结构，增加铁路网密度，提升铁路网对区域经济往来的服务功能。在沿淮铁路建设增量发展的同时，注重结合铁路网存量优化升级的配合，实现淮南、阜淮等原有线路的电气化升级改造，完善交通功能，提升运载能力和运载速度，形成铁路交通网络的综合协调调度体系。优化航空运输网络和节点布局，为解决航空运输需求和供给不匹配的矛盾，在进一步增开航线的基础上，完善支线机场配套建设，建设蚌埠等沿淮机场，以协调沿淮机场和郑州等枢纽机场的分工定位为原则，强化沿淮机场与区域内机场的合作，促进协同发展。

作为南北气候过渡地带，淮河生态经济带肩负着维护国家生态安全的重要使命，必须坚持走绿色环保和可持续发展道路，协同发展生态文明建设和经济建设，加强重要生态功能区的生态保护和修复，以自然生态空间为依托，全面推进淮河流域生态建设，构建中原经济带生态屏障。

三、"一带一路"倡议对外开放新格局下淮河流域的战略机遇

在中国区域战略布局升级和国家协调发展战略的有力推动下，淮河生态经济带的基础设施实现了结构性优化升级，具备了参与"一带一路"建设的必要条件。积极参与"一带一路"建设，淮河生态经济带依托"新亚欧大陆桥"和唯一陆海交会的"一带一路"交会枢纽，在更深地融入"一带一路"倡议建设的过程中，在对外开放新格局下，淮河流域也迎来了发展新机遇，具有成为中国经济增长极的巨大潜力。

立足现有公路交通网络基础，加快建设等级高、覆盖范围广的公路网，结合淮河生态经济带区域中心城市的定位辐射规划，谋划升级综合保税区，建设对外合作产业园区，在淮河流域规划的主体功能分区，东部海江河湖联动区、北部淮河经济区和中西部内陆崛起区"三区"范围内，依托自身区域优势，打造辐射周边区域的中外商贸合作示范区。立足现有铁路枢纽优势，加强横贯东西的铁路大动脉作用，完善铁路网结构，积极推进铁路口岸申建进程，将融入中欧班列提上发展议程。开展与一带一路沿线国家航空业务合作，加快推进高等级高标准民航新机场建设，规划发展国际航空线路，在现有航线基础上加大航班密度，同时引入国际化航空管理标准，通过改善对外航运条件，提升淮河流域经济带经济外向度。加强公路、铁路和航空交通枢纽之间的有机联系，统筹协调好公路、铁路、航空的多样化联运和有机衔接，

构建贯通全国、联通全球的高效对外通道体系。

依托现代化国际产业园区和国际物流中心节点城市，在巩固日本和韩国等传统外贸市场的同时，积极开辟中亚、东南亚等蕴含巨大潜力的市场。转变传统对外开放经济发展方式，抓住全球产业链调整的重大机遇，支持淮河流域有传统优势的自主品牌产业发挥自身优势的同时引进国际先进技术和先进配套设备。发展自身核心技术竞争力，提升产业实力和素质，拓展自身产品价值链，以研发设计为核心深度拓展产业链结构，注重在"一带一路"沿线各国开展自主境外营销网络的构建和销售服务中心网点的合理分布，以质量和服务打造中国品牌，在融入全球生产及贸易产品价值链的过程中掌握更多的主动权与话语权。充分利用互联网平台，依托域内物流交通枢纽中心货物集散功能的强大优势，构筑跨境电子外贸商务发展公共服务平台，创新对外贸易合作方式。完善跨境电子商务市场建设，构建服务于跨境电商进出口专业监督管理体系和相关法律法规政策的约束机制。

加快淮河流域骨干企业制度改革，通过改变企业股份结构和经营结构加强国际化和现代化，增强企业自身竞争力，做大做强，再创辉煌。引导淮河流域产业有序升级改造，在国内需求不足、国内市场严重饱和，如装备制造、钢铁等行业产能严重过剩的客观现实面前，为避免资源内耗和竞争内卷化，凭借信息互通的服务平台，以建设境外产业园区为主要载体，开展与沿线各国在技术研发和技术标准的共同制定等方面形成长期密切合作交流关系，拓展国外市场，分类分批有序促进产能"走出去"的步伐，消化过剩产能，革新生产技术，提升产品质量，促进与合作国家达成共建共享的双赢局面。创新产业"走出去"方式，通过相关产业协同布局，以产业链为传导机制，以有关优势企业在沿线国家建设产业经贸园区为先导，通过资本和业务往来的纽带，带动产业链上下游配套企业的对外布局，以形成产业联盟的方式，提升整体规模体量和竞争实力。对于粮食和饲料生产等企业，积极寻找境外替代资源，建立境外原料基地，同时注重拓展原料渠道的多样性，防范全球性外部风险，提高基础资源保障能力。立足自身产业基础，引进在世界相关产业占据龙头地位、技术领先、研发能力强、掌握市场话语权、产业集聚带动作用明显的相关外资企业。把握国际产业转移的新趋势和新循环，引进相关产业进而完善补齐区域上下产业链条，形成规模化集聚化产业发展模式。积极组织参加各类博览会，以"一带一路"战略为重要依托，与国际领先企业搭建沟通联络渠道，提升吸引外资的质量水平。

四、"双循环"新发展格局下淮河流域发展的时代机遇

美国为维持在全球政治和经济中的霸主地位，不断制造贸易摩擦，奉行单边主义，企图以中美贸易战遏制中国崛起。同时，受到2020年新冠肺炎疫情在全球肆虐的冲击，世界经济贸易格局发生重大改变，世界经济呈现明显的衰退趋势。全球产业链受阻，外贸出口受挫，我国在全球供应链中的地位受到巨大挑战。在国内外经济冲击下，我国经济结构不合理，亟待升级转型的需求日益迫切。

为应对错综复杂的国内外形势，习近平总书记强调要用全面、辩证、长远的眼光分析当前经济局势，要深化供给侧结构性改革，充分发挥我国超大规模的市场优势和挖掘内需潜力，逐步形成以国内大循环为主体、国内国际双循环相互促进的新发展格局。而淮河流域地处我国东中部、南北气候的过渡地带，是连接中国几大重要经济板块的重要枢纽，淮河流域生态经济带的建设在形成我国国内大循环，打通国内生产、分配、流通等重要环节，打破区域阻碍，建设国内统一市场的过程中具有重要作用。同时，淮河流域人口密度大，在国家加大精准扶贫脱贫力度，以及基本公共服务共建共享在淮河流域有效展开的背景下，淮河流域市场潜力被进一步激发，成为我国扩大内需的重要战略支点，将助力淮河流域的经济发展成果更全面地惠及人民，从而促进消费市场转型升级。

在"双循环"新发展格局下，淮河流域生态经济带建设对于提高当地居民收入水平的作用将得到更明显的提升，进而刺激消费为经济内循环增添动力。一方面借助电商平台这一载体，促进商品流通的线下线上融合，推进当地产品对外高效流通，有效提高居民收入水平；另一方面，引入直播带货等创新型线上消费模式，通过电商平台畅通产业链，提升当地居民消费的便利性，形成淮河流域区域内市场的统一以及与国内其他区域的有机联系，从而形成国内统一市场，打通淮河流域与国内各个区域的需求和供给的良性循环，

充分发挥国内超大规模市场需求对经济发展的基石作用，促进我国市场经济的稳定繁荣，培育我国进一步参与国际合作竞争新优势。

人才不仅是淮河生态经济带建设的重要因素，也是构建"双循环"相互促进的新发展格局的关键。着力破除人才流动的阻碍和人才资源共享的壁垒，改进和优化人才资源合理流动和有效配置的方式，建立自由开放、服务优良的淮河流域一体化人才政策体系，构建统一协调统筹机制，避免区域内引进人才资源的内耗。充分发挥我国经济发展的新优势，接轨国际人才引进和服务标准，搭建权威可靠的信息资源平台，并加强人才资源平台运作的专业化和高效化，畅通人才引入的国内和国际两个渠道。淮河流域在引入人才上具有后发优势，深化人才体制机制改革，在建设与人才与资源待遇匹配的相关政策体系方面受到的阻碍桎梏较少，进一步完善人才管理制度。淮河流域将在"双循环"新发展格局下，提升自身对高端人才的吸引力，以国内和国际的跨区域人才交流合作，为畅通国内国际良性经济循环格局提供有力的人才支撑。

推动形成国内国际双循环发展新格局不仅立足于国内经济内循环，也要持续不断地提高对外开放水平。在区域开放和对抗逆全球化的战略布局中，我国仍坚持加强区域经济合作，坚持"引进来"和"走出去"并重的策略。

淮河流域依托自身连接东中部地区的有利区位条件，建设国际集装箱专用码头及港口作业集群，组建国家级外资产业转移集聚示范区等。凭借我国改革开放的政策优势，同时不断与国际贸易制度体系接轨，全面贯彻落实负面清单和国民待遇的外资管理制度，促进我国深化对外开放经济新体制的改革。在完善合作平台和管理制度的同时，也要注重落实法治化的要求，不断完善国内相关法律法规，尤其是关于数字经济知识产权的保护制度，营造法治化、自由化、国际化的公平诚信的营商环境，进而提高吸引优质外资的国际竞争力。

坚定不移地扩大对外开放的力度，以产业链调整布局为抓手，借助"一带一路"倡议，在后疫情时代，西方国家深陷疫情危机导致的经济萎靡和逆全球化浪潮的制造业回流，"一带一路"倡议蕴含了巨大的市场潜力。淮河流域充分发挥大型装备制造和冶金、化工现代农业等传统产业的优势，以"一带一路"沿线国家中心城市为集聚点，充分把握整体战略布局下带来的集聚效应的发展机遇，在两大战略布局下的更广阔的发展空间下，优化境外产业园发展布局，寻找与沿线国家在经济方面的互补，深化经贸合作，推动合作开放共同发展走向更高的层次，加快形成国际经济良性循环。

第二节　淮河流域发展对我国经济社会发展的战略作用

一、淮河流域经济社会发展现状以及国家发展淮河的政策要求

淮河流域一直具有明显的区位优势，它毗邻黄海，连接长三角经济带和环渤海地区，然而，由于地处河南、安徽、江苏三省的边缘地带，各省政府各行其是，无论是部署防洪蓄水工程，还是构建交通运输体系、规划产业发展格局等，都缺乏统筹考虑，流域长期缺乏统一的全局规划政策，三省产业体系呈现各自为营的局势。区域政府也忽视对外开放，区域各省市之间缺乏互通协作，并未开辟出能够支持经济要素自由流动的便捷的区域运输要道，复杂的地缘因素将淮河流域上、中、下游之间的经济联系切断。加之淮河流域整体的自然环境恶劣，又缺乏能够完美拦洪蓄水的现代化水利设施，每到雨季，行洪阻塞，容易生发洪涝灾害。然而，流域内水资源严重短缺，人均水资源拥有量不足 500 立方米，只有全国平均水平的 1/5，皖北地区更是严重缺水。

在此局面下，淮河流域水污染却屡禁不止，目前，仍有大量污染物排放入河，水体已经无法自净，承载力严重不足。据 2018 年《中国生态环境状况公报》，淮河片合计 339 个全国重要江河湖泊水功能区中，只有 138 个水质达标，达标率仅为 40.7%。在 2006—2018 年期间，淮河流域内共发生 5 次涝灾、3 次旱灾、8 次水污染事件。中央政府对此非常重视，积极开展流域治污工程，但地方政府却落实迟缓。

不难看出，淮河流域经济结构性问题突出，加之自然灾害频发，生态系统脆弱，导致环境容量和承载力均不足。因此，淮河流域内的市县一直都是山东、安徽、江苏三省的经济洼地。据数据显示，2012 年，除盐城、淮安与

淮河干流地区主要城市以外，其他地区人均GDP都严重落后于全国平均水平，尤其是安徽省的部分地区，如阜阳、六安等，甚至不到全国平均水平的一半，并且淮安、盐城两市的人均 GDP 也远低于江苏省平均水平。由此可见，淮河流域急需一个统一的政策指导，用以改善居民生活，大力推动流域的城镇化进程。

2018 年，中央政府正式提出《淮河生态经济带发展规划》，此项经济政策以流域经济理论为立足点，兼顾整体发展情况，目标是构建我国南北气候过渡带的重要生态廊道，《规划》具体提出了要以淮安、蚌埠、信阳三市为核心城市，实现发展现代化高标准农业，进行工业产能升级，打造出联结中东部地区的黄金航道的战略目标。《规划》试图通过科学的布局，完善基础设施建设，彻底解决淮河流域旱涝灾害问题，以此创造地区经济增长的内生动力，共建统筹发展的跨省域生态经济共同体。旨在构建特色产业并创新发展科技产业来推动流域内整体产业转型升级，随后进行跨区域合作，协同发展优势产业，最终切实提高淮河流域人民物质生活水平，并在促成淮河流域经济的高质量发展的同时，推动构建中东部合作发展先行区，加快融入长江经济带建设，助力长三角一体化进程。同时，淮河流域不断加强与国内外区域的合作，积极主动跟随并融入国家"一带一路"建设政策，最终能够形成陆海内外联动、东西双向互济的开放型经济格局，能够配合"一带、三区、四轴、多点"的总体空间格局，使资金、技术、劳动力、政策等多种创新要素在淮河流域充分流动。

全力开发淮河发展潜力，贯彻落实生态发展理念，打造碧水蓝天的绿色经济发展带，构建新型城镇化示范带，最终建成繁荣发达、充满活力的流域经济区，并推动淮河生态经济带成为中国经济的第四增长极，这不仅符合我国建设经济新常态的要求，还能够向未来中国经济提供长期稳定的增长新动力。这也是完成中部崛起的必经之路，是决胜全面建成小康社会、实现国家总体现代化的重要步骤。

二、淮河流域发展在不同历史时期对我国经济社会发展的作用

（一）新中国成立至改革开放时期

新中国成立初期，自然灾害严重，淮河流域多次遭受洪涝灾害侵袭。接连的水灾不仅制约了当地的农业发展，还造成大量人员伤亡和巨大的财产损失。1949年，淮河流域发生特大洪水，单是皖北地区，受灾人口便有约220万，饥寒的生活条件导致灾民体力不支，染上疫病，各灾区都出现了令人扼腕的断炊死亡现象。多年来，党和政府积极找寻办法，尽力提升区域农业进步水准。依靠开展土地改革、推进互助协作、兴办水利建设等各类举措干预农业生产，大力推行合作运动，调整了农村生产资料和生产关系，从而有效促进农村地区农业的繁荣发展，改善了流域的经济状况。但在这一阶段，淮河流域人民的生活目标主要是吃饱穿暖，流域农业发展尚不成熟，不能发挥自身的区位优势，不具备成为中部粮仓的条件，淮河流域农业对我国经济社会发展的作用微弱。

新中国成立以来，为了推动淮河流域的商业发展，国家开始对资本主义工商业进行循序渐进的改造并确立了供销合作的商业体制。然而由于受到传统计划经济体制的制约导致淮河流域的生产力发展水平迟迟不见提高，从而影响市场流通能力，造成了物资匮乏这一后果。直到改革开放前期，流域内的商业发展都没有取得较大突破，仍呈现供需疲软、市场体系建设落后的局面。流域内的城市商业网点仅有百货大楼等少数国营商业机构，而农村则以生产大队为单位，分配一个供销社代销点。数量较少的商业网点让流域里的民众的生活遭遇了很多难题，也限制了我国经济社会的发展。

随着流域内人口快速增长，国有经济与集体经济开始占据主导地位，商业化不足的弊端逐渐显现，落后的管理体制与复杂多变的经济形势不相适应，使得淮河流域不仅生产方式落后于全国水平，而且商品供应能力也极为有限，社会消费品零售总额长期在几百万元徘徊，并且增幅非常缓慢，淮河流域的居民普遍购买力低，消费方向主要集中在衣物、食品方面，消费结构亟待转型升级。此时，淮河流域商业对我国商业发展贡献较小。

新中国成立之初，淮河流域被划定为苏北、皖北等行政区。流域里的工

业制造缺乏基本条件，产品质量低下，发展增速缓慢。区域内大致以制伞、榨油等为重点产业，并且工业制造设备老旧，制造方法过时，淮河流域工业的发展已经跟不上全国脚步。比如，淮河流域里的安徽省的榨油业是比较先进的关键产业之一。但是1949—1952年，榨油业就一直存在整体产能比较低的情况，技术上都是使用土法榨油。新中国成立之初，蚌埠市在淮河流域属于工业基础条件占优势的一个城市，但是这个城市的工业制品的产能不高，使用的原材料仅有百种，且能源构成比较单调，重点依靠煤炭、电能开展制造。不仅如此，蚌埠市还存在轻重工业比例失调的问题，大部分工矿企业处于歇业或停业状态，产业工人仅有5000余人，却存在308家手工业企业。毛泽东同志等人深刻认识到建设现代工业对国家富强的重大意义。

1949年，中共领导计划恢复与发展淮河地区的工业以对接全国重工业发展战略，为全国工业发展供给原料和养分，为新民主主义经济建设做出贡献。淮河流域也在中央财政支持下，转变战略，主动承接上海、无锡等地工业，引进先进产业，吸收制造经验，创造再生机遇。例如，流域内的安徽省就利用自身处在华东经济区腹地的良好条件，把控上海公司的内迁与迁移的机会，得到了很多近代工业公司的内迁。根据数据，1954—1958年，安徽省从上海等城市引入公司超过百家，这些公司大部分都扎根在合肥、淮南等城市，不但为当地创造了大量的就业岗位，提高了城镇化水平，还有利于流域内现代工业的发展。

此后几十年，淮河流域先后承接卷烟、火柴、榨油、印刷、棉纺织等20多种产业，不仅助力沿海地区工业向高技术、高精度发展，而且为全国工业变革布局，让中东部区域的发展变得均衡，提升了民众生活水平。

1950—1952年，中央明确了"重点恢复、稳步发展"的路线，淮河流域的政府主动配合政策的落实，重建和扩展了一些原本的煤矿、纺织公司，打造并扩大了许多工矿工程，为后期"一五"计划的成功实现创造条件。在"一五"期间，围绕国内工业欠发达的局面，特别是重工业发展迟滞的现象，中央明确把重工业放在优先发展的位置，重点以苏联援助中国的150多个项目为关键开展现代化工业建设。淮河流域也成为我国重工业项目的试验田，在这期间建造的郑州第二热电站、平顶山二号立井等多项大型工业设施成为流域发展的强有力引擎。

淮河流域发展工业的资源优势明显，所以在"一五"期间国家重点投资流域内的煤矿建设项目，建成了一批具有百万吨生产能力的洗煤厂，为国家工业发展提供能源保障。例如，1957年，安徽省原煤年产量达504.25万吨，其中淮南矿区产量就已达492.9万吨，可以看出，淮河流域的煤矿建设对华东地区的迅速崛起乃至全国的工业建设都有着不可替代的作用。经过一段时期的发展，淮河流域的工业得到一定恢复，各项建设小有成果，然而，从整体来看，无论是三年经济恢复还是"一五"期间，淮河流域得到的国家投资成本都十分有限，因此相对其他地区而言，淮河流域依旧发展滞缓，工业体量不大，产业构成单调。

1958年，八大二次会议确立关于"建设社会主义"的新思想，发表了要在短时间内"赶英超美"的发展布局。全国范围内的"大跃进"运动开始进行，淮河流域的有关区域也在这一年先后开始投入到这个运动当中。当年3月，安徽省委发布了"大跃进"运动的动员文件，清晰地确认了用5~7年时间让工业产值超过农业产值的路线。当年的6月中下旬，山东省委也发布了下一年两个指标持平、1960年赶超、1962年基本实现工业化的目标。从此，淮河流域开始进入了推进钢铁实业的发展潮流，但因没有按照实际情况办事，"小土群"现象严重，单纯地注重人的主观因素，忽略了现实的规律和情况，"大跃进"时导致了流域的工业遭遇损害，工业发展当中的浪费和重复建设等情况泛滥，流域经济受到巨大打击。

尽管如此，1961年，中共中央及时对国民经济进行了调整，配合广大人民群众的努力，淮河流域一些现代工业项目最终得以保留，如郑州第二砂轮厂、开封化肥厂、许昌通用机械厂、淮北煤矿、合肥钢铁公司、扬州宝成无线电厂等，一定程度上提高了地区经济水平。

1965年，迫于国际形势，中央决定开始实行三线建设，但在三线建设当中，中央过度追求"靠山、分散、隐蔽"的目标，淮河流域由于本身土地比较平整、相邻沿海区域的位置特征，受到的重工业建设投资明显不足。在三线建设期间，国家仅在冶金、电力、石油、纺织等部分工业对淮河流域进行资金支援，这一系列小规模的工业活动并没有给淮河流域带来可观的发展空间和显著的发展机遇，但淮河流域里某些城市为国家策略做出了许多让步。比如，河南开封在这个阶段里，由于在区位上处于京广线东部而被确定为一线区域，国家并未在这个区域部署建设工程，但是1954年河南调整省会，开封人口流失数万，中央决定重点建设郑州、洛阳，指挥开封支援郑州、洛阳建设，开封大部分工业被迫转移，为国家战略目标的实现做出贡献。

综上，由于淮河流域地处中国腹地，煤矿资源丰富。为此，推动淮河流域的工业进步和处理好资源发掘项目对新中国的经济进步非常关键。在过去，淮河流域域曾经是工业繁盛的区域，这为以后流域获得现代工业成就创造了条件。新中国成立到改革开放这个关键时间段里，流域的工业得到了基础发展，轻重工业在我国经济当中的比例持续提升。比如在1949年初，安徽省的农业生产总值在国民总值里的比重大幅度超越轻重工业的和值，合肥等区域的农业总产值是工业总产值的3倍乃至7倍。但伴随社会主义改造运动的开展和"一五"目标的顺利达成，该省轻重工业的产值在国民产值的比重持续提升，现代化工业建设取得了一定成绩。依据有关数据，20世纪50年代到60年代中期，淮河流域的现代工业在国家经济中的比重提升很大，出现了第一次超越农业总产值的新纪录，实现了很多方面的超越，扭转了以往的落后情况。

淮河流域现代工业的进步特别是各种能源产业的发掘和使用很明显促进了中国现代工业飞速突破，为中国以后改进产业结构和提升宏观经济效益创造了很好的基础。但是，也不难发现，虽然淮河流域的现代工业进步不小，但是和国内的企业区域对比而言，长时间内依旧处在不高的位置，进步不够快速、轻重工业发展不够均衡等问题并没有得到妥善处理。另外，淮河流域里的滁州、宿迁等区域直至改革开放之初，工业化能力都始终不高。为此，当时各地政府有义务在原本的工业条件下更为深入地推进该流域的现代工业发展水平，为国家总体经济进步添砖加瓦。

（二）改革开放至双循环经济时期

改革开放后，中共中央迅速推动农业改革，激励和帮助农业基本运营机制变革、农业生产关系变迁以及农产品走商品化发展道路，淮河流域成功利用自然禀赋，地区农业快速恢复与壮大。

近 40 年来，淮河流域依靠自身高超的粮食产出水平逐渐变成了中国的粮食重要产区，区域粮食产量对国家粮食产品的贡献率长时间维持在 40% 多的水平，到 2010 年，该流域以不到国家 13% 的耕地和 19% 的种植面积，担负了国家 20% 多的农村人口压力，产出了国家 20% 左右的粮食，做出了占国家 14% 的农业产值的成绩。淮河流域不但变成了我国当代农业建设的最关键力量，也成了全国粮食安全的有力维护力量。流域内小麦产量占据国家总产量的一半以上，油料、大豆、薯类、水稻等关键农产品的产量长时间占据国家的一成多。可以毫不夸张地说，淮河流域绝对是我国第一产业的支柱，对保障基本民生起着不可估量的作用，也是我国发展现代农业的基石。

自 20 世纪 90 年代以来，淮河地区农业发展进一步升级，中央开始关注蓄水灌溉以及可持续发展等现代农业问题。现在，该流域出现了水资源不足、水体破坏程度深、农业基础设施不发达等情况，流域内的农业发展表现出粮食总量不断提升、粮食生产重心发生变化、空间分布走向聚集等特点。现在，流域内的现代农业发展当中发生的情况让国家思考创建粮食主产区利益补偿制度、扩大农业财政投资水平和调节投入目标、促进农业管理体制和制度的新转变等办法，推动国家兴建水利工程，改善基础设施条件，调整农业政策，整治环境污染。

上述办法有利于我国进一步发展现代农业，从总体上不断提升当代农业发展水平，确立起全面的当代农业产业机制，尽力释放农业生产比较优势，在提升粮食生产关键区域的位置之余，安排解决"三农"问题，高水准提升粮食产出效益，真正地保护农民的利益，并推动产业结构升级，走将传统农业和现代科技相结合的规模化的、绿色的、生态的可持续发展道路，也有利于我国利用农业现代化同步推进城乡一体化和工业现代化。所以，淮河流域农业发展是我国经济社会发展的重要条件之一，是未来我国经济再次突破的持续性强有力支撑。

对外开放后，流域内各地的商业网点开始变得多了起来，在城乡都可以见到。比如河南省，到 2008 年末，全省具备的商业网点超过 180 万家，远远超过 1979 年的水平，年均提升 3% 以上，超过了 1949 年的水平十几倍，年均提升接近 10%。其中，个体商户的进步更为明显，1979—2008 年年均提升接近 20%，远超这个时间段之前的水平。布局广泛的众多商业网点为居民提供便捷服务，也为流域城乡经济发展提供条件。

从 1979 年开始，淮河流域经济体制开始变革，私营经济、个体经济、股份制经济发展迅速，国营商业、个体商业等各类商业主体纷纷出现，整个地区的商业所有制出现并存竞争的多元繁荣局面，但受计划经济体制的历史因素影响，全民所有制、集体所有制（包含合作社）处于主体位置。但是回看过去的数据，很容易发现，全民所有制和集体所有制在各区域的商品零售总值里的比重出现了整体削减的走向，但是个体商业活力则是非常明显地增强了。这说明，只是在对外开放的初期，淮河流域的商业行为便显著地体现出计划经济时期所不具备的强大生命力和繁荣的局面。

1993 年，淮河流域开始接收外商投资和港、澳、台投资，随着市场投资主体的进一步增多，淮河流域经济体制发展更加全面。由于经济体制的变革与发展，其引发的生产力也发生了巨大的改变，致使该流域的经济情况逐步好转，从而脱离了一般性消费品和普遍供低于求的生产资料的发展困境。到了 1990 年后期，淮河流域已全面脱离物质匮乏和商品供应不足的窘迫局面，2000 年后，淮河流域的各地区的市场交易额开始突破亿万关卡，这一突破性发展使得市场经济进一步繁荣，产生了符合市场经济发展要求的全新的工农业生产与消费协调联系，开始由卖方市场向买方市场进行转变。这个明显的历史巨变不但结束了我国消费品的物价在很长一段时间里都处于非常明显的波动的情况，也在很大程度上提升了中国市场解决在经济发展当中遇到各种问题的能力。

最为有代表性的例子就是 2008 年发生的金融危机，因国际金融危机的影响，很多国际关键产品的物价都发生了很大的起伏，淮河流域各区域的商品市场依然维持了平稳，2008 年的前 6 个月，淮河流域除了猪肉等非常少数的产品供应量出现不足，其余的产品的供需情况都保持得比较稳定，甚至有些是处于供应过量的局面。这个流域的强大的产品供应能量为中国经济走出困境提供了很大的支持，为消费和市场经济维持平稳进步的状态做出了后盾式的帮助。流域的市场经济的飞速崛起也能够对中国不断扩大出口规模做出不小的贡献，让我国的整体供需情况趋于稳定，平复经济发展中的波动因素，提升有效供应能力，迅速提高消费品供应结构状态。

改革开放后，政府开始转变工作重心，淮河流域也随即营造了宽松的政策环境，鼓励经济市场主体的多元化发展，以带动流域经济。位于淮河流域的安徽、山东、江苏三省的社会消费品零售总额均成功实现了快速增长，以江苏省为例，2008 年的江苏省社会消费品零售总额约 10000 亿元，较 1978 年实现了 90.73 倍的巨大增长。再比如，2008 年郑州社会消费品零售总额为 1206.3 亿元，比 1949 年增长了 2598 倍，年均增长高达 14.3%。

即使步入 21 世纪，淮河流域的社会消费品零售总额增长的势头丝毫不减，依旧强劲，淮北、阜阳、临沂等市在 10 年内就轻松实现百亿增长。强大的消费需求促进流域消费结构快速转型升级，自 1978 年后，淮河流域的消费结构经历了 3 次转型升级，人们的消费需求已经从电视机、冰箱、洗衣机等家居实用物品转向文化教育、休闲旅游、个性服务等精神产品。同时，淮河流域的第三产业也有了初步发展，可以看出，淮河市场建设正在逐渐步入多元化与专业化的新局面，且已然形成具有相当规模的多层次、多类别的商品交易市场体系，为流域周边居民收入的稳步提升与消费结构升级保驾护航。而淮河流域自身拥有庞大的人口基数，却尚未建立与之配套的完善的现代市场体系，不能维持流域消费品的供需平衡，这为我国消费品内销提供了巨大市场，对促进国民经济的发展具有积极作用。

改革开放后，淮河流域自身优越的资源禀赋得到充分开发，成为我国中部重要的能源基地，1993 年淮河流域的产煤量已达到全国的 1/8，丰富的煤炭资源吸引大量以制造业为主的外资企业入驻，在这些高能耗产业的加持下，流域经济得到了极大发展推动力，两淮煤田更是作为黄河以南最大的煤田而被称为"中国的鲁尔区"，肩负支撑华东地区煤炭及电力供给的伟大使命，是东部区域飞速崛起局势的顶梁柱，为东部区域飞速崛起奠定基础。

但是在流域市场机制建立过程中，流域内各级政府机构在起步阶段就未能发挥应有的职能，随意引进一批高污染企业，肆意扩张工业布局，不考虑对工业结构与工业规模进行合理统筹规划，使流域内矿产资源被过度开发，工业废水和工业污染物无节制超标排放。而在我国区域经济接连起飞的 20 世纪 90 年代，淮河流域各级政府更是急功近利，引进一批低水平、低层次、规模小、污染重的项目来实现短期的经济增长，导致水污染事件屡屡发生，1994年淮河流域出现了历史上最为严重污染事件，污水段总长90千米，沿淮河各自来水厂被迫停水长达54天，150万居民丧失基本生活用水，直接经济损失高达上亿元。而后，淮河流域各级政府也没有抓住机遇，依旧依靠不符合区域布局的工业项目维持经济运行，近几十年，淮河流域经济一直保持快速增长态势，环境恶化问题也日益严峻，当地政府无法兼顾经济发展与环境保护。据统计，2015年淮河流域38个城市的工业烟尘、工业二氧化硫以及工业废水排放总量分别达到了146.01万吨、193.36万吨和31.15亿吨。淮河流域正遭遇着矿产资源枯竭、水资源污染严重、环境承载力不足的困境。

目前，淮河流域内的部分城镇已丧失了商品优势与经济优势，工业优势也逐渐减弱，加之流域内的工业污染极易在区域间扩散，甚至危害到周边区域的环境安全，当初支撑国民经济的宝藏最终成为危害流域人民身体健康、阻碍两岸经济发展的害河，改造落后产能、优化能源使用结构则是遏制流域工业污染再度恶化的关键点。环境保护与经济发展相协调的发展道路只有在经济发展与环境保护兼容并重的环境下才能走得又快又好又稳，妥善处理淮河流域这两者间的关系，就是为淮河流域人民谋求福祉。通过治理高污染工业部门，淘汰落后产能，改进生产工艺，加快转变经济发展方式，真正贯彻落实新发展理念，从而进一步满足人民的物质、精神需求。

淮河流域工业后续的发展目标是进一步提升对外开放程度，大力吸收外商投资以带动经济发展，同时改变盲目追求经济增长速度的发展模式，走又好又快发展道路，兼顾"量""质"。这对国家实现继续推进经济发展方式转变，不断优化产业结构的发展战略具有重大意义，通过发展现代化淮河流域工业，也能够拓宽与改变各地支柱产业的类型，提升工业生产效率与经济效率，扩大经济体量，有利于发现和解决在产业转型升级过程中出现的新型污染源和污染方式等问题，避免新的环境问题的产生，为全国流域经济健康发展提供范例。

新中国成立初期，淮河流域交通通信设施非常落后。改革开放后，流域交通通信事业有了较大发展，流域建成包括沿海高速、京沪高速、京广高速等纵向公路，宁西、宁信等横向高速，京沪、京广、京九等纵向铁路以及横向的"亚欧大陆桥"。此外，纵跨山东、江苏两省的京杭大运河和淮河干支流的主要通航河段等基础设施发展迅速，为我国区域经济发展提供了交通条件，为国家建立完善的现代综合交通运输体系贡献了力量。

三、淮河流域发展对我国经济发展的战略作用

（一）有利于彻底解决淮河治理难题，推动流域经济高质量发展

淮河上游为丘陵地带，地势低平，水源充足；中游为平原地带，地势辽阔，湖泊众多；下游为滨海平原地带，地势低洼，水网纵横。淮河流域本该成为富饶的鱼米之乡，却因为处在我国的南北气候过渡带，独特的半湿润季风使得流域内降水时间、空间分布不均匀，加之地势低辽阔，导致整个地区气候条件复杂，如淮河北岸的支流在枯季就经常处于断流状态，并且，持续性的黄河夺淮问题也导致入海口数量递减，淮河流域一直存在涝灾频繁的问题。

1954年，淮河流域惨遭40年难遇的特大灾害性洪水，给经济造成了巨大损失，其中受灾最为严重的安徽省被淹农田2026万亩，倒塌房屋168万间，因灾死亡1098人。1991年，淮河流域再次发生特大洪水，江苏、安徽两省约70%的人受灾；半数以上农作物被毁坏。直至2007年，淮河涝灾依旧是流域经济发展的巨大威胁，当年，安徽、河南等省共有灾民2600多万人，110多万人被紧急转移安置，30人不幸殒命。而农作物受灾面积更是达到2万多平方千米，绝收面积0.6万平方千米；因灾难而导致的直接经济损失高达170多亿元。多年来，淮河水灾一直让当地群众苦不堪言，更是直接制约我国中东部部分地区的发展。

自新中国成立以来，政府一直高度重视淮河治理问题，做出了一系列强力决策，淮河流域基础水利建设颇有成效。早在1991年，国务院就洪水问题作出《关于进一步治理淮河和太湖的决定》，规划完成19项治淮骨干工程的建设；2003年，国务院再次明确加快淮河治理进程的目标，进行灾后重建部署工作，调整治理方向。2013年，发改委、水利部联合发布了《进一步治理淮河实施方案》，提出要在5~10年的时间内，完成对淮河行蓄洪区的重新分配，完成基本设施建设，并强调平原洼地的治污工程、河道整治以及城乡饮水安全等是规划重点。

"十三五"以来，中央在治淮重点工程建设中累计投入75亿元，建成了基础防汛抗洪工程体系，大大改善流域民众的生活水平。2018年11月，《淮河生态经济带发展规划》正式印发，并被上升为国家战略，中央决定进一步加大资金扶持，各省政府终于有条件彻底转变治淮思路，不再一味炸坝泄洪，劳民伤财，而是用综合整治替代单纯防汛，着眼于全流域的经济社会发展，将开发利用淮河与环境保护并举，在加固河堤、除涝减灾的同时，进行雨季拦蓄、水道修建工程。通过调整泄洪区、增加耕地，精准整治中下游河段。通过对淮河做出科学规划，合理配置水资源，最终增强环境承载力，彻底解决洪涝灾害。

　　当然，淮河治理与发展能够为社会带来巨大的经济效益，根据水利部数据，新中国成立后政府70年内治理淮河总投入资金共计9241亿元，带来的直接经济效益高达5倍，这说明兴修淮河流域水利无疑是利国利民的明智之举，发展淮河流域经济必须治水，这也对我国逐步探索各大流域水患治理的新模式具有强大的带动效应。而进一步增强淮河沿岸防洪防汛、灌溉供水的能力，继而保障沿淮人民的生命安全，能够为淮河流域经济稳定高速发展奠定基础，最终打造出我国协调东西、带动南北的繁荣经济带，为流域经济发展再添成功范本。

（二）有利于助力国家决胜全面小康

　　新形势下，淮河流域已经变成了全面建成小康社会的主战场，加大对区域优势产业的扶持力度，建设战略性新兴产业，以旅游为路径，带动乡村生产力进步，使得淮河经济快速崛起，促成流域内全面建成小康社会，并且力推生态保护与脱贫建设双赢，缓解流域内防洪不足、饮水安全等问题，实现生态修复维持与地方经济增长奔腾的同步前行。这能够极大地改善淮河流域人民的生活，维护淮河流域长治久安，对实现中华民族的伟大复兴具有重大意义，是国家决胜全面小康、推进精准脱贫的最后冲刺。此外，淮河流域地理区位优越，拥有大量劳动人口，发展潜力非同一般，在国家政策开发下，地区劳动力优势能够产生巨大拉力，成为国民经济增长的新引擎，完善我国经济社会发展的总体战略布局。

（三）有利于沿河建设公、铁、空、管等现代交通综合运输体系，助力双循环经济

习近平同志在主持召开中央财经委员会第八次会议时强调："流通体系在国民经济中发挥着基础性作用，构建新发展格局，必须把建设现代流通体系作为一项重要战略任务来抓。"并且同时指出："要建设现代综合运输体系，形成统一开放的交通运输市场，优化完善综合运输通道布局，加强高铁货运和国际航空货运能力建设，加快形成内外联通、安全高效的物流网络。"这一番话充分体现了交通运输体系在双循环新发展格局中的重要意义，能够极大推动国民经济发展，也指出我国该如何建设现代综合运输体系。

地理上，淮河生态经济带南连长江三角洲，北接中原经济带，域内城市毗邻经济发达地区，贯通了黄淮平原，串联起苏北、鲁南、皖北、豫南、京沪、京九、京广、陇海等国家骨干铁路贯通全境，新长、宁西等铁路与长深、沈海等高速公路形成多层次交通体系。在此基础上，流域内各地政府做好高标准的顶层设计，构建高质量、多层次的交通运输网络，利用数量繁多的交通节点承接外省的产业转移，并推动发展多元交通体系，为地区经济增长提供上升动力。

《淮河生态经济带发展规划》要求进行运输设备更新，采用标准化运营手段，构建多元的统一联合运输体系，以高标准促进交通体系深层次发展，畅通信息共享、实体互联渠道来实现省域协调发展，开创经济振兴的新局面。淮河发展也将使国内交通运输体系更加高效，更加现代，开放有序，构建串联全国的运输通道，建立联合周边地区的经济廊道，减少运输环节中不必要的消耗，削减跨区域运输的多项成本，用高质量的服务水平和高效的运输，开辟国内外的广阔市场，最终实现以公路、铁路为运输核心，辅以综合多元化管理手段的突破，构建现代化高效快捷的物流服务体系，打造能够支撑全国产业发展的物流枢纽。

建设交通运输最大的目的便是促进生产与消费，提振经济。淮河流域建成多元的综合交通运输体系，首先能够畅通上中下游经济，促进国民经济内循环，通过流域内高效的交通运输体系在更大范围内加强生产和消费的互动，

创造更多的国民财富。同时，淮河流域日渐完善的交通网络保证了物流服务体系的稳定持续发展，有利于地区产业分化，分工进程加快，提高组织生产效率；高度自由开放的运输市场与完备的运输体系消除区域壁垒，扩宽了市场，增加消费潜力，能够让全部资源在国内、国际自由流通循环，有利于国家优化整体产业布局，真正做到交通强国。凭借淮河流域即将形成的跨地域、多部门、多层次的现代交通运输体系开展多种综合性运输业务，助力实体经济发展。

（四）有利于产业升级，高起点构建国家现代化产业体系

1.有利于构建高起点、高标准的现代化农业体系

由于独特的地理位置以及平坦的地形，淮河流域气候资源丰富，光热充足，能极大提高农业生产效益。又因为地处南北气候过渡带，夏季高温多雨，四季分明，适宜多种作物种植，配合广袤的土地资源，淮河流域已经成为我国最重要的商品粮基地，当地居民又因地制宜地发展出特色农业，大批量种植棉花、油料、果蔬等经济作物。但淮河流域水资源短缺，淮河水系多年平均降水量约 875 毫米，多年平均水资源总量仅有 794 亿立方米。不能满足沿岸工农业用水、生活用水，通过进一步开发，地方政府在国家资金扶持下拓宽河道，清淤扩容，可增加蓄水量多达 200 亿吨，改善流域内水资源配置，提高农田灌溉率，能增加亩产，高质量发展现代农业，更能缓解皖北部分地区缺水困境，提高其经济发展速度。

依托后续建成的大型综合水利工程，淮河地区能以提高农田标准、改造中低产田、提升屯粮能力为目标，引入、推广新型农业技术，转变现有经营模式，适度发展规模化经营。通过多种形式的土地承包经营权流转政策，进一步健全农业服务体系，最终打造出高产、高效的优质生态农业基地，建成独具淮河流域特色的现代农业体系，加强淮河流域作为国家粮食生产核心地带的地位，可以为政府探索全国农业现代化、产业化经营提供先行经验，进一步巩固我国的经济基础，也可以拓宽产业链条，形成全国农业优质品牌，提供绝对安全的商品粮供应，保障国家发展所必需的基本民生。

2.有利于构建现代化工业基地与新材料基地

淮河流域蕴含大量矿产资源，种类繁多，能为工业发展提供独特资本，区域内各级政府对煤炭资源进行了集中化开采，已成为我国黄河以南最大的煤炭供应地和能源基地。淮河流域进一步发展后，不仅能够更加合理地配置煤炭资源，控制开采量，在实现煤炭高效利用的同时，减轻工业污染，缓解环境压力，响应国家环境综合整治号召，进行流域内总体环境治理。还能够形成以煤炭、碱、盐为主导,资源再次深加工为辅助的综合配套产业发展体系，并建设出全新的、全面协调的现代化集聚型化工产业体系。

淮河地区也富含石油、天然气，已探明的石油工业储备近1亿吨，天然气工业储备近27亿立方米，已足以形成中国特色的非石油路线的烯烃产业集群。开发利用丰富的资源能够带动城镇化脚步的加快，为产业逐步转型提供动力。依托国家政策和周边城市经济带辐射功能，淮河流域重视基础设施建设，逐步减轻了第一产业比重，提高第三产业比重，并有意识地发展高新技术产业。历史上，淮河流域主要依靠煤炭、电力、轻纺以及食品等传统工业发展经济，而近年来，无论是以化纤、电子为主的高新产业，还是建材等大型机械制造业都在蓬勃发展。依托新阶段发展策略，淮河流域能够大力发展金属、化工、凹土、硅基等各类新材料，构建中国特色新材料基地，为中国制造、中国智造提供不竭动力。

现代化工业基地与新材料基地也能够优化淮河流域的能源结构，使地方政府有意识、有条件去研究清洁能源和可再生能源，后期利用新能源产业的竞争力与淮河流域的资源优势，不仅能为我国经济社会重大科技项目提供实践基地，政府也能随之加快推进区域合作与开放，使资源要素得到充分流动，合理配置。随着资源多样化开发带来的经济发展，淮河流域消费结构升级加快，由于流域内经济基础薄弱，人民消费需求增长动力非常强劲，在国家实行供给侧结构性改革的大环境下，能够大幅度地推动内需的增长，打下坚实基础，创造稳定局势。淮河发展意义重大，在当前已有的高起点高质量的基础上，国家可以进一步研究与规划未来产业的布局与重点，建设淮河流域现代化工业、制造业、能源业示范区，加快全国地区产业链的重组整合，在高质量发展的同时兼顾生态保护，使这二者达成有机统一。

3.有利于发展现代化文旅产业

淮河流域是中华文化的重要发祥地之一，古人以水定城，历史上曾发生多次黄河夺淮事件，使水道大幅变动，因此，长江文化、黄河文化、中原文化、楚汉文化、吴越文化、齐鲁文化、运河文化等多种文化在相互碰撞的过程中融合、汇聚成全新的淮河文化。淮河流域也拥有大量国家级别的历史文化名城和众多全国重点文物保护单位。

悠久的农耕文明带来独特的流域文化和松散动荡的村落聚合形态，有利于开展群众性文化活动，在此基础上，发展淮河文化旅游产业，首先能够以社会主义先进文化统领淮河流域优秀传统文化，在保存内核的同时进行淮河文化的观念创新、内容创新，更好地保护与传承我国历史悠久的农耕文化；其次，能够建设文化淮河流域，全面提升当地居民的文化素养和社会整体文明程度；再次能深层次、高质量发展文旅经济，实现区域间文化旅游资源共享，增添市场活力，持续推动当地的文化事业和文化产业发展。践行新时代绿色发展理论，能够加强流域跨地区文旅产业的交流合作，积极推动地区融合下的产业发展、合作开拓与消费提升，构建一体化的高质量发展道路，为创新发展、产业融合提供新思路；这也是探索人与自然和谐共处的城市发展之路的具体实践，是加速我国全面推进绿色发展的进程。

（五）有利于实现跨区域经济协调发展，缩小中东部区域差距

由于省会城市造成的巨大虹吸效应，淮河流域内五省省域发展严重不协调，省会城市与其他城市发展差距较大，而通过发展淮河流域经济，能够打破原有的行政经济壁垒，发挥各地比较优势，创造流域内新的经济增长点，让欠发达地区主动融入城市发展经济带，合理规避虹吸效应，共同促进区域经济发展，也使中部地区拥有新的机遇，有机会通过承接东部地区的部分低附加值产业，为当地经济发展找寻稳固的产业支撑，从而进一步缩小中东部差距。

党的十九大报告已经将"区域协调发展战略"列为国家坚定实施的七大战略之一。目前，国家也正在逐步推动过去的单个区域发展路径向多区域或

跨区域协调发展转变，发展淮河流域经济就是探索新时代区域协调发展的新机制，进一步强化区域合作意识，强调要素流动，提高我国区域发展效率，为国家确立清晰的发展格局，为政府合理规划发展路线提供助力，协助政府制定区域发展协同战略，最终创建互补互通的整体联动发展格局。

（六）有利于培养中国经济的第四增长极

淮河流域有望成为我国经济社会发展的第四增长极，也就说，淮河流域可以成长为下一个庞大的区域经济体，同环渤海经济区、长三角、珠三角一齐支撑起我国的经济命脉，为国家经济发展提供牵引力。众所周知，内河航运一直都是国家经济发展的命脉、城市建设的最重要载体。无论是巴黎的莱茵河、伦敦的泰晤士河、开罗的尼罗河，还是国内的长江、珠江，内河航运一直能够给城市发展提供源源不断的养分。而纵览世界经济发展的进程可以发现，高度发达的大河流域经济区是国家经济的最大增长极，如美国的田纳西河流域、欧洲的莱茵河流域、日本的东京湾流域，以及我国的长江流域等，都有力促成了国家经济飞跃。而美国的田纳西河流域更是曾与淮河流域面临相似的问题，早期的田纳西河航运能力欠缺、产能落后、环境污染严重、流域经济发展水平低下，但通过对各种自然资源的统一管理和科学利用，田纳西河流域实现经济快速突破，一举成为美国最具活力的发达区域。

淮河作为中国的第三大河，自古就航道发达、水运便利，目前，流域水系通航总里程约2300千米，纵向的京杭运河贯通南北，年货运量居全国第二。横向的淮河干流连接东西，流域内更有繁多支流，水网纵横。经过几十年的河道治理，淮河已经初步形成小有规模的防洪防汛工程体系，能够较为有效地为内河航运更大规模的开展提供基本条件，但目前的入海水道存在较大缺陷，虽有通航能力，但仅承担泄洪、排污等工作，并没有实现江海联合运输。所以，在此基础上，淮河流域打造常年通航的黄金水道，能够极大地缩减运输里程、时间和费用，带来不可估量的经济收益。

毫无疑问，全新的水道也将成为省际运输的重要通道，在《淮河生态经济带发展规划》中，国务院着重强调要实现"一带三核多节点"的战略构想，也就是建设淮河片区的生态经济走廊，为加强省际沟通合作，促进要素充分流动创造条件，同时大力建设淮安、蚌埠、信阳3个核心城市，以带动周边城镇迅速发展，并且，利用纷繁的河流航道网络在全流域内打造多个节点城镇，建设起现代化的综合内河运输体系，以此来串接上、中、下游所有城镇，推进全流域的工农业现代化进程，进一步均衡淮河流域城市化水平。这与欧洲莱茵河流域的"点轴面"开发模式有异曲同工之妙，莱茵河以干流为轴线，建设河内"黄金水道"，通过推进上下游产业协作，打造了世界级的密集的城市群和先进产业带，使得钢铁化工、旅游贸易、航运交通、金融保险、信息服务等各种产业都得到充分发展。

淮河流域同样拥有着密集的城市群，沿岸省市产业协同性较强，能够在统一的政策导向下进行合作发展。所以，打造淮河"黄金水道"这一战略布局，在整合资源、聚集先进生产要素、拉近区域发展方面拥有不可替代的地位，不仅能让高效、通达、绿色、安全的内河航运体系辐射1.72亿人口，而且能够建立起省级水运项目建设联动机制，协调流域内各地区发挥产业集群优势。

此外，淮河流域将以地方各级人民政府为单位，全力配合中央政府的淮河干流和主要支流航道疏浚工程，清除淤塞，扩大航道吞吐量，并以打造我国全新的出海黄金通道为目标，大力建设万吨级别的淮河入海航道，推进支线航道建设和沿淮的港口建设，改造和升级支线的航道等级，进行多条支流航道的整治工程，分段提高航道通航标准和船闸通行能力，在淮河流域同步建设入海航道与入江航道，能够实现真正意义上的江海互通，更好地发挥海港优势。届时，连云港、日照等城市不仅能成为直通全国的大型现代化海运港口，也能联通海外，为国际贸易和物流运输创造条件。未来，淮河流域港口将成为我国对外开放的门户之一，成为连接内外的重要交通节点，淮河流域内众多的内陆省市都有强烈的深化对外合作，发展外向型经济的市场需求，进行淮河出海港区建设，能够整合海外和沿淮内陆省份两个巨大市场，进行资源置换，开展全方位跨领域多层次的合作，打造淮河流域开发开放先导区，拉动全流域经济的发展。淮河将成为我国建成现代化综合水陆运输体系的基石，而全新的以淮河为中心的水运物流枢纽，将带动干支流水系交通融汇，创造对外开放新机遇，为我国国际发展战略扫除障碍。

（七）有利于打造美丽中国重点工程

党中央在十九大确立了加快生态文明体制改革，建设美丽中国的奋斗目标。习近平同志更是指明未来中国的发展道路：必须坚持节约优先、保护优先、自然恢复为主的方针，形成节约资源和保护环境的空间格局、产业结构、生产方式、生活方式，还自然以宁静、和谐、美丽。淮河发展优先以治理水患、环境整治为最基本目标，无比契合我国建设美丽中国战略计划。淮河流域进一步加快水资源调配和水污染防治，实施流域整体环境的综合治理。

进一步整合土地，开展农村人居环境整治行动，构建流域生态文明建设示范带。淮河发展也一直贯彻落实坚持绿色发展、生态优先理念，促进人与自然和谐共生、共存。淮河发展提出构建"一带、三区、四轴、多点"的总体空间格局，最终目标是转变地区发展模式，构建绿色宜居环境，建成绿色生态廊道，发展可持续经济。淮河生态经济带坚持在"绿色发展，美丽中国"战略思想的引领下，努力把握国家提出的"一带一路""中部崛起""长三角一体化发展"等一系列政策新机遇，积极实施一系列开发开放举措，发展绿色经济，坚持生态优先，以环境整治为首要任务，提高流域生态环境质量，促进流域发展，推动城乡一体化结合，建设宜居、开放、活力、有序、绿水青山的美丽淮河新家园。

所以，在国家整治生态、保障粮食安全、促进中东部地区经济社会可持续健康发展、推进生态文明和美丽中国建设等方面，淮河流域经济发展均效力显著。国家建设淮河生态经济带的战略为淮河流域带来了机遇，完善了基础设施建设，优化了公共服务水平，推动了地区生态经济建设发展，并将上述改善发展为全新经济增长点，意义明显，作用显著，优化了我国整体产业布局，缩小了城乡差距，为提高多省区域协调发展水平提供持续动力。全新的淮河流域经济发展有利于提高我国绿色可持续发展水平，增强创新驱动发展能力、开放合作水平，使淮河流域成为我国的生态文明示范带，为西部地区绿色发展作出表率。高质量的发展道路更为国家深化经济改革提供了助力，深入贯彻落实了习近平同志的生态文明理念，即尊重自然、顺应自然、保护自然，探索出一条绿色的全新道路，建立健全全国范围内的生态安全体系，使其成为建设美丽中国的重点工程。

（八）有利于构建新型城镇化示范区

中共十八大确立了走新型城镇化发展道路的国家战略。新型城镇化不同于传统的城镇化模式，它不单单依靠政府强力主导与推动，而是走群众路线，依靠人民群众的力量，确立了以人为本的发展理念，以人的城镇化为核心的发展目标，并且因地制宜，走低碳绿色的和谐发展道路，开创生态、集约、智能的城镇化发展新局面。淮河流域发展战略强调要同步推进农业现代化、工业化与信息化进程，实现三者并举的高质量发展，并提出必须全程贯彻落实低碳绿色的发展理念，走循环经济道路，实现对土地、能源、水源等自然资源的集约利用，是我国新型城镇化道路中发挥市场作用、提高效益要求的具体实践，能够促进经济社会的可持续发展。不仅如此，发展淮河流域的文旅产业，打造地方性特色小镇的措施，更是契合我国新型城镇化战略中传承优秀历史文化、保留地域特色的具体要求。

淮河发展是优化城镇化的宏观布局的利器，依托淮河发展，地方政府能够根据资源环境承载能力调整发展模式，将原有的科学布局合理化，在淮河流域城市的产业协同性推动下，进行合理分工，完成功能互补，并借助蚌淮、淮安、信阳等小型城镇圈和淮河流域城市群，全力助力流域性中心城市的诞生，同时积极发展城镇经济，加快推进县城建设，孵化一批拥有支撑产业的中心城镇。

以产业升级与综合交通运输体系为基础，佐以科学规划，分步推进流域城镇化，最终构建出"一带、三圈、六轴、多极"的城镇体系空间布局。这说明，淮河流域将大力发展陇海铁路的终点连云港、新东陇海铁路出海口盐城与流域下游核心城市淮安来实现苏北大开发、沿海大开发与沿江大开发，凭借已有的中原经济圈、淮河生态经济带和环洪泽湖城市圈，打造独立的经济腹地，形成以淮南、信阳、淮安、蚌埠、盐城、连云港为核心的沿淮城市带。并进一步强化流域核心城市的作用，围绕蚌淮、信阳、淮安构建城镇圈，大幅提高核心城市的辐射能力，带动经济进步，打造区域核心增长极。

协同推进可以对接中原经济区以及武汉城市圈的驻马店—信阳城市带；

可以辐射皖北亳州等极贫困地区的阜阳—淮滨城市带；可以配合皖江城市带战略，对接徐州城市圈的蚌埠—宿州城市带；以及能够连接苏南苏北的建设（新沂—淮安—扬州城市带、驻马店—阜阳—蚌埠—淮安—盐城城市带和桐柏—信阳—淮南—蚌埠—淮安—滨海城市带）。并将淮河流域内一批发展中的小城市（如滨海、响水、颍上、凤阳等）培养成全新的核心城市。淮河流域有望成功实践新型城镇化道路，中心城市与中心城镇二者联合带动地区经济发展，创造淮河流域城市群，最终打造中国新型城镇化示范区。

第二章　构建淮河流域协调发展机制

2017 年 10 月 18 日，十九大报告将实施区域协调发展战略提上国家社会经济发展日程，将通过发挥地区优势，实现市场统一、政治协商、社会合作等机制模式，构建地区间互补互惠关系，确立缩小地区间发展差距的发展战略，该战略为带动地区发展活力、提高地区发展质量水平的发展目标和重要手段。2018 年中共中央出台的《中共中央 国务院关于建立更加有效的区域协调发展新机制的意见》提出"立足发挥各地区比较优势和缩小区域发展差距，围绕努力实现基本公共服务均等化、基础设施通达程度比较均衡、人民基本生活保障水平大体相当的目标，深化改革开放，坚决破除地区之间利益藩篱和政策壁垒，加快形成统筹有力、竞争有序、绿色协调、共享共赢的区域发展新机制，促进区域协调发展"，进一步在中央层面强调实施区域协调发展战略的目标方针。而在 2020 年 5 月 22 日，该年度国务院政府工作报告则继续强调对区域协调发展战略的加快落实，坚持区域协同化发展、一体化发展对带动地区发展的重要作用。

构建淮河流域协调发展机制、实现淮河流域协调发展则不仅是顺应国家发展方向、对国家实施的区域协调发展战略提出的制度回应，更是基于淮河流域各地区现实发展需要所设立的提升淮河流域发展水平的目标导向与制度措施。

第一节　构建淮河流域协调机制的基本内涵

一、区域协调发展与淮河流域协调发展

从概念和内涵上理解，淮河流域协调发展隶属于区域协调发展概念且是

区域协调发展概念的具体表现形式，而淮河流域协调机制则是实现淮河流域协调发展的核心内容与关键手段。因此，要剖析淮河流域协调机制的内涵及实施的具体要求，首先需从区域协调发展的概念出发。

对于区域协调发展的概念，在尚未有统一权威定义的情况下，当下学界对此有着诸多观点。其中，有观点认为，区域协调发展是区域经济非均衡发展过程中以实现区域和谐发展为最终目的的、不断追求发展的相对平衡和动态协调的发展过程；另有观点认为，区域协调发展是指在既定的条件前提下，各地区发展机会趋于均等、发展利益趋于一致，且在整体上各地区处于同步发展、利益共享的相对协调状态；还有观点认为，所谓区域协调发展实际上是指不同区域之间基于自身发展要素的特点差异，而在不同要素约束条件下形成有序开发模式及合理分工的同时，通过政府主导的调控措施，使区域之间的发展条件、人民生活水平保持合理差距并且实现人与自然和谐共处的发展状态。从中不难看出，当下学界对区域协调发展概念的认识存在着基本共性，一是在概念属性上，区域协调发展被认为是一种被人为指引并操作实现的积极的社会发展过程或状态；二是在追求目标上，实现区域协调发展的最终目的并不意味着实现各地区发展的均等化，而是在促进各地区社会经济的积极发展的同时实现各地区间发展的协调性与均衡性；三则是在实施的过程中，实现区域协调发展是在强调各地区发展基础的客观差异的前提下对各地区间分工合作、协同发展机制的构建与运行。而在上述共性基础上，笔者根据相关政策要求进一步对实施主体及实施内容进行补充，一方面，在实施主体上，在现有发展背景下实现区域协调发展的过程并不具有自发性，其实现必然需要一定的体制机制予以推助，其中，权威性制度措施或手段是其机制内的核心引导力量，即代表公权及公共利益的政府在实现区域协调发展过程中处于主导地位；另一方面，在协调内容上，区域协调发展中需要实现"协调发展"的对象是全方位且多层次的，不仅包括区域范围内各地区间的发展协调、各区域间的发展协调，还包括区域与国家层面上的整体发展协调，而其协调内容也不仅包括各主体间经济、政策、社会生活及生态单方面协调，还包括上述要素之间的综合协调，同时还包括其参与主体之间的关系协调，如中央政府与地方政府、地方政府与地方政府、政府与企业、政府与民众等。

由此概括而言，笔者认为所谓区域协调发展实际上是指以各地区间既定的发展基础差异为前提，以政府为主导推动构建的地区间分工合作、协同发展机制为基本手段，最终达成以实现地区间参与主体、发展内容等多方面互补互惠、共同发展为目的的发展状态。

淮河流域协调发展在概念本质上是区域协调发展概念落实到现实操作层面上的具体表现之一。淮河流域协调发展延续了区域协调发展概念中的"协调发展"核心，而将其"区域"概念落实到实质地理范围上，即以淮河流域为限。具体来说，淮河流域协调发展指的是淮河流域内各地方在现有发展基础差异背景下，以流域内各地政府在中央统一指挥下发挥的政府职能作用为推动力量，建立相关制度或采取有关策略手段引导流域内经济、生态、社会等方面分工合作、协同发展机制的构建，逐步实现流域内各领域以及各主体之间互利共进的发展状态及发展趋势。

二、强调实现淮河流域协调发展的主要原因

淮河流域以淮河干流及其主要支流流经地为区域范围，位于长江流域和黄河流域交界处，西起伏牛山，东临黄海，从地域上来看，淮河流域是连接东部地区与中部地区、长江经济带与黄河经济带的重要地区，也是推动实施东部地区率先发展、中部地区崛起发展等区域发展战略的关键地带；同时，从发展优势上来看，淮河流域具有资源禀赋优异、人力资源丰富、产业种类多样等区位优势，具有极大的地区发展价值及发展潜力。但从整体上来看，相较于长江经济带、黄河经济带等其他区域而言，淮河流域区域发展总体水平较低，区域内各地区经济差距较大且呈现出扩大态势。而以区域协调发展为指导方向，根据淮河流域区域特点实现淮河流域协调发展则成为有效利用淮河流域发展优势、扭转淮河流域发展劣势、提升淮河流域发展质量的首要选择。

首先，区域整体性是推进淮河流域发展的基本内在要求，而强调协调发展是实现区域整体发展的必然要求。换句话说，将"淮河流域"作为发展的独立目标对象以及以统一措施手段予以要求的整体单位，是提升淮河流域地区整体发展水平的必然方式，而走向整体发展路径的唯一途径就是区域各地

区间的相互配合、协调发展。其原因在于，第一，从概念上来讲，强调淮河流域发展事实上已经隐含了对该流域内各地方行政区划界线的模糊化要求，即将淮河流域视作发展目标以及发展政策实施的统一主体，要求各地方在区域发展利益的考量层面上相互配合、合作互助；第二，以流域内各地方为相互独立的发展措施实施主体虽然在一定程度上有利于针对性地发挥地方独特优势，但在各地方分割发展的状态下，不仅容易扩大地方间发展差距，而且容易导致各地方发展同质化、竞争恶性化的加剧，不利于各地方长期的稳定发展；第三，从目的上来讲，实现淮河流域协调发展本质上是为落实到该流域内各地方人民的发展福利以及宏观上的国家发展福利，而为实现两个福利的提升，各地以淮河为"血脉"组成"淮河流域"，以齐心协力"抱团"发展的方式打破各地发展固有条件局限，是从实际效果上达成发展策略实施目的的必然选择。因此可以说，提升该流域发展质量水平的前提条件就是落实流域的整体性，而实现流域整体发展就必然需要通过流域内各地区的相互协调，从而减少区域内的发展矛盾，提升区域内的发展目标的宏观一致性以及发展过程上的协同性。简而言之，以实现整体发展与协调发展作为淮河流域发展过程状态是实现淮河流域发展水平的第一要义。

其次，淮河流域协调发展的本质属性及其表现特点是淮河流域内及与其他区域间多方要素的协调，对促进经济、社会、行政、生态等领域发展具有核心价值作用。在经济上主要表现为，一方面，地区间产业协调，形成合理的分工布局，根据不同地区的区位或资源优势形成各有侧重的产业区域，并在不同产业区域间形成有序的分工机制，助力产业的转型升级，提升区域内产业发展效率及质量，减少过剩的同质产业并降低同质产业之间的恶性竞争；另一方面，地区间市场协调，以区域整体为单位的发展模式打破了生产要素在区域内部各地区间的流通藩篱，实现生产要素的自由流通，促进资源配置效率的提高，并且丰富了市场产品及服务种类，激发了市场竞争力及消费吸引力，扩大了淮河流域消费及生产需求，在吸引更多优质投资的同时深化淮河流域供给侧改革。而在社会层面则主要体现为，第一，实现城市功能性定位，完善城市发展配套措施，实现流域内各地区城市间的合作互惠；第二，实现中心地区或城市与周边中小地区产业职能的合理分配，缓解中心地区或城市的环境发展压力与竞争压力，优化地区或城市的服务质量，增加周边中小地区的发展动力与吸引力；第三，实现区域内人口流动的平衡性，保持各地区人口活力，提升人口资源利用质量。而在行政方面，一方面，协调、平衡中央与地方政府之间、地方各级政府之间、地方政府与地方政府之间的行政关系，在坚持中央政府的统一领导或上级政府领导的基础上，充分发挥地方政府的行政积极性，化解地方政府之间的行政藩篱，降低以地方保护为首的地区间恶性竞争现象；另一方面，实现流域内协商共建共治的行政体制机制的有效建立与充分运行，提升行政综合治理的效率及效益，同时减少大量同质的地区优惠政策，提升地方的政策吸引力。最后，在生态领域方面，综合上面有关领域协调发展实现的描述，一方面，经济社会及行政上的协调关系在客观上具有降低产业污染、生态破坏并加大对生态污染破坏行为的惩处力度的衍生作用；另一方面，流域间的协调发展还包括生态环境治理的协调，而这具体则表现为统一生态功能区的合理划分以及流域内生态补偿机制的完备，从而实现流域内生态环境协同保护、协同监管及协同恢复的有效意义。

因此，综上所述，流域协调发展对于实现淮河流域高质量综合发展而言具有关键作用，是实现淮河流域发展最终目标的必然途径。

三、淮河流域协调发展机制

承接上文对区域协调发展以及淮河流域协调发展的基本讨论，在多重因素的作用下，淮河流域的协调发展难以在无人为干预的情况下自发实现。一方面，从行政角度来看，在行政分割、财政分权以及以经济业绩作为政治晋升主要评判标准等传统政治体制下，地方政府兼具"政治人"与"经济人"双重属性，而为实现地方经济利益的最大化，政府之间竞争激烈，彼此之间呈现出对抗性而非合作性关系倾向；另一方面，从市场经济角度来看，市场主体在其逐利性目的作用下具有突破行政藩篱、实现区域经济融合发展的关键作用，但同时也因其逐利性的行为动机与行为方式，在未有正确引导的前提下，市场主体为实现其利益最大化采取成本低廉、效果显著但往往不具有正当性的市场竞争方式，如低价倾销、市场混淆、商业贿赂等不正当竞争手段，而这种不利于市场自由竞争的恶性行为反过来又将加剧区域内市场的分散、割裂与矛盾，不利于区域的总体发展。此外，在生态领域中，生态环境的保护与治理往往与社会经济发展的现实状态及现实需要相矛盾，因此在生态环境保护与治理中尤其需要人为的强势干预，以打破社会经济发展需要的优先性。

由此，流域协调发展难以依靠流域内各领域的自发实现，需要人为构建流域协调发展机制以实现流域内各积极要素的协调共进。而从实现协调发展的目的及其内容来看，流域协调发展机制应具有以下几个方面的特点。

第一，以政府为主导。首先，造成流域内各地方发展矛盾的主要原因在于地方保护与行政分割，而解决该问题的关键还需从行政方面入手，通过政府积极的改革与创新解决地方之间的行政矛盾；其次，政府代表着公共利益，是公权力的行使机构，政府负有推动地方经济社会发展、改善人民生活水平、缩小地区发展水平差异的法定职责，同时，行使公权力制定流域发展方针、政策，并指导或组织流域发展各要素分工协同，也是政府区别于其他干预手段所独具的职权优势。

第二，以打破流域内各地孤立现状，实现流域内各要素协调有序、相互配合为目的。构建流域协调发展机制的本质是为了实现流域协调发展，其中流域内各要素协调有序、相互配合的发展状态是流域协调发展的重要表现及关键成就，因此实现流域内市场、政策、资源等发展各要素协调是流域协调发展机制的首要建设方向与指导目标。

第三，以充分发挥市场机制和政府机制双重机制作用为制度保障。实现社会发展体制机制的完善与创新离不开市场与政府"两只手"的作用，同样，在构建流域协调发展机制中，市场与政府不仅是协调发展机制发挥作用的主要领域，同样也是构成协调机制的主要组成部分。一方面，通过积极发挥政府公权力作用，可以在规制恶性竞争的同时积极引导流域内各方利益的相互平衡、推助流域内各地区的合作过程；另一方面，通过发挥市场在资源配置中的决定性作用能够有效促进流域内各生产要素的自由流动，实现各主体在利益驱动下的自发合作趋势。

由此，通过归纳上述有关流域协调发展机制的基本特点，可以得出概括性结论，即构建淮河流域协调发展机制是指为实现淮河流域各地市场、政策、资源等各要素协调共进目的，依靠中央政府及淮河流域各级政府主导实施的，以市场机制与政府机制为其主要构成部分的体制机制。

第二节　构建淮河流域协调发展机制的具体内容

一、基本原则

（一）统筹全局

即以流域整体为发展对象，在地域上实现部分与整体的统一发展，在内容上实现经济、行政、社会及生态等全方位的协同发展。构建淮河流域协调发展机制应始终将淮河流域整体放在首位。实现淮河流域协调发展首先需打破的是流域内各地各自为治、对抗分割的碎片化发展模式，而革新该模式的关键就在于从机制构建上将淮河流域视为目标及措施落实的统一体。这一原则从外部来看涉及淮河流域与其外部区域的协调，即应当统筹淮河流域同其周边区域乃至国家整体的协调发展关系，包括理顺中央与淮河流域地方政府关系、实现淮河流域经济增长同全国经济发展趋势的协同、将淮河流域生态保护纳入全国性生态环境保护计划等；从内部看则涉及淮河流域内各地区之间的协调，即应当统筹淮河流域内各地区在多领域之中的协调发展，包括化解流域内各级政府间的发展利益矛盾、加强流域内各地产业乃至市场经济的交流联系、实现生态系统的协同保护以及环境问题的协同治理等。

（二）平等协商

指在坚持中央或上级统一领导的前提下，突出流域内同级政府之间、政府与非政府组织之间的平等的社会发展地位，促进各主体之间积极有效的交流沟通。平等协商实现淮河流域协调发展机制的构建及其有效运作离不开淮河流域内各地之间的稳定合作，以各地间统一利益为内在动力的基础，实现各地间平等协商关系是构建地区间合作机制的关系基础。一方面，在政府层面，各地各级政府应在坚持上级领导下级的基本行政原则上，打破地区间基于经济发展差异而形成的行政歧视链，强调同级政府之间的平等地位，同时发挥政府职能作用，优化政府间跨区域交流方式，构建同级政府之间共建共治的友好协商关系；另一方面，在非政府层面，实现各领域合法非政府组织之间交流途径的多元化，支持各组织间的互动沟通；此外，弱化政府在非必要领域中的强势地位，在社会治理过程中加强政府与非政府组织之间的合作关系，实现二者之间"1+1>2"的合作效益。

（三）合理分工

即是指淮河流域范围内各发展主体之间基于一定的客观关联因素而在统一利益目标指导下形成的互动状态。淮河流域协调发展机制中"协调"的重要表现之一在于流域内各发展主体之间的良性互动，而实现流域内各发展主体之间的合理分工是实现其良性互动的基本内在要求。其内涵可表现在诸多方面：第一，在市场经济上表现为跨区域产业链的建立；第二，在城市规划上表现为流域内中心城市及周边城市的规划划分，以及城市间重点职能差异化的发展；第三，在生态环境保护上则表现为生态功能区的区分、生态保护区的确立以及生态问题治理目标及职权的统一。

（四）优势互补

指基于流域内各地合作关系，充分发挥地区禀赋优势，弥补其他地区的发展缺陷并深化地区间的互惠关系。淮河流域地理位置优越，资源丰富，但各地发展条件差异显著，而只有通过地区间的优势互助才能突破在现有资源利用局限上的发展瓶颈，同时地区间优势互补的相互性有利于化解地方间发展矛盾冲突，突出流域发展目标的统一性，是流域协调发展机制得以真正落实的内在要求。因此，在构建和落实流域协调机制的过程中，必然要求构建地区间资源信息的共享平台并降低资源流动的区域限制门槛。

（五）协同发展

该原则主要体现发展的"一致性"要求，其主要具有两方面含义：一是在目标导向上指流域内各地区发展方向的一致性；二是在机制运行的实际效果上实现流域内各地区发展趋势的一致性以及淮河流域同全国发展趋势的一致性。从语义上来说，"协同"是"协调"的要求，同时也是"协调"效果的重要表现，实现协同发展，不是要求流域内各地区之间的"亦步亦趋"，而是在发展目标上向着提升地区治理水平、提高地区发展质量的总目标进发，在实际操作中在统一领导下采取相互配合、相互激励的配套措施，最终在效果上呈现"向好向善"的统一发展趋势，而这在构建流域协调发展机制中要求有统一、权威的目标指导及规划方针，并以专门监督机制对流域内各地区机制实施效果。

（六）兼顾效率和公平

即是指在实现流域协调发展过程中，其发展机制的实施不仅要求有有效成果的产生，同时要求其实现过程是各地区普遍参与的，其最终成果也是各地区普遍享有的。而这在淮河流域协调发展机制的构建中，则表现为既要对流域整体乃至各地区发展业绩设定有一定的硬性指标，同时也要综合考虑各地区的利益要求，对各地区的发展考评根据各地发展状况不同设定综合性及差异性两方面兼具的考察标准，此外，在满足流域发展需求的同时通过特定政策等手段机制实现发展利益的普惠性，避免因实现流域整体发展而忽视对个别地方利益的发展需求或保护。

二、发展经验借鉴

构建流域协调发展机制、实现流域协调发展并非新事物，我国改革开放以来对流域协调发展的学术讨论、制度设计乃至实践落实可以说均取得了相当大的成就。而通过借鉴相似区域的发展机制建设及运行，对于规划淮河流域协调发展机制而言具有重要意义。

（一）长江三角洲区域协调发展机制

长江三角洲区域是指以长江三角洲冲积平原为中心，由江苏、浙江、安徽、上海三省一市构成的经济发展区域。在实现一体化发展过程中，长江三角洲地区已成为能够代表中国参与国际竞争的经济聚集群体，其中构建有效运作的区域协调发展机制是推动其实现经济、社会等多方面高效高质量发展的重要推助力。

1.政策指导

从中央层面来看，2008年国务院出台《关于进一步推进长江三角洲地区改革开放和经济社会发展的指导意见》，2010年出台《长江三角洲地区区域规划》，2016年国家发展和改革委员会印发《长江三角洲地区区域规划》，2018年习近平总书记作出重要讲话，指导长江三角洲区域一体化发展迈向新台阶。此后，2019年出台《长江三角洲区域一体化发展规划纲要》，十九大则就长三角一体化发展作出进一步强调。可见，长三角区域发展受到中央高度重视，通过一系列中央文件划定长三角区域范围，确定长三角区域整体及各领域发展目标，并将长三角区域协调发展上升到国家战略层面，实现国家对长三角区域发展的统一领导；从地方层面来看，其地方政策出台具有明显的积极响应中央层面文件规划指导的特征，上述不同中央文件的出台节点都能相应地引发一波地方文件的出台，而就文件类型来看，也多以落实中央文件为目的的具有指导意义的"意见类"为主，同时兼有实施类以及协议类政策。

2.政府协商

为打破长三角地区行政区划分割，加强区域间共建共识，长三角地区在政府协调层面逐渐形成较为成熟的治理框架，即由决策层、协调层和执行层构成的"三级运作"地区间政府合作模式。决策层是指苏浙皖沪三省一市主要领导座谈会，其主要职能是制定长三角省级层面合作发展的方针政策；协调层则主要由长三角地区合作与发展联席会议以及长三角城市经济协调会组成，二者主要职能是定期总结交流长三角地区发展状况并协同规划下一年度地区间工作安排，同时承担起长三角各地区间交流合作的重要桥梁作用；最后在执行层方面，一是各省发展和改革委员会主导的合作专题协调推进制度，二是各市政府系统的经济合作办公室主导的常态化的城市间经济合作工作，二者主要职责是实现中央及区域整体政策在地方上的有效落实。

3.城市合作

长三角地区为加强地区间合作关系，实现地区间的合理分工，各地在充分发挥城市职能优势的基础上，通过专项领导小组、市长联席会议制度、双向互访等方式积极构建城市间的合作机制，形成包括合肥都市圈、杭州都市圈、浙东经济合作区等城市合作圈。

4.统一开放的市场体系

从宏观规划上来看，根据中央及地方出台的文件及政策规划实施产业转移与产业改革计划，通过政策扶持、政策开放、政企合作等方式引导传统制造业从东部沿海向江浙及其以西地区转移，依托区域优势及政策倾斜东部地区被打造为投资及新兴产业的发展摇篮；从具体实施来看，通过建设产业协作园区、加强合作平台建设、创建产业综合示范基地等方式，推动长三角地区在优势领域打造重点产业集群，在一定程度上实现资源信息共享、生产要素自由流通的同时，协调长三角各成员地区加大产业融合力度，在统一领导下共建开放、自由市场。

5.协同生态治理

从 2004 年出台《长江三角洲区域环境合作宣言》、2008 年的《长江三角洲地区环境保护工作合作协议（2009—2010 年）》，再到 2013 年的《长三角城市环境保护合作（合肥）宣言》、2019 年的《长三角生态绿色一体化发展示范区总体方案》以及 2020 年的《长三角生态绿色一体化发展示范区生态环境管理"三统一"制度建设行动方案》，长三角地区走在区域生态环境协同治理的前端。首先，通过建立环境保护合作联席会议制度、制定区域环境保护防范体系标准等方式，长三角地区初步实现跨区域、多政府的生态治理一体化制度模型；其次，通过开展生态补偿区试点工作，逐步推广联防联控共建的跨区域生态补偿制度；此外，通过涵盖多主体的单一政策，协调各政府参与环境保护力量；最后，通过一系列政策导向，明确长三角生态协调治理机制方向——"三统一"，即"生态环境标准统一、环境监测统一和环境监管执法统一"。

（二）珠江三角洲协调发展机制

珠江三角洲位于我国南部珠江入海口流域一带，在地区发展过程中最初由"小珠三角"——广州、深圳、佛山、珠海、东莞、中山 6 个城市构成逐渐扩展到"大珠三角"——粤港澳。珠江三角洲是我国改革开放的排头兵，而且在发展过程中始终保持中高速增长的发展态势，对我国经济发展而言具有举足轻重的地位。

1.政策统领

从第一轮《珠江三角洲城镇体系规划（1991—2010 年）》起，珠三角区域一体化发展受到中央和地方的广泛关注，2009 年出台的《珠江三角洲地区改革发展规划纲要》标志着珠三角区域协调发展上升为国家战略决策，在确定珠三角战略定位的同时，为珠三角设立"五大建设""九个方面"发展重点。同时，为有效落实中央有关珠三角发展规划指导，地方上多次召开由省市级主题报告会议，并积极出台百余份地方文件，其属性包括行政规划、政策实施以及行政合作等多种类文本，而其内容涵盖有经济、生态、基础设施建设等多领域多方面。

2.区划协调

为打破不合理行政区划所造成的区域治理碎片化隐患，提高地方治理效率，自20世纪90年代起珠三角多地开始实施大规模"撤县（市）并区"改革，即将大城市行政区周围的县或县级市改为区，从而纳入大城市行政区划范围。在扩大城市行政范围的同时，去繁减杂，强化有关政策以及发展福利的纵向及横向落实或惠及。

3.政治协商

首先，珠三角地区政府出台的地区间合作协定数量多、范围广，如《关于加强泛珠三角区域地方税务合作的若干意见》《粤澳合作框架》《泛珠三角区域工商管理合作协议》等；其次，在省市级设立实施纲要小组及其办公室，同时设立包括珠三角基础设施建设一体化规划专职工作组、城乡规划一体化规划专责工作组、基本公共服务一体化规划专责工作组、产业布局一体化规划专责工作组、环境保护一体化规划专责工作组及其相应办公室在内的专项工作组，为实现珠三角地方政府间政策落实的协调统一提供组织平台；最后，通过领导小组成员全体会议、专项工作协调会、经济圈首长联席会的形式构建珠三角政府间合作协商机制，拓宽了政府间沟通交流途径，实现政府间组织协商的多元化。

4.地区分工合作

一方面，广东省在珠三角区域发展过程中被赋予统领性地位，负责主持珠三角地区大型会议，领导有关小组展开工作，并积极组织出台有关政策规划和建议；另一方面，确立"广佛肇、深莞惠、珠中江"三个经济圈的战略构想，并发挥政策优势推动三个经济圈之间的人口流动与产业分工合作，同时在该战略构想中着力布局"粤港澳大湾区"发展构想，发挥港澳独特优势，形成新的经济增长和地区发展带动效益，确立世界级城市群建设目标。

5.构建开放市场

第一，大力完善和发展珠三角地区交通运输设施网络和信息设施网络等公共基础设施，增强招商引资和产业合作吸引力优势；第二，充分发挥区位优势并加大开放政策实施力度，构建诸多跨区域大规模产业园区，吸引大量港澳企业以及国外企业投资，同时优化南北地区产业布局，由珠三角中部和北部地区承接南部传统制造业的迁移，同时在南部沿海地区大力发展以服务业为主导的开放型经济发展模式；第三，落实政策扶助和税收优惠并优化行政管理模式，降低中小企业落户门槛，推动市场自由竞争，实现资源要素在珠三角地区的优化配置。

6.生态环境协同治理

对珠三角生态环境问题的治理从"生态敏感区""区域绿地"管控过渡到珠三角绿道网建设规划，以"宜居区域"作为珠三角地区生态环境治理的核心目标。第一，规划生态防控线明晰区域生态空间管理边界，统筹全域绿色基础设施配置，并具体由市级政府统筹具体措施落实；第二，构建跨区域生态补偿机制，通过联席会议共商共治区域内环境污染及生态破坏问题；第三，积极探索生态空间管理的科学指标，通过确立统一环境质量检测标准，实现区域环境的协同监管与治理。

通过上述对长江三角洲地区以及珠江三角洲地区发展机制的分析探讨，可见二者之间存在诸多共性措施，而这也是促使两个区域取得较大发展成就的共性原因，对于同属流域类地区发展类型的淮河流域地区来说具有重要的借鉴意义与参考价值。

三、具体措施

从前述环节讨论的关于实现流域协调发展的方向指导、构建协调发展机制的基本要求与原则以及长三角和珠三角的发展经验来看，在具体措施落实层面所要实现的是在立足淮河流域发展基础上，基于整体发展观以"协调手段"实现"协调关系"并实现协同共进发展目标的路径选择。

（一）统筹规划，明确目标和方针

淮河流域协调发展的实现涉及淮河流域内不同地方之间关系的处理，而只有明确区域发展整体目标并确立区域发展统一方针才能有效引导不同地方间目标、措施关系选择的协调统一，因此，构建淮河流域协调发展机制首先需要实现协调发展目标方针从中央到地方的一致性。在中央层面，以国务院政策文件、全体会议等方式将构建淮河流域协调发展机制、实现淮河流域协调发展上升到国家战略层面，一方面，确定实施淮河流域协调发展机制的地区范围；另一方面，明确实施淮河流域协调发展机制的目标、基本方针原则、实施主体及涵盖内容。在地方层面，以中央文件为指导核心，根据地方发展条件基础，以地方政府政策文件形式细化区域协调发展目标，并通过制定具体化政策措施落实有关发展要求。目前，国家发展和改革委员会已于2018年11月出台《淮河生态经济带发展规划》，围绕着淮河流域经济、社会、生态等方面设立发展要求与基本路径，但以宏观上的总体、全方位的发展为内容基调，欠缺专项经济、行政等方面的指导方针，相关内容仍需在中央层面加以明确。同样的，地方上现已出台《蚌埠市淮河流域和国家区域中心城市建设规划》《关于印发安徽省贯彻落实淮河生态经济带发展规划实施方案的通知》等相关文件，但相较而言有关政策要求的细化文件仍处于欠缺状态。

（二）打破行政分割与地方保护，构建地区间政府互惠共赢合作关系

第一，在中央层面，协调中央和地方关系。坚持中央统一领导，将构建政府间合作关系、打破行政分割作为实施淮河流域协调发展机制的目标及硬性要求；实现地方自治的合理有效，为地方基于自身条件落实淮河流域协调发展政策提供灵活空间。第二，在地方层面，平衡淮河流域内各地发展要求。既要关注区域整体发展目标的实现，也要尊重并保护地方利益的发展需求，既要以本地发展利益为重点，也要关注其他地区的发展利益，而这就要求一方面在本地政策制定过程中政府及有关组织应以谨慎务实态度，以本地区实际发展现状为依据，优先制定并落实能够满足本地区发展需要的政策措施，增强地方政策的针对性和分类指导水平；另一方面，加强流域内各地政府之间的沟通交流，通过设立联席会议、专项会议等方式构建政府间沟通平台，同时重视发挥地区间行政人员及相关学者的互派互访、考察调研作用，拓宽政府间交流途径，加强政府间发展利益需求的交流沟通。第三，升级政府间合作机制，提升合作水平，实现发展利益共享。一方面，在明确地区间发展目标一致性的基础上，在政策上协商共议，共同出台或签订施于多地域的统一政策文件，统一地区行政治理标准；另一方面，通过定期会议、专项小组等方式共建行政协商合作平台，按照自愿参与、互惠互利、优势互补等基本原则，在公共基础设施建设、产业区建设、生态功能区建设、人才流动等多方面多层次实现淮河流域地区间的政府合作常态化。

（三）优化行政组织架构与治理方式，落实区域协调治理、依法治理和民主治理

政府在推进淮河流域协调发展的过程中发挥着主导作用，各地区各级政府为实现流域协调目标而采取的行政手段和行政方式是构建淮河流域协调机制中的核心部分，实现行政组织架构与政府治理方式的优化是推进淮河流域协调机制高效高质量建设的重要要求，其主要包括以下几个方面：

1.优化组织架构及治理方式，其主要包括流域整体层面与流域各地方层面两个层面组织构架优化

可以结合淮河流域发展特点借鉴长江三角洲地区发展经验，实现淮河流域"决策—协调—执行—监督"多层级管理架构。在决策层，设立由中央和淮河流域地方省级政府代表组建的相对独立的行政工作小组，依据中央出台的指导政策，负责具体明确淮河流域发展目标、发展方向并制定淮河流域发展战略；在协调层，设立以淮河流域省级政府代表为成员的联合专项定期会议制度，通过召开定期会议，互通淮河流域各地方发展信息及发展要求，协商共议地区发展政策，联合制定地区间发展目标并落实地区专项合作政策；在执行层，分级设立专项实施小组，分别在省、市级组建地区间专项合作工作组，贯彻落实相关政策规划及政策措施；在监督层，设立完善外部监督与内部监督并行制度，按规划健全原有行政监督部门监督职权，同时再由中央和淮河流域地方省级政府代表组建的行政组织内部设立监督机构，监督组织决策程序的实施以及下属单位决议的落实情况。

2.充分发挥政府职能，主要包括充分利用现有行政手段并实现其职能创新

第一，综合利用财税手段，完善财政体制建设，加大对重点地区、重点行业以及短板领域的财税补贴及地区转移支付力度；第二，完善地方资金管理制度，构建资金投入与产出效益跟踪监督机制，提高地方资金利用效率，化解并防范地方债务风险；第三，革新绩效评价考核体系及晋升机制，实现

考核指标多元化，打破以经济增长指标为中心的传统考核标准体系；第四，充分落实信息公开制度，利用互联网技术优化信息公开平台、拓宽信息公开渠道，保障公民信息获取便利化以及信息反馈的有效性；第五，完善基层行政组织机构建设，健全基层综合服务管理平台，推动相关政策文件在基层的充分落实；第六，支持合法的非政府组织建设和完善，深化政府与非政府组织之间的指导与合作关系，探索构建流域内各领域的自治机制；第七，协调优化部门间职能划分，明确各部门主体责任，实现"多规合一"，提高行政效率。

3.优化区域空间格局，实现"以点带面，点面互补"的空间发展格局

在流域整体层面，依照发改委出台的《淮河生态经济带发展规划》构建"一带""三区""四轴""多点"的空间格局。"一带"即淮河干流绿色发展带，其发展的重点一是推进淮河沿岸生态环境的保护与恢复，构建沿淮综合植被防护体系，防范下游洪涝灾害；二是利用淮河干流，加强淮河中下游航道建设，发展多式联运，推进岸线开发和港口建设，联合周边铁路公路干线构建综合立体交通走廊；三是在淮河干流绿色发展带上自西向东以信阳、蚌埠、淮安为中心城市，利用淮河干流交通线，增强中心城市辐射作用，带动淮河沿线协同发展。"三区"即是指东部海江河湖联动区、北部淮海经济区、中西部内陆崛起区。东部海江河湖联动区以洪泽湖、高邮湖、南四湖等湖区为中心，包括扬州、泰州、盐城、淮安、滁州等地方在内，该地区一方面以维护和改善湖区生态环境为发展目标，另一方面则着重对接南部长江三角洲地带，承接长三角地带发展辐射力；北部淮河经济区包括枣庄、徐州、连云港、临沂、济宁、菏泽、商丘等城市在内，充分利用连云港新欧亚大陆桥经济走廊东方起点和陆海交会枢纽影响力，增强该区域发展建设吸引力，提高发展质量和水平；中西部内陆崛起区包括蚌埠、合肥、信阳、阜阳、周口、漯河、平顶山等城市在内，相较于北部与东部地区经济发展较为落后，市场竞争力较弱，因此该地主要发展战略一是发展交通网络，承接东部和北部产业转移，推动资源型城市转型发展，二是推动当地城乡建设，发展人才战略，减少高素质人口流失。"四轴"即是指依托淮河流域南北交通干线，构建的"临沂—连云港—宿迁—淮安—盐城—扬州—泰州发展轴""漯河—驻马店—信阳发

展轴"菏泽—商丘—亳州—阜阳—六安发展轴""济宁—枣庄—徐州—淮北—苏州—蚌埠—淮南—滁州发展轴"四条发展轴，借助交通干线形成北接京津冀发展区域、南接长江三角洲发展区域，南北互通的空间发展格局，便于承接两大发展区域的资金、技术以及人才转移，带动淮河流域一带经济发展的同时，促进京津冀、淮河流域、长江三角洲三区域互通互联协同发展。"多点"指的是淮河流域内除中心城市外的其他诸多城市，一方面，协调中心城市与周边城市的发展关系，以中心城市为发展中心，周边城市承接中心城市发展辐射力；另一方面，各城市需因地制宜发展城市优势产业，发挥城市特殊优势，提高城市综合竞争力和吸引力，形成各城市间互补互惠的城市发展网络。

而在流域微观层面，以统筹城乡发展为核心。第一，推动城市内部功能区建设，优化土地利用规划，扩大城市范围，在城中央进行以经济服务为职能核心的规划设计，向外依次发展居民生活区与产业建设区，穿插绿化设计以及医疗、教育等公共服务设施建设，实现城区的合理布局。第二，构建和谐城乡关系，一方面加快推进农村现代化发展，完善农村基础设施建设，因地制宜发展农村特色产业与特色文化，提高精准扶贫力度和质量；另一方面深化以城带乡、以工补农的城乡协调关系，建立健全农业人口市民化成本分担机制，加快消除区域间户籍壁垒，同时发挥市场机制，加强城市与乡村地区产业之间的产品服务联系，助推城乡产业一体化发展模式，构建"供需直达"的城乡特色市场，提高资源利用效率。

4.打造互通互联交通网，促进发展要素流动自由

首先，依托淮河干支流，优化淮河交通运输功能。打通淮河出海通道，加快淮河主干线航道整治与疏浚工程建设，有条件地带动淮河支流航道开发建设，打造现代化淮河航道运输体系，同时推进淮河主要港口建设，扩大港口容量，提升港口货物装卸自动化水平，进一步提升港口专业化、集约化与现代化发展水平。其次，建立健全淮河流域集陆路运输、海陆运输与航空运输为一体的立体交通网络，一方面，在维护原有交通线路，规范原有交通线路行政管理的同时，推广交通基础设施建设领域PPP模式，鼓励市场主体通过参与政府采购等途径参与道路交通项目建设及管理，提升高速公路建设、铁路干线建设以及机场建设等交通运输基本设施的建设效率与管理效果，并

在原有交通线路规划的基础上增加道路建设数量与种类，填补交通空白区，提升交通网格密度，实现出行与运输方式多样化；另一方面，推动各交通运输线路及交通运输方式之间衔接节点建设，设立转运专线，提升转运站服务能力及承载能力，降低转运时间与经济成本。此外，加强蚌埠、淮安、阜阳等交通枢纽城市建设，推进城区内外交通线路及配套设施建设，完善城区内外交通骨干网。

5.构建合理产业布局，实现产业结构转型升级

在流域整体规划上，第一，推动产业现代化升级。一方面，淮河流域各地区联手推进产业技术创新，整合淮河流域各地区优势资源，围绕新技术、新材料、装备制造、生态环保等新兴产业、重点领域，鼓励有基础条件和优势的城市牵头，发挥企业市场主体积极性的同时，联合高校、科研院所等，共建产业技术创新战略联盟与科技创新平台，打造高新技术产业发展优势与吸引力；另一方面，通过政策引导与市场规制，鼓励企业自主创新，支持企业跨区域合并重组，并完善现代化产业示范基地建设，通过生产要素以及地域上的客观联系构建专业化产业集群，形成相互合作且自由竞争的产业发展风尚，在逐步淘汰综合效益低下的落后产能的同时实现传统工业及制造业技术创新与产业升级，提高整体产业发展质量水平与核心竞争力。第二，优化产业机构。利用淮河流域资源及区位的综合优势，以第二产业为区域产业发展支柱，推动第二产业转型升级，坚持第一产业生产基础地位，提高第一产业生产效率与生产质量并着力推动第三产业现代化发展，同时在协调一二三产业发展结构的同时将环境保护纳入产业发展目标当中，实现产业结构调整与产业绿色发展的协同。第三，发挥市场机制作用。整合并优化市场监督管理行政规范及程序规范，减少行政束缚，有条件降低市场准入门槛，发挥市场资源配置的决定性作用，实现生产要素的区域间自由流动，助力产业跨地区合作，延长地区间产业链、创新链，提高地区产品附加值。第四，打造淮河流域专业品牌。借助淮河流域区位优势，加强产业整合与产业合作，因地制宜发展壮大特色优势产业，形成淮河流域优质产业形象与产业品牌。

在产业区域划分上，在东部沿海地区发展开放型经济，推动高水平产业建设。借助东部沿海区位优势及政策优势，推进沿海产业园区、物流园区以

及综合保税区建设，简化外资企业准入程序，全面实行准入前国民待遇以及负面清单管理模式，构建国际化市场环境，提高东部沿海地区现代化开发水平与开发质量。中西部地区创新产业承接模式，通过完善产业园区规划及其建设、管理，有条件地承接东部地区产业转移，创建承接产业转移示范区，通过产业承接加快资源型产业转型，提高中西部地区产业发展活力。

6.发展和谐政商关系，带动市场主体活力

第一，推动政府职能转变，打造服务型政府，依法依规简政放权，减少审批事项，提高审批效率，减少行政负担给市场经济带来的压力和束缚，充分实现市场机制在资源配置中发挥的决定性作用，提高资源利用效率。第二，依法正确发挥政府宏观调控作用，一方面，通过税收优惠以及财政支持，鼓励符合国家经济发展政策与绿色发展战略的新兴产业发展，逐步淘汰高耗能低效益的落后产业，并支持市场主体及产品服务多元化以及产业间的合作互助；另一方面，依法加强市场规制，完善相关法律法规制定，细化规制标准，革新整治方式，通过专项小组、专题会议等合作方式构建多地政府市场监督管理部门的协同治理机制，严厉打击流域范围内市场不正当竞争、恶意垄断等行为，维护流域内市场自由竞争秩序。第三，深化建设政府与市场主体之间的引导与合作关系，政府有关部门引导有关行业市场主体建立健全行业自治组织及相关自治规范，支持行业自我规范、自我管理以及自我革新，提高市场主体自律性，同时完善相关法律、行政法规及规章的制定，保障市场主体代表在政府相关政策制定及决议过程中的参与权与发言权，畅通市场主体与行政主体之间的沟通渠道，创新市场主体意见反映平台与反馈机制，推动实现政府行政与市场主体经营利益之间的协调性，化解行政主体职权行使与市场主体经营活动之间的隐性矛盾。

7.构建流域教育、医疗、文化发展、人才引流等专项合作机制，提升流域内各领域协作水平

除市场经济与行政组织外，淮河流域协调发展涉及社会多方面目标，要求淮河流域协调发展机制的构建包含教育、医疗、文化、人才等多方面内容，具体而言可体现为：在教育领域，加强各地教育合作，推动现代化教育体系发展。第一，制定流域整体教育发展目标，划定重点教育发展区域，制定地

区间教育互助帮扶计划;第二,支持多地合作办学,以中心城市为发展基点打造师资力量雄厚、影响范围广、教育成果显著的一流大学,同时围绕一流大学按照现实需要设立多所综合类大学,优化教育体系建设,支持各地职业教育,打造区域性技术技能人才培养训练基地、特色职业教育基地和职业教育集团;第三,各级政府通过联合会议等方式积极引导各级教育单位之间的交流互动,通过教师互派、专家互访等方式共享先进教学经验与办学方式。

在医疗领域,优化医疗卫生机构布局,深化医疗卫生体制改革。第一,加大政府财政补贴力度与税收优惠,保持医疗机构数量上升趋势,并推进医疗资源向基层方向扩张分散,在促进综合类医疗机构建设的同时鼓励康复型以及专科型医疗机构建设,从数量与类型两方面统筹建设淮河流域完备的医疗体系;第二,由省级政府牵头构建医疗资源及医疗信息共享平台,实现公共卫生、医疗服务、基本药物制度和综合管理等方面的信息资源互通共享,建立健全医药资源跨区域调配机制并实现流域内异地就医结算便利化。

在文化领域,保护并发扬淮河流域优秀传统文化,大力开展现代精神文明建设,提升淮河流域人民地域认同感意识。一方面,充分认识并保护淮河流域优秀传统文化,建立健全淮河流域民风民俗、传统建筑、文化遗址等文化遗产综合类数据库,完善淮河流域文化遗产名录系统,同时由淮河流域多地政府相关文化部门组建合作小组,联合现代文化产品、服务运营企业及相关传媒单位推出淮河流域优秀传统文化周边产品,以影视作品、文学作品、生活用品、收藏展品等实质形式推广淮河流域优秀传统文化;另一方面,整合淮河流域优秀文化资源,融合社会主义精神文化风貌以及当下优质流行文化,构建符合大众审美的淮河流域文化品牌,并推动淮河流域品牌文化融入城市建设以及城市宣传之中,提升淮河流域人民群众文化认同感与自豪感,从文化领域深化淮河流域地区协调发展进展。

在人才引流领域,淮河流域多地保持人口长期净流出的状态,为改善和保障淮河流域内劳动力资源数量及结构的良性状态,第一,进一步出台人才挽留政策,落实高素质人才就业住房、税收等政策福利或优惠待遇,加大人才引进力度;第二,构建跨区域公共就业和人才服务信息平台,进一步推进人力资源市场供需信息透明化、公开化,为流域内企业及应聘人员信息发布与交换开通便利渠道；第三，流域内多级政府合作主导建设并规范跨区域公益性就业服务机构，并支持流域内私营就业服务机构之间的合作推广，扩大就业服务范围，提高就业服务水平；第四，规范就业或执业技能培训市场并指导企业内部建立规范的专业技能培训机制，推广工学结合、校企合作的培养模式，逐步培养高技术人才，提高流域内劳动者普遍职业素质与技能水平；第五，由地方政府牵头，组织构建并支持流域内各领域专业人才交流会议，为高素质人才提供学习交流平台，并借鉴各地高素质人才培养发展经验。

8.构建生态环境治理协同模式，提高流域生态环境质量

基于生态环境的整体性、环境问题的跨区域性以及环境治理的长期性与高成本特点，保护并改善流域内生态环境质量尤其需要流域内各地方主体的积极协作与相互配合。为此，突破行政区划分割，通过构建淮河流域协调发展机制实现淮河流域生态环境的协调治理，需要借助以下措施：

第一，划分生态保护区域。根据各区域自然环境及自然资源现状特征及其保护、恢复等客观需求，在淮河流域范围内划分不同的生态保护区，从而确定各区域生态保护目标及相关措施实施，如根据《淮河生态经济带发展规划》以河流湖泊为中心建设江淮生态大走廊、沂沭泗河生态走廊、沿海滩涂湿地生态走廊、伏牛山—桐柏山—大别山生态保育区，构建多层次一体化的生态功能空间区域规划。

第二，建立跨区域环境保护机制。首先，省市级政府及其环境保护主管部门通过专项会议等方式联合制定统一环境质量发展规划及整治标准区域规范，统一地方重点污染物排放指标等治理标准；其次，落实环境影响评价工作并严格落实生态环境损害责任追究问责制度，在司法上，完善健全流域内跨区域环境公益诉讼机制，而在执法上，严格开展有关政策、规划及建设项目的环境影响评价，尤其是对于可能对多地区造成环境危害的项目，在对其进行环境影响评价时要综合考量本地区以外其他地区的环境发展利益，同时在创新监管方式过程中创建环境检测信息数据共享平台，建立健全环境污染联防联控机制和预警应急体系，实现环境监管跨区域有效联动；再次，借鉴长江三角洲、珠江三角洲等河流流域生态补偿机制，在中央加大对环境保护地区财政力度支持的同时，构建淮河流域上下游地区政府协商平台，基于市

场调解机制或上下游地方政府协商意见，达成上游达成环境保护目标，下游给予经济补偿，或上游未能实现环境保护目标，上游给予下游经济赔偿的生态补偿调解机制。

第三，多方合作重点治理淮河流域生态环境问题。因淮河流域气候地理位置及其传统产业结构，淮河流域旱涝灾害以及污染问题突出，严重阻碍淮河流域经济社会可持续发展。为解决上述环境问题，一方面，就解决旱涝灾害问题而言，首先，建立健全水资源管理调控制度机制，以淮河干流、南水北调东线输水干线为主线路，以周边多地水源集中地为中心点，构建"两线多点"的地表水资源保护格局；其次，采取天然植被恢复、退田还湖还河、河道湖泊清淤整治常态化等多项治理措施，恢复并提升淮河流域水源涵养功能；再者，联合多地政府有关部门协商共治，健全流域管理与行政区域管理相结合的综合管理体制，完善水资源调度方案，共同建设跨地区水资源调度区，协调各地区间水资源开发利用规划，调解淮河流域旱涝季供水量及需水量之间的供应关系，平衡淮河流域水资源季节性波动。另一方面，就污染问题而言，首先，统一淮河流域污染问题治理规划，按污染源不同细化治理方案，制定统一污染物排放指标以及污染监测和检测标准；其次，联合各地环境污染监督管理机构组建污染物专项整治督查小组，制定定期巡查机制，加大对跨区域污染源排查、监测、追踪、整治力度；再次，划定污染物集中处理区域，制定污染物集中处理章程，自主开发或引进污染物处理先进技术和设备，并设置有关机构专项负责，实现污染物处理专业化、规范化，提高废物回收利用以及污染物无害降解效率；此外，结合市场经济改革，利用诱导机制，调整流域内产业机构，大力发展绿色技术、绿色产业，并通过深化污染物排放权交易，在污染排放总量指标不断降低的趋势下，鼓励企业通过自主革新降低污染物排放量；最后，制定污染排放社会监督机制，支持合法设立的环保组织、公民及新闻媒体等社会成员对违法排放污染物以及规避污染物排放监管的行为向有关部门积极举报。

9.扩大合作范围，提升开放水平

构建淮河流域协调发展机制，实现淮河流域协调发展并不仅仅意味着将淮河流域打造为自成体系的孤立单元，而是在流域内部发展规划中将流域视为整体协同发展，对外则强调淮河流域与其他地域之间的协调发展以及淮河流域与国际的对接发展。

在与其他地域的协调关系上，基于淮河流域地理位置优越性，南部接壤长江经济带，北部承接黄河经济带，第一，充分发挥南北贯通的重要铁路干线交通运输作用并健全南北立体交通运输网，为沟通南北经济带提供交通便利，促进淮河流域与南北经济带之间生产要素的交互往来，并扩大淮河流域发展影响辐射范围，吸引南北经济带相关产业向淮河流域转移、集中；第二，构建省级政府交流合作平台，通过会议交流、派遣学习等方式分专项学习借鉴黄河经济带、长江经济带发展经验，同时区域间协商共建，达成多领域合作协议，支持跨流域产业园区、开发示范区等项目规划建设，以及资源互助、人才互动方案等规划制定；第三，支持淮河流域各领域跨流域合作互助，简化行政审批程序，降低行政门槛，化解行政区域划分的分割效应。

在提升国际化水平方面，淮河流域地理位置优越，东临黄海，内有淮河贯穿东西，对外发展潜力巨大。第一，逐步提高淮河流域产业生产质量标准，对接国际水平，同时支持淮河流域优势产业整合发展，进一步扩大产业优势，打造淮河流域特色产业品牌，增加市场竞争力；第二，积极参与"一带一路"建设，借助现有国际合作渠道和平台，拓展与俄罗斯、中亚、东亚、东南亚、南亚、欧洲及非洲的贸易往来，争取与其他国家在技术开发、产品生产、装备制造等领域的合作机会；第三，推动东部沿海现代产业园区、保税区、物流园区等项目建设，不断完善沿海港口及后方建设，打造口岸、航运枢纽、物流航运中心以及综合口岸枢纽，提高沿海地区对外开放平台建设水平。

10.实施多元化监督方式，确立发展评价机制

淮河流域协调发展机制是否构建完善以及推行淮河流域协调机制是否能够达到流域发展目标、实现淮河流域协调发展状态，一方面需要对多领域发展成果进行实时跟进与评测，另一方面也需要相关措施及对策保障淮河流域协调发展机制的正常运作与完善改进，因此，实施多元化监督方式、确立发展评价机制同样成为落实淮河流域协调发展机制中的重要构成要件。

第一，在省市级分别设立发展目标责任制。责任主体落实到流域内地方各级政府乃至各级政府相关负责部门，目标内容涉及经济、就业、教育、环

境等各方面，且目标设定具体化并具有现实可操作性，同时就责任设置而言，将流域协调发展目标的完成情况纳入上级政府对下级政府及其有关部门的考核范畴，并作为政府有关人员晋升的评判标准之一。第二，设立淮河流域协调发展机制实施成果评价机制。联合省级区域单位有关部门组建专项评价会议或由省级行政单位代表评价的专项领导小组，会同相关领域专业人士负责定期对各省发展措施落实情况及发展成果进行考评，考评内容及标准按照预先设定的目标内容及配套规范，通过民主、科学、规范的考评程序对各省发展状况予以客观评价并提出改善意见。第三，构建协调发展措施实施监督机制。由省级、市级专项小组独立负责，一方面，定期对发展地区措施落实情况进行实地抽样考察，并审阅其管辖地区定期提交的相关发展报告；另一方面，负责接收并处理有关单位或个人对地方发展提出的意见与建议，并及时予以反馈或处理。

第三章　完善投融资体系

第一节　发挥政策性金融先导作用

一、完善开发性金融支持政策，促进投融资市场化进程

国家发展改革委 2018 年 11 月批复的《淮河生态经济带发展规划》指出，要探索多元化投融资模式，合法合规支持建立投融资协同机制，强化金融监管合作和风险联防联控。政策性银行、开发性金融机构按照职能定位和业务范围，加大对水利、交通等基础设施领域信贷支持力度，有序发展投融资主体，活跃投融资市场，鼓励通过市场化方式组建淮河产业投资基金等，推动设立股份制淮河开发集团公司。

所谓"投融资"，指的是投资和融资的结合，投资可以通过资金的有效配置和合理使用，使投入的经济价值增加。为了保证投资的顺利进行，必须实现融资的顺畅。资金短缺是欠发达地区经济发展面临的普遍问题，淮河生态经济带由于环境基础较差、发展水平低等多方面原因，资金供给仍然不充足，而继续推进淮河生态经济带发展建设，无论是基础设施和生态环境建设，还是特色产业发展，都需要大量的资金投入。因此，在实施的过程中，不仅需要围绕《淮河生态经济带发展规划》"按图索骥"，也需要落实实施方案，进一步加强政策性金融支持，同时依靠市场化的途径，逐步建立长期稳定有效的多元化资金渠道，改变目前资金来源渠道单一且不稳定的局面。

为促进区域协调发展，政府应对沿淮地区实行倾斜的政策性金融支持，制定有针对性的淮河金融政策，加大信贷资金配套投入，实行差别化信贷政策。国家开发银行等政策性银行要优先支持沿淮地区发展，确定对沿淮地区的贷款比例，也要加大对沿淮建设项目的信贷投入。各商业银行要巩固和稳

定现有金融机构，积极申请增设营业网点，提高金融为淮河生态经济带提供综合服务的能力。

根据现代经济理论，市场调节并不是万能的。有时仅靠"看不见的手"是会"失灵"的，这时应以宏观手段为补充，以政府调控为手段加以解决。特别是在制度性问题上，政府的宏观措施要比市场的微观措施见效速度快得多。实际上，政府调节与行政干预是不同的概念，政府调节的目的不是直接的行政干预，而是政策性的引导。投融资体制障碍、融资方式单一、微观主体在市场融资支持中地位不平等、国有经济特权地位明显是淮河金融存在的主要问题之一。要解决这一问题就必须加快区域投融资体制改革，国家要通过政策积极建立和培育不同的融资渠道，用国家产业政策引导投资项目，减少投资项目的审批流程，对合法的投融资主体，无论是国有还是民营，应一视同仁。积极鼓励和引导各类非银行金融企业参与区域经济建设。投融资体制改革的目的是提高资本利用效率，节约资源配置的市场成本，促进各种生产要素合理流动。

所谓政策性金融，是指由政府扶持，以国家信用为基础，运用各种特殊融资手段，严格按照国家法律法规规定的业务范围和经营对象，直接或间接地给予优惠存贷款利息、配合国家经济社会发展的一种特殊资金融通行为。它是带有特定政策性意向的存款、投资、担保、贴现、信用保险、存贷保险、利息贴补等一系列特殊性资金融通行为的总称。与商业性金融相比，政策性金融具有以下特殊功能：（1）政策性功能。政策性金融机构在执行国家产业政策和区域发展政策的基础上，通常以优惠的利率、贷款条件和融资条件对国家政策支持的行业和地区提供金融支持，特别是在基础设施、基础产业和农业等方面。（2）补充性功能。政策性金融机构主要承担商业金融机构无力或不愿承担的长期资金信贷业务。（3）诱导性功能。政策性金融机构的资金投放间接地吸引商业性金融机构从事对符合政策意图或国家长远发展战略目标的产业融资。

（一）政策性银行

政策性银行既兼具财政和金融两种属性，又是保障淮河流域融资权的不二之选。然而沿淮地区政策性银行的"商业化"改革背离了"政策性"的本质，金融功能的强化导致财政功能严重萎缩。政策性银行的功能定位是动态变化的，这直接体现在其与商业银行、财政的制度边界上。目前，政策性银行"政策性"功能的回归已成为淮河沿岸地区融资权保障的微观需要，也是经济"短板"修复、国家整体经济增长以及稳定的宏观公共事务。

1.沿淮地区政策性银行现状分析

从应然角度看，政策性银行的"政策性"功能运行路径应为：依靠金融信用担保和信息优势为市场机制失灵和信息不对称领域提供信贷资金，进而通过引导商业金融进行后续融资，提高企业在该领域的信贷能力，激活和焕发市场功能，达到一定条件后，政策性银行退出。因此，政策性银行既能为问题地区发展提供急需的资金，又能培育和协调区域市场。但在实践中，政策性银行在分布、内部考核、管理和监督机制等方面存在一些问题，使其类似于商业银行的"政策性"功能逐渐减弱。

首先，如今对沿淮地区政策性银行的评价主要集中在效率指标上，这与"政策性"的价值目标不一致。由于银保监会对政策性银行采取的是与商业金融相同的微观经营绩效评价方式，导致政策性银行片面追求经济利益，不愿从事收益率低、风险相对较高的政策性业务。政策性银行的考核评价主要包括两个维度：一是政府对政策性银行经营状况的外部评价；二是对政策性银行员工工作能力的内部评价。无论是哪一维度的考核，都偏向于效益导向的目标，严重偏离了"政策导向"的价值目标，鉴于政策性银行的考核评价既离不开效益目标和政策目标，科学合理的考核指标应该是：在保证效益目标的情况下，政策目标完成得好的政策性银行当然要好于政策目标完成得差的；而在效益目标未得到合理实现的情况下，即使政策目标完成得再好，在考核评价中也应是不合格的。

其次，沿淮地区政策性银行的管理和监督机制存在诸多问题。从内控管理的角度看，检查多、处理少，有时形成"检查、处理、再检查、再处理"的恶性循环。在流程设置上，由于政策性银行的纵向垂直管理，横向部门之间存在一定的分割性，在规定不明确的情况下，各部门频频发生推卸责任、短视等行为。同时，复杂的贷款流程导致责任不清。从监管框架来看，各国对政策性银行都制定了单一的法律或法规，或在一般金融法中对政策性银行作出了适用的例外规定，然而，我国没有相应的单一政策性银行法，也没有在金融法中作出例外规定。

2.在沿淮地区设立政策性银行

在沿淮地区设立政策性银行是一个可取的选择，政府通过设立专门的政策性金融机构，可以实现经济增长，解决收入分配不公、地区经济差距拉大等市场失灵的缺陷。有学者提出"我国区域政策性金融主体的缺失导致欠发达地区普遍缺乏政策性金融支持"的观点。在区域发展过程中，大多数国家都建立了区域政策性金融机构来保护欠发达地区的融资权。例如，美国在联邦储备系统中有12个区域性中央银行(即美联储)，不仅拥有自己的权力机构，而且还具有金融机构注册、金融业务管理和金融政策制定等各个方面的自主权，以及在国家统一金融政策下开展金融活动的独立性；日本也专门为冲绳的发展组建冲绳振兴开发金融公库，提供资金支持和金融服务。金融公库本质上是一个区域性政策性金融机构，在沿淮地区建立政策性银行是必要且可行的。

在沿淮地区设立政策性银行应遵循一些基本要求。首先，政策性银行的功能实现应纳入区域政策的价值目标。比如，淮河生态经济带的发展目标，已经从改变沿江地区经济较不发达的初级政策目标提升为把沿淮地区建设成为现代发展地区的高层次价值追求，因此，政策性银行的目标功能设置也应进行改变。其次，赋予沿淮地区政策性银行多项金融政策"特权"。比如，规定沿淮地区政策性银行可以不缴或者按较低的存款准备金率上缴存款准备金，可以享受较高的再贷款和再贴现标准，通过金融政策的特殊规定，为沿淮地区的政策性银行提供资金支持，以弥补其在沿淮地区经营所带来的机会成本。再者，在机构设置和具体业务上要加强区域针对性，比如设立淮河开发银行，对沿淮地区提供具有针对性的政策性金融救助，以免沿淮地区因银行内部系统资金调度而造成的资金短缺。在具体业务上，可以遵循"属地再投资"的原则，即淮河沿线政策性银行将从淮河生态经济带吸收的存款按一定比例投资到当地，并可按季度或会计核算核对是否达标以迫使政策性银行向沿淮地区放贷。最后，制定区域政策性银行法。沿淮地区政策性银行的目标功能、政策特权、组织设置和业务运作等都是以法律的形式确定的，实施的有效性和效果是由法律保障的。区域政策性银行法的形成应自下而上，既赋予区域法律起草权，又保障其参与权和表达权，真正表达欠发达地区的立法意愿。同时，区域政策性银行法还需要实现与《中国人民银行法》和我国区域政策、金融政策、产业政策、金融政策等相关政策的制度衔接，确保其有效运行。

（二）国有商业银行

目前，国有商业银行仍是沿淮地区占主导地位的金融机构，提供了淮河经济发展所需的大部分资金，在该地区经济发展中发挥着重要作用。沿淮地区金融发展是一条渐进式的一体化道路，这就要求我们不断完善现有的国有商业银行体系。沿淮地区国有商业银行存在的问题主要表现在管理和控制上，解决这些问题不仅能为经济发展提供更大的动力，也能为国有商业银行应对国际化挑战进一步夯实基础。

1.指导国有商业银行分支机构进行内部机制改革

国有商业银行需完善其公司治理结构，充分发挥其在区域经济中的支持作用。在充分借鉴国际上成功的商业银行管理经验基础上，结合我国实际，从以下几个方面入手，解决沿淮地区国有商业银行存在的问题。

一是完善公司治理结构。根据现代企业制度和企业发展趋势，国有商业银行应逐步实现股份制，完善公司治理结构，形成股东大会、董事会、监事会和经理层之间的权力分配和制约关系，使之适应"产权明确、权责清晰、政企分开和科学管理"的要求，成为"自主经营、自负盈亏、风险自担、自我约束"的市场竞争主体，巩固和提高国有商业银行在区域金融中的主导地位。

二是推进投融资市场化。国家通过逐步减少直接投资，推动投融资市场化进程。首先，基础设施和公益事业分为经营性和非经营性两类。政府主要承担纯社会公益性的非经营性项目投资，鼓励各级政府贴息支持公益性项目建设，而其他经营性项目主要采用招投标制，积极吸引社会各界投资者广泛投资，使项目的投融资模式和经营模式真正做到企业化、市场化。对涉及国计民生的重要项目和国家尚未放开的项目，如交通、能源、水利、通信等重要基础设施和城市基础设施建设，仍要严格执行审批程序。国家要根据区域社会经济发展需要，制定统一的发展规划，加快建立投资项目评价体系，加强事前监督，对违反经济发展规律和决策程序作出的错误决策，应当在事发期间和事发后追究决策者和检查者的责任，对给国家造成重大经济损失的行为，严肃追究决策者、审查者的刑事责任。

三是调整信贷结构，适应产业结构升级调整。国有商业银行要加大对新兴产业的信贷支持力度，促进本地区产业结构调整。区域内传统工业、基础产业升级必须依托信息技术，培育新兴产业。金融机构要加强对市场前景好、技术含量高的先进技术企业的优惠利率信贷支持。引导淮河流域经济发展，要把实际资金资源配置到新兴产业、朝阳产业和尚未产业化但前景光明的潜力产业。此外，目前各国有银行分支机构在贷款项目选择上倾向于争夺大企业客户，对中小企业缺乏动力。针对这种情况，可以进行内部机制改革，将大企业贷款项目的管理权集中在省市级分行或少数几个大支行，将小额贷款审批权下放给小支行，并限制其对大企业的贷款，使之成为更加合理、专门向中小企业贷款的支行。同时，在绩效考核上，对大小支行采取不同标准，使小支行重点发展中小企业贷款，如此既可以充分发挥国有银行规模效益和规范管理的优势，又可以充分发挥小银行在细分市场探索融资机会的优势。

发展中间业务，不断开发市场所需的金融产品，加快金融创新。中间业务已成为现代商业银行的主要盈利业务，但我国国有商业银行并没有改变传统的以存贷业务为主要盈利点的经营模式。中间业务是指商业银行不需要使用自有资金，仅代替客户办理代收代付等委托业务事项，从中收取手续费的业务，如：结算业务、信托业务、票据承兑业务等。这类业务利润高且不动用银行资金，因此风险相对较小，国有商业银行应大力发展。沿淮地区国有商业银行在转变主营业务的同时，要不断提高自己开发适销金融产品的能力，针对不同客户群开发不同的金融产品和销售模式，加强个性化、周到化的金融服务。

2.发展地方性银行和信用社，扩大股份制银行在淮河生态经济带的规模

相关理论研究表明，增加中小银行数量可在一定程度上解决中小企业融资问题。应积极鼓励全国性中小股份制银行扩大在淮河生态经济带的经营规模，给予其更多优惠措施，引导其在淮河沿线主要城市扩大分支机构规模。

同时，大力发展地方性商业银行和信用社，淮河沿线城市应在现有城市信用社、农村信用社的基础上，建立以城市商业银行、农村商业银行为核心，农村信用社、私人银行为补充的地方银行体系。同时，可以放宽相关政策，积极组建地方性商业银行。

二、推动金融主体建设，拓宽投融资服务领域

我们不仅可以在投资项目、税收政策和转移支付上继续加大对沿淮地区的倾斜，继续巩固和增强政策性金融在金融体系中的地位和作用，充分发挥其信用诱导和杠杆功能。而且除了现有的国家开发银行和农业发展银行的支持外，还可以考虑设立专门的淮河发展银行和组建政府背景的国有投资公司用于对淮河流域的融资支持，以推动金融主体建设，拓宽服务领域。

我们可以继续通过政策性扶持措施、税收政策及转移性支付等方式进一步向沿淮地区倾斜，继续巩固和加强政策性金融在我国经济社会发展中的主导地位和作用，充分发挥它们的信用诱导和杠杆作用。除了需要现有的国家开发银行和农业发展银行等金融机构的支撑外，还应该考虑通过设立专门的淮河发展银行及组建具有政府背景的国有投资企业公司支持沿淮地区的投融资，以推动金融主体建设，拓宽服务领域。

（一）组建淮河发展银行

为了推动沿淮地区经济，根据国家的总体规划协调发展，实现资源在本地区的合理配置，迫切需要有一家区域性商业银行为其提供金融服务。鉴于我国淮河生态经济带的建设艰巨性和发展长期性，可以考虑在本地区建立独立的淮河发展银行，保证地方政府对沿淮地区财政转移支持的彻底落实，引导资金的投入，推进重大基础设施建设和沿淮产业结构升级。

1.组建淮河发展银行的必要性

组建淮河发展银行有助于实现资源在一定经济区域范围内的合理配置和生产力的合理布局。中国东南沿海地区经济发展的一条成功经验就是以金融业为龙头，带动其他产业的发展，特别是当区域经济发展到一定水平后，金融业的支持则显得更为重要。招商银行、广东发展银行、福建兴业银行和浦东发展银行在珠江三角洲、闽漳三角洲和长江三角洲的经济开发和经济起飞

阶段发挥了重要的积极作用。从区域分工和合作的发展规律来看，经济联系的加强必然会促使合作水平向更高层次发展，从商品和劳务合作发展到资金、高新技术等具有战略意义的重大项目合作。这是因为在市场经济条件下，为了更好地发挥区域内各个经济活动主体的比较优势，以取得最佳经济效益，客观上需要实现生产要素的最优配置和生产力的合理布局，资金代表各种生产要素，技术是最活跃的生产力，资金、技术这种较高形式的合作是实现区域经济快速协调发展的必由之路。组建淮河发展银行，可以以资金为纽带，发挥区域内各种生产要素的整体优势，促进本地区经济的腾飞。

组建淮河发展银行有利于加快沿淮地区的科技开发。科学技术是第一生产力，坚持以习近平新时代中国特色社会主义思想为指导，深入学习贯彻党的十九届五中全会和中央经济工作会议精神，全面贯彻落实习近平总书记关于科技自立自强的重要论述，雄厚的科研基础和技术开发能力是提高生产力水平的基本保证。尽快把沿淮地区打造成为新产品、新技术研究、中试、开发、转让中心，促进高新技术的产品化、企业化、产业化、股份化和国际化，迎接这样一个知识经济新时代的到来离不开强有力的金融支持。

组建淮河发展银行有利于发展和扩大沿淮地区的对外贸易，也能促进淮河生态经济带与周边地区的经济协作向更高层次发展。淮河生态经济带独特的区位优势决定了它是中国重要的对外窗口，本地区贯通我国黄淮平原、连接我国中东部，通江达海，与我国长江上游经济带各个主要地区之间紧密联系、水道通畅相通，京沪、京九、京广、陇海等多条国际铁路骨干高速铁路和长深、沈海等主要城市的国际高速公路都是在此地区交叉，淮河上游水系国际通航线路里程约 2300 千米，京杭大运河、淮河的三条主干流和其他主要支流的国际航运体系比较发达。积极发展进出口贸易，不仅可以加快本地区经济的发展，对于推动广大中东部内陆地区经济发展也都具有极为重要的战略意义。

淮河生态经济带在高新技术产业、生态环境保护、资源综合开发利用、产业结构调整及企业联合等方面与周边地区要进一步加强合作的战略指导方针，在这些领域里的合作都要通过"第一推动力"的资金来完成。从淮河生态经济带目前的金融格局来看，虽然本地区现有的金融机构在推动本地区经济发展中已经发挥了积极作用，但从推动本地区内部各个省市之间的经济协同与合作发展的角度考虑，这些金融机构还不能完全满足其经济发展的主体性和客观需求，因为它们无论是作为全国性金融机构，还是本地区某一个省市的地方性金融机构，都难以针对跨省市的经济合作项目做出具体的资金安排，或者为其提供相应的投融资服务。前者在立足于服务当地经济建设的同时，必须接受其总行对系统内资金的统一调度和运用；后者则规模过小，且受地方行政隶属限制，无论从哪方面讲都难以承担区域内重大经济合作项目的资金需求。因此，必须要进行金融组织机构创新，组建淮河发展银行，为本地区内的经济合作提供相适应的金融服务，无疑会推动其与周边地区的经济合作上一个新台阶，以此形成新的对外开放格局与合理的区域生产力布局格局。

2.淮河发展银行的构想框架

（1）淮河发展银行的主要任务

淮河发展银行是一家立足服务于淮河生态经济带的商业银行。依照有限责任公司制组织设立，实行独立核算、自主管理、自担风险、自负盈亏，是独立的商业性金融主体，股本筹集主要是由中央或者地方各级财政和公司性企事业单位等认购入股。股东以其所认缴的出资额对该行承担有限责任；该行以其全部资产对自身的债务承担责任。该行的主要任务是根据国家的产业政策、金融政策和有关法律法规，运用灵活多样的信用形式，积极筹集和融通国内外资金，为开发和发展沿淮地区经济提供金融服务。

其主要任务是：①为工业基地技术改造筹集资金，以促使老、大、重企业的产品和技术升级换代，促进国有企业资产和债务重组，支持本地区调整产业结构；②为高新技术研究、开发和转让提供资金支持，以促进本地区高新技术的产品化、产业化、股份化和国际化；③为本地区进出口贸易提供包括出口信贷、信用证及担保等方面的服务；④为本地区跨省区重大基础设施和工程项目提供融资服务；⑤为培育跨省、市的企业集团提供金融服务，以促进区域内的横向经济联合；⑥为本地区农业专业化、市场化和现代化提供金融服务；⑦为本区域提供经济、金融信息咨询服务。

（2）业务范围

经中国人民银行批准，淮河发展银行可以经营《商业银行法》规定的全部或部分业务：①吸收公众存款；②放各类贷款；③发行金融债券；④代理发行、代理兑付、承销政府债券；⑤买卖政府债券；⑥买卖、代理买卖外汇；⑦提供信用证服务及担保业务；⑧办理票据贴现；⑨办理结算业务；⑩经人民银行批准的其他业务。

（3）组织机构

按《公司法》和《商业银行法》有关规定设置。其中最高权力机构是股东代表大会，公司董事会为股东代表大会的执行机构，董事会由若干名董事共同组成，监事会由若干名监事共同组成，名额分配由股东代表大会确定。董事长为法定代表人，行长负责和主持日常经营和管理工作。

（4）分支机构

淮河发展银行实行总分行制。总行设在淮河生态经济带内一些经济比较发达的城市，例如淮安市，并且根据淮河生态经济带内城市经济发展的水平和业务拓展的需要，在国内外都设置分支机构。可在本区域内的一些重要城市设立分支机构，总行可对分支机构进行核算，统一调配资金，实行分级管理的财务制度，并对主要的人事任免、业务政策、综合规程、基本条例和涉外事务等实行统一的领导。由于分支机构不具有法人资格，因此在总行的授权范围内依法办理业务，其中的民事责任应当由总行承担。

总行对分支机构实行全行统一核算、统一调度资金、分级管理的财务制度，并对主要人事任免、业务政策、综合计划、基本规章制度和涉外事务等方面实行统一领导。分支机构不具有法人资格，在总行授权范围内依法开展业务，其民事责任由总行承担。

（5）人员管理

淮河发展银行所需从业人员面向社会实行公开招聘制，聘用人员实行全员劳动合同制和行员管理制度。部门主管人员和高级管理人员可从各省、市人民银行、商业银行和从事经济、金融工作的其他单位选调一部分干部担任。

（6）监督管理

淮河发展银行及其分支机构的设立由中国人民银行审查批准，并由中国人民银行予以公告。出现重大事项变更时须报经中国人民银行批准，正副董事长及正副行长任职资格由中国人民银行审查。业务上接受中国人民银行的管理、监督、稽核和协调。

（二）组建有政府背景的国有投资公司

所谓投资公司，是指通过汇集众多的资金并按照所投资的目标而进行合理化组合的一种大型企业，也称为投资基金组织或共同基金，它是一种间接的金融投资机构或工具，在不同的国家也有不同的称谓，如在美国称为共同基金或互助基金，在英国则称为单位投资信托。投资公司通过向许多小投资者发行股份来聚集资金，用于购买证券。投资公司既包括信托投资公司、财务公司、投资银行、基金公司、商业银行和保险公司的投资部门等金融机构，也包括涉足产权投资和证券投资的各类企业。其业务范围包括购买企业的股票和债券，参加企业的创建和经营活动，提供中长期贷款，经营本国及外国政府债券、基金管理等，资金来源主要是发行自己的债券、股票或基金单位，从其他银行取得贷款，接受委托存款等。

1.国有投资公司在沿淮地区经济发展中的优势条件

国有投资公司的定位及其在现有经济中作为地方投融资主体的特殊性与不可或缺性，决定了政府在开发进程中的选择和投资公司在经济建设中的优势。在市场化的经济结构中，市场以无形的手所做的调节，实际是大量经济个体行为加总在一起产生的作用。这些经济个体不论其所有制如何，都是完全市场化行为，有各自诉求目标和独立性的个体。在我国的社会主义市场经济体制中，传统的政府管理经济正在变革为政府通过市场手段来调控经济，但由于巨量国有资产的存在，必然在国有资产经营职能中提出政企分开和政府体制改革的要求。随着政企分开和国资管理体制改革的深入，资产控股和资本运营公司的模式将成为政府参与市场的一个主要形式。投资公司作为政府投资主体，恰恰是满足这种市场经济结构要求的。

在沿淮地区经济发展的过程中，要求社会组织者与规范者必须有所目标和作为。而随着市场经济的进一步发展深化，该组织者与规范者——政府，不可能采取惯用的计划手段和行政命令，国有投资公司则正是新体制下将政府的宏观层作为转化和传动到微观经济层的有效载体，并且具有极其良好的主观能动性。

市场机制愈加完善，国有经济体制变革，而同时国有资本不可能消失，决定了国有投资公司的职能空间。经过几十年的积累，大量的国有企业、国有资产存在于现有经济体系中。随着社会主义市场经济制度体系的逐步建立和健全，现有的大型国有企业和国有资产的运行管理模式已远远无法适应我国社会主义经济发展，在一系列的经济制度改革中，国有企业的改革具有举足轻重的意义。国有经济总体布局实行战略性的调整，国有企业实行战略性的改组，已经逐渐成为从党中央到地方政府的共识。有进有退，有所为，有所不为，总量增加，比重减少，扩大控制力，是国有经济的发展趋势。因此，作为控股型资本经营公司的国有投资公司，正是新体制下国有经济的主要运营形式。并且，计划经济下形成的大量的国有资产存量，必将要求投资公司为部分国有资本转变经营机制发挥作用，为部分国有资本退出竞争领域提供渠道。

在具体的社会经济行为中，国有投资公司又具有资本实力，行业、政策支持，管理人才与经验等诸多优势。全国各地的国有投资公司经过多年来的发展，已积累了较强的经济实力和资本规模，在各省范围内按资产总量均排在前列；同时，投资公司具有行业优势，有较高的信誉度，可以通过银行信贷、发行企业债券、设立投资基金、上市等各种渠道筹集资金，吸引外资和社会投资。

并且由于其政策性的职能，投资公司和政府之间的联系紧密，在及时获取信息、把握政策上面，有着相对的优势。我国各类国有投资企业的整体财务状况普遍良好，经营作风稳健，经营行为规范，在我国的投资制度改革中，功能定位与角色的演绎都比较好，没有任何历史遗留包袱。经过多年的经营实践，国有投资公司已经拥有了一批具有投资管理和经营知识架构的专业人员，在重大项目的前期准备工作、项目甄别、资本金的投入、项目融资、项目建成后的运营管理等方面都已经积累了很多丰富的经验。因此，国有投资公司在沿淮地区的经济发展中能够发挥多种作用，承担多种角色——政府政策传动者、经济发展导向者、市场有力参与者、行业发展拉动者、资金筹措者、资产证券化经营（资本营运）者等。

2.组建有政府背景的国有投资公司的作用

国有投资公司能体现政府意志，发挥政策性投融资职能，实现地区产业政策和区域经济政策目标。国有投资公司是政府从事基础性建设的投资主体、融资主体，这就要求其在区域经济发展中当好主角，发挥主力军作用，以完成政府的经济目标为己任。有的政策性发展项目虽然具有良好的经济和社会效益，但是其经济效益却很有可能比较低，投资企业公司需要正确地处理好社会效益和经济效益之间的相互统一，在经营中充分地体现政策性也是必须要做到的，不应该因为企业管理和经营而过分地追求纯粹的盈利和收益最大化。政府对投资公司在此类项目上所付出的财务代价，可在政策、税收、补贴及其他项目中给予补偿，对投资公司的资产收益考核可区分经营性和政策性两部分分别考核。国有投资公司的特殊作用不仅仅在于其存量资产的规模、投资回报的多少，而在于其能够代表地方利益，增大对经济发展的推动，在调整产业结构和布局中所能发挥的优势和实力。

比如，当前制约沿淮地区经济社会发展的主要影响因素之一就是基础设施薄弱，因此我国政府把进一步加强对高速公路、铁路、机场和农村地区的电源、电网、通信、水资源等重点基础设施的建设作为推进经济社会发展工作的初级目标。国有投资公司就应发挥政策性投资职能，为这些启动性投入做实实在在的工作。

国有投资公司可以参与完善投融资体制改革中的国有资本运营机制。经济发展对市场环境有一个逐步完善的过程，而这一过程又能反过来推动经济建设的进展，形成一个良性循环。因此，投资公司对投资环境和市场环境应起到建设和完善作用，从经济参与者、政策执行者的角度，向政策的制定者提供建议，促进市场配置资源职能的完善。

国有投资公司能够发挥国有投资导向作用，对社会投资进行拉动和带动。市场环境下的经济开发，开发资金应以社会投资为主。但在欠发达地区，特别是项目启动初期，民间资本的投向、对地区规划和产业发展的了解都比较模糊，多处于观望状态或有预期误差。政策性的投资公司，其自身投资活动体现了地区和产业的发展规划，以及投资项目可进行经营性开发的成熟程度有利于引导社会投资的进入。并且，投资公司可以以参股的形式，以少量资金集合社会资本共同投入，放大投资效果。国有投资公司还应利用自己在政策、信息、人才和专业方面的优势，对社会投资给予指导和咨询。

国有投资公司能为地方经济发展筹融建设资金。沿淮地区的开发，建设资金的大量需求和巨额的资金缺口之间的矛盾是主要的难题。投资公司要围绕这一难题，勇于承担职责，拓展思路，发挥优势，多渠道筹融资金，充分运用各类融资工具，努力支持地方重点项目的建设和经营。

国有投资公司能增加地方财政税收，为地方经济建设做贡献。在沿淮地区的开发过程中，国有投资公司根据自身定位，结合地方经济特征，发挥自身优势，在市场化发展的进程中，根据本地区的发展规划，以地方产业政策和区域经济政策为目标，在巩固主业的同时，抓住后发赶超的历史机遇，加强探索，不断拓展经营领域，提高资本经营效率。国有投资公司必将为地区经济建设做出重要贡献，同时也将获得自身的稳步发展，并在竞争中取得不可替代的地位。

三、加大对中小企业和民营企业的金融支持，增强经济发展动力

积极鼓励投资主体形式的多样性，推进融资手段的多元化，改变以传统银行为主体的间接融资方式。逐步加快建立和发展开放新型国际金融市场，培育一个国际区域内的新型资本交易市场，形成一个多元化层次、开放性的国际区域新型资本交易市场，为国内外各种类型金融机构和其他各类投资者机构创造更加便利的金融投资环境和交易工具，节约金融交易中的费用与运营成本，提高了金融交易的操作效率。对于已经开放的投资领域，要给予民营与外资资本和国有资本相同的待遇。拓宽微观经济主体的融资途径，大力发展直接融资的方式，放开债券市场，提高企业在银行等机构发行债券时的审批和管理效率，使那些自身信誉良好且发展潜力强大的企业能够通过银行等机构发行债券迅速地拿到企业所急需的财政性资金。要适当地向中小企业与股份制企业进行融资政策上的倾斜，解决其生存发展中遇到的资金方面的困难，鼓励其迅速成长壮大，增强区域经济的发展动力。

近几年，民营经济对社会经济的贡献越来越明显，民营经济和中小企业的发展已成为经济发展的亮点，成为推动经济增长的重要力量。这就要求淮

河生态经济带要适应当前全国市场经济发展的趋势，大力发展民营经济和中小企业，积极探索在金融上如何扶持民营经济和中小企业的发展。对于民营经济和中小企业的财政扶持主要体现在以下两个方面：

（一）改变金融机构传统观念，完善信贷制度，发展中间业务，积极服务于民营企业和中小企业的融资

银行等各类金融机构都要进一步转变思想，充分认识和考虑到淮河生态经济带内民营企业和中小企业对于该地区经济发展的重要性，充分认识到它们与其他国有经济的平等地位，进一步加强与国有经济的交流，积极培养一批具有科学技术含量、发展潜力以及守信用的民营与中小型企业的客户群，切实解决这些可能在企业的发展中遇到的资金困难问题，同时这也是金融企业自身的新的利润增长点。

对于民营企业和中小企业的贷款额度小、需求分散的特点，各金融机构应制定与之相适应的信贷制度，降低贷款下限，简化审批程序，在贷款风险控制的基础上，尽可能地满足民营企业和中小企业的贷款要求。对于前景较好的高科技起步企业需要的资金可以从政策上予以支持，使其可以拿到低息或是贴息贷款，鼓励其发展。

在贷款的风险管理上，要进一步完善贷款担保制度，依托已建立的信用评级系统，让地方性的担保机构和信贷服务公司能够成为民营和中小型企业的主要贷款担保者。担保机构可在担保费用上对民营和中小企业给予优惠，降低其融资成本。另外需使担保业务能够进行市场化经营运作，避免和有效地防止行政性的干预，防止因受到政府短期利益的驱使而做直接干预担保资金运作的违法行为。现阶段我们国家的财政可以每年尽量地拿出适度的一些资金支付给民营企业及中小微型个体经济的贷款补助，或者是对其他贷款提供事实的担保。

根据民营企业和中小企业的运营特点，各金融机构及时推出适合民营和中小企业发展要求的快捷、方便的中间业务，利用其资金、技术、信息上的优势，为这些企业提供市场、政策、金融、经济、经营决策咨询等服务。

（二）积极引导和鼓励民营经济和中小企业投资，为区域经济建设服务

四十多年改革开放，经济发展已使一些民营企业和中小企业有了一些资金沉淀，虽然就个别而言数量不大，但汇集起来也是很大的一笔资金资源。要对这笔资金进行正确引导，积极鼓励其投向国家已开放的行业领域，使其为区域内的经济发展服务。同时，国家还需要为民营经济和中小企业的投资创造一个宽松的政策环境，放宽这些民营企业的市场准入门槛，允许它们直接参与高速公路、电信、生态、公交和教育等重点基础性设施的发展建设以及对矿产资源的开发等项目的投资。进一步鼓励民营企业和中小企业参与国有企业的股份制改造，鼓励其跨地区跨行业的兼并和收购行为，使它们中一些有实力的企业迅速成长为企业集团，做强做大。

另外，还要积极地引导民营企业和中小企业自身进一步加快调整和改革的步伐，以应对现代化市场经济发展的考验，提升其经营管理决策能力。首先是从思维方式上进行调整，充分认识我国入世和参加国际市场竞争的必要性，学习世贸组织的各种文件和规章，了解世界经济的游戏规则，采取针对性的对策，主动地应对世界和市场的变化。其次是要清楚认识自身条件，搞好自有资本、人才、资源、产业、产品结构等方面的调整，通过调整增强实力，打造自主品牌，培育精品。最后是要积极学习国际上知名企业的管理经验，改变自身存在的落后的管理模式，提高企业运作能力和经营水平，要把经营的目标扩大到全区域、全国乃至全世界，这样才能在参与区域经济发展和世界经济的竞争中立于不败之地。

四、拓宽直接融资渠道，优化融资结构

现阶段国家已经把投融资体制改革摆在金融体制改革的关键位置，直接融资必然会成为今后各种融资手段中的主流。资本市场，特别是证券市场，股票融资与债券融资已经成为企业的重要外源融资方式。首先，重新界定直接和间接融资。在直接融资领域，债券的市场发展空间也越来越广阔，无论是债券市场的规模或者是基于债券的金融衍生产品，这些都会促进债券发展，使得民间借贷变成直接融资的关键组成部分。市场化、自主化、分散化的股权来源将成为直接融资和模式创新的主要方式。在间接融资领域，在进一步规范和发展影子银行业务的同时，应该充分意识到它对间接融资的意义，合理地看待影子银行的各种创新和发展。其次，金融服务的对象仍应主要是"小

微"。包括鼓励和支持小微企业融资行为与融资需要，支持居民消费，以及开发面向社会大众的小微财富管理项目。再者，金融资本由规模化逐渐转向结构化将会是未来发展的趋势。另外，金融职能的发展趋势为网络化、智能化、生态化，我们下一步应推动金融业真正在绿色化和生态化方面有所落实。

（一）大力发展投资银行业

1.商业银行投资银行业务在沿淮地区发展的必要性

（1）商业银行投资银行业务可降低沿淮地区资金配置成本

现阶段，金融市场正逐渐成为我国社会经济运作和社会资源配置的重要组成部分。大多数的企业最初进行融资都是选用了外源直接融资的方式，通过在金融市场上的自主交易，筹集企业所需的资金，使资金配置进行了市场化交易。沿淮地区的经济发展离不开资金的支持，但由于沿淮地区的发展相对来说还比较落后，投资渠道、融资渠道也都比较匮乏，在我们进行基础设施建设工作时往往会缺少大量资金和技术支持。

在现阶段仅靠国家财政和银行的信贷还不能很好地满足沿淮地区的资金需求，金融市场的建设尚不健全，商业银行投资银行业务的出现大大解决了这个问题。商业银行投资银行的业务能够有效地把项目各个阶段的投资者和专业人员之间联系起来，在进行交易的过程中针对交易双方的具体情况进行积极协调，使得资金能够得到合理配置。

（2）商业银行投资银行业务可降低沿淮地区资本市场交易成本

商业银行投资银行业务大大减少了资本市场的交易成本支出，股票交易费用也使货币资本费用降至最低，交易效率逐步增加，资本市场的吸纳资金能力不断强化。商业银行投资银行业务的不断发展，大大节约了货币资金以及集中大量货币资本的交易成本。商业银行投资银行业务在资本市场上可以帮助一些已经具有一定实力的企业以私募的形式进行融资，使企业能迅速上市。商业银行投资银行业务的出现为商业银行提供了新的盈利机会，开拓了一个新的盈利渠道。

所以要在沿淮地区积极发展商业银行投资银行业务，让投资银行业务带动沿淮地区的经济发展，更好地提供金融服务。

（3）商业银行投资银行业务可改善沿淮地区投资结构

现阶段，国民收入越来越高，群众的生活和储蓄水平都大幅提升，人们对于投资产品的要求越来越多样化，需求量也越来越大。投资者不再只需要安全性高、流动性强的银行储蓄，还需要收益高、风险大的投资产品。传统的商业银行只能进行间接融资，而目前商业银行自身积极地开展了银行业务，使得商业银行也能进行直接融资。虽然直接融资有较强的利益约束能力，也能体现社会主义市场经济的普遍要求，但由于商业银行投资银行业务的开展，使得储蓄业务以及投资业务的分化更加明显，促进储户将储蓄资金转为投资资金，为沿淮地区商业银行进行直接融资奠定基础，最终实现沿淮地区商业银行投资银行业务的顺利发展。

（4）商业银行投资银行业务推进沿淮地区经济发展

沿淮地区经济发展始终都离不开商业银行投资银行业务的开展。商业银行投资银行业务需要密切关注沿淮地区的经济发展，利用自身存在的各方面优势，降低资金配置的成本，资本市场的交易费用，增加沿淮地区资金的实际流动性，加快沿淮地区的社会经济发展。对于投资银行的业务也需要不断地创新，积极发展，使得沿淮地区商业银行投资银行业务在沿淮地区的地位越来越重要。

2.在沿淮地区发展商业银行投资银行业务的措施

（1）理顺投资银行业务与商业银行业务关系，构建投资银行业务体系

一方面，投资银行业务与商业银行业务特别是项目信贷业务密切相关，二者具有互需互补、相互促进的关系。商业银行以庞大的公司客户群体为对象积极开展投行业务营销，同样可以以投行业务为手段，巩固竞争优质客户，做大做强公司信贷业务，有效防范信贷风险。因此，投资银行业务与传统银行业务特别是项目信贷业务在安排上不可分割，这样有利于及时捕捉市场机会，提高市场反应速度，并有效减少信息的失真。

另一方面，在开展投资银行业务中应保持相对独立性。投资银行业务与商业银行业务之间既有融合，也有冲突。商业银行发展投资银行业务，必须保持投资银行业务和从业部门相对的独立，这种独立性包括队伍独立性、服务独立性、机制独立性和费用独立性。在保持投资银行业务相对独立的前提

下，积极寻求与传统银行业务在客户资源、信息资源、网络资源以及人力资源上的融合和共享，建立符合商业银行特点的、发展投资银行业务的良性模式。

在投资银行业务起步阶段，为控制信贷风险，投资银行业务重点客户目标应锁定在优质大客户，将投资银行服务作为全面提升服务层次及密切客户关系的主要手段，对存量优质大客户实行业务跟踪研究，对具有重大影响的项目客户进行直接营销，达到以投资银行业务带动优质贷款、提升服务质量的目的。在带动优质贷款业务的同时，保持投资银行业务和融资业务的相对独立，投资银行部门负责融资方案设计及项目评估，但贷款审批由贷审会严格按照信贷政策进行。

（2）摸清企业金融需求，找准突破口

要注重客户关系管理，加强对存量客户的分类、整理、分析和挖掘，研究客户潜在需求，建立投资银行业务产品项目储备和客户资源储备，实现投行业务的长期可持续发展。要根据本行和本地的实际情况，加强与国有资产管理部门、产权交易部门及其他政府部门的信息沟通，主动了解客户投行业务需求，跟踪辖内企业重组并购活动和重大项目投融资活动，积极收集各类有价值信息，努力寻求投资银行业务市场机会。

在摸清客户需求的基础上，要选择恰当的突破口切入投资银行业务。虽然商业银行从事投资银行业务，具有客户、资源、信息、技术、人才等优势，但也有明显的结构性缺陷。在我国金融分业经营的现状下，受制于政策法规，一些典型的投资银行业务在商业银行都不能开展。但是财务顾问业务作为一种顾问型、知识型、咨询型的业务，是商业银行与投资银行的业务交叉区域，没有严格的政策性限制，因此财务顾问业务顺理成章成为商业银行首选的投资银行业务突破口。银行首选财务顾问业务为突破口的另一原因是出于自身考虑，因为商业银行对客户重大经济活动提供的意见和建议必然会从客户和银行两方面权衡考虑，既有利于客户提升管理水平和综合效益，也有利于保障银行信贷资产安全，维护银行权利。从国内商业银行投行业务发展情况来看，一般都以财务顾问为开路先锋，通过为优质客户提供包括传统信贷业务和创新型投资银行业务在内的一揽子金融服务，进一步增强客户忠诚度，同时壮大投资银行业务。实践证明，这种以点带面、重点突破的路子可行。

（3）完善机制，大胆创新，强力开展市场营销

投资银行业务在沿淮地区还是个新事物，社会普遍比较陌生，因此只有大胆的、创新的强力营销才能有效推动投资银行业务的快速发展。同时投资银行业务综合性强、涉及层面多、操作较复杂，不是一家银行的某个分支机构所能单独完成的。因此，要建立多级联动的营销机制，重大项目或集团公司投行业务的营销要积极取得总行的支持。

由于投行业务没有固定的程式，客户结构呈现多元化，服务内容呈现个性化、多样化，所以开展投资银行业务的关键在于商机把握、市场营销和方案策划安排，其核心仍是营销。在营销活动中，要把握产业结构调整的政策及节奏，关注新的市场热点的形成，积极开展优质信贷及投行业务的综合营销；要抓住政府投融资体制改革和国有企业改制的契机，加强银政、银企合作，创新服务内容，重点营销政府财务顾问、国企改制重组及基础设施建设项目融资顾问工作；要加强同业联系，积极在银团贷款业务方面与同业机构开展实质性的业务合作，不断提高银团贷款的安排能力和议价能力；要在国有企业改制过程中通过重组并购等投行手段协助处置银行不良资产。在具体营销技术方面，要开展多种形式的营销和业务推介活动，注重各项业务的捆绑组合营销，还要加强上下级的信息交流，实现信息资源共享，提高营销效率及成功率。

（4）建立一支高素质的投资银行专业队伍

营销投行业务，人才是关键。要选拔、招聘一批精通银行、投资业务，懂会计、法律知识，善营销的年轻从业人员，充实投行专业队伍。采取培训、讲座、经验交流等形式培养从业人员营销投资银行业务的意识和理念，提高业务管理水平和业务开拓能力。

（二）规范和发展股票市场

规范和发展股票市场，鼓励更多的优质企业通过股权交易的方式在资本市场上直接筹集资金。如今淮河生态经济带仍然存在资金错配与融资结构不健全的问题，资金错配包括短存长贷和短贷长投两种表现形式。在债券融资中，中长期债券的支持作用目前没有得到发挥，但在未来将会是一个重要发

展方向。在推进区域投融资协调合作当中，应尽量进行长期投融资而非短期投融资，同时，应充分重视股权资本，积极利用国际金融市场进行股权融资，促进利用外资升级。

1.境外股权融资的优势

（1）打入国际资本市场，充分利用境外资金。在境外进行股权融资，有助于淮河流域企业与国际金融界建立或巩固联系，使其能最大限度地利用国际资本市场进行融资。

（2）无还本付息压力。股权投资者是企业的股东，其收益随公司经营状况而定，这既降低了企业的负债比率，又促进了公司的发展。

（3）企业进入国际经济大循环，有利于淮河生态经济带整体经济水平的提高。企业到境外上市，必须按国际会计标准披露信息，按国际规范进行运作，有利于提高企业的整体经营管理水平。因此，股权融资应成为淮河流域利用外资的新方向。

2.境外股权融资的模式

（1）直接上市

境外直接上市的特点是必须经过双方有关部门的严格审批，手续繁杂，费用较高。此外，我国人民币目前还不能自由兑换，企业创汇能力有限，整体运作机制与国际惯例相差较大。故我国企业要直接到国际大型交易所上市还存在相当的困难。目前，我国企业大都通过发行 H 股的方式在香港联交所上市，由于香港的国际金融中心地位，这在很大程度上也能达到境外直接上市的目的。

（2）间接上市

间接上市是指企业在我国发行普通股，并以存股证的方式进入境外证券交易所进行交易。如我国上海石化和马钢都将在港发行的 H 股转化为 ADRs（即美国存托股份）到纽约交易所去进行第二上市。B 股也可以类似地作为托管股票转化为 ADRs 或 GDRs（即全球存托凭证）到境外交易所上市交易。

（3）买壳上市

买壳上市是指我国企业在海外股票市场收购已上市公司（壳公司），再通过"反向收购"的方式将自己的有关业务及资产注入"壳公司"以实现企业产权且低风险进入国际资本市场的捷径，不仅不会造成国有资产流失，还会大大增强我国企业的实力。

（4）发行 B 股

B 股是指以人民币标明面值、专供境外投资者以外币认购和进行交易的股票。我国 B 股市场启动后，其发展状况历经了很多坎坷。其主要影响因素有：我国宏观调控政策的影响，使得境外投资者望而却步；B 股市场规模小，流动性差，持有者购入股票后变现难，打击了投资者信心；境外投资者对我国上市公司的管理和财务心存疑虑，对其未来发展缺乏信心，特别对我国企业的"圈钱"游戏无法理解，影响了投资热情。分析 B 股的市场运行状况和我国 A、B 股最终合并的趋势，淮河流域目前不宜大规模争取 B 股的发行。

（三）积极发展债券市场

鼓励债权融资，帮助企业进行债券融资，积极开拓和发展债券市场，对于进一步落实和规范企业融资渠道、优化资本市场结构、改变企业融资对商业银行信贷的过度依赖、避免金融风险在银行体系内的过度积累均有重大意义。我们要紧扣多渠道增加直接融资比重，依靠经济转型升级的大背景，加强债券市场的基础性建设，培育多层次发债主体，鼓励债券产品创新，完善债券市场结构和信誉风险管理体系，分层次、有步骤地发展淮河沿线城市债券市场。一是要抓住有利时机，鼓励企业发债。淮河生态经济带债券市场要紧紧抓住"拥抱淮河新时代"的时代契机，结合宏观经济发展情况、中小企业融资现状，充分发挥区域优势，鼓励企业通过债券市场进行融资。二是要继续加大创新力度，扩展 B 股发债主体。要进一步拓展债券市场的深度和广度，推动产品创新。积极发行中小企业集合票据，通过发行抵押债券、质押债券、第三方担保债券产品来解决担保问题，同时使用各种信用增级手段以促进产品创新，进而降低企业进入债券市场融资的门槛，扩大发债主体和市场规模。三是要培育各类机构，营造良好环境。要积极培育各类市场中介服务组织，提高其服务效率和信用管理能力，使各类债券承销商和经纪人、资信评级机构、会计师事务所、担保机构等中介组织充分参与到债券市场建设中去。四是要完善管理体系，打造淮河品牌。要完善债券期限结构和利率结构，市场利率起到价格配置资源的作用。要进一步促进债券产品的信用增级，健全资信评级和跟踪评级制度，建立透明的信息披露和动态报告制度，树立优秀的淮河债券品牌。

五、改善投资环境，加大政府引资力度

淮河生态经济带在做好金融投融资体制改革深化的同时，还必须下大力气改善其投资环境，这种环境包括了软、硬两个方面。软环境的建设就是在政策和法规上对投资者的利益进行保护，制定优势政策吸引来自各个方面的投资，政府职能向服务型方向转变，创造一个公正、平等、透明的投资环境。硬环境的建设是指交通等基础设施建设，淮河生态经济带硬件建设的最大问题存在于交通、水利等基础设施建设滞后，防洪标准不高，交通体系亟待完善，通江达海不够通畅，要下大力气加快基础设施的建设。区域投资环境软、硬件两个方面的大幅度改善将为环渤海地区经济腾飞提供良好的条件。

（一）改善投资环境，走市场经济发展道路

要树立适应市场经济的新观念，走市场经济发展的道路。首先，要开放引资。要摒弃过去封闭的思维方式，要有大开门户，大力吸引外部资金来办淮河事业的思维方式。我国建设深圳特区和上海浦东开发的成功经验都突出地表现了它们不仅对内地资金而且对境外资金的强烈吸引力，这对于想要进行大规模基础建设而又苦于资金不足的淮河流域来说具有十分重要的借鉴作用。其次，要让"权"引资。建设项目的效益有经济效益和社会效益。淮河生态经济带有不少基础项目，一旦建成，不仅能带来巨大的社会效益，而且本身经济效益也十分显著。一个项目不仅要讲求其经济效益和社会效益，而且还应争取以最小的投资获取最大的产出和效益，但如果巨额建设资金难以筹措，工程无法上马，那么这两种效益都无从获得。从淮河生态经济带建设资金严重短缺的实际情况看，迫切需要加大引资措施的力度，多渠道筹资。股份制不仅是现代企业制度的一种模式，而且也是企业筹集资金的一种有效方式，在这种意义上，可以让外商和境外的投资者当大股东，自己当小股东，让"权"引资，拓宽筹资渠道，加快建设步伐。再次，要以"利"引资。市场经济强调的是互利互惠的原则，当前国际国内的资金流动都不同程度地呈现出富向流动的特点，在国际上表现为投资资本向发达国家回流，在国内则

表现为由内地向沿海流动，这种资金富向流动符合市场经济发展规律和价值规律的要求，是一个值得注意和可以充分利用的动向。究其原因，主要是后者有着较好的投资环境，我国沿海投资回报率明显高于内地，简言之，就是投资沿海较有利可图。所以，淮河流域要加大引资力度，不仅要加大对改善投资软硬环境的投入，而且还要有让"利"于投资者的政策，使投资于淮河生态经济带的投资者们有较高的回报率。

（二）改善投资环境，引导民间资本进入

要充分发挥政策性金融的引导作用，诱导民间资本进入。从长远发展看，要深入推进淮河生态经济带的建设，就必须建立稳定的产业提供支持。当然，在当前的新形势下，淮河生态经济带的建设和发展应主要依赖于民间资本，政府主要负责对地区进行规划、投资推动和政策引导。因此，必须充分发挥政府财政资金和政策的引导作用，采取贴息贷款、税收减免、加速折旧、投资补贴等一系列措施，积极地引导国内外民间资本大规模进入淮河生态经济带，参与其重点基础设施和新农村建设、生态环境保护、特色产业和各项社会事业发展。可以这么说，在未来淮河生态经济带发展过程中，"三民"（民间资本、民营企业和民间力量）将对经济增长起到主导作用，而财政资金只能在前期起到支撑作用。

首先，放宽国内民间资本的市场准入范围，在投融资、税收、土地使用和对外贸易等各个方面都采取相应的措施，给予不同所有制企业同等待遇，实现公平竞争。其次，建立投资服务体系，成立相应的投资服务机构，向各类民间投资者发布行业投资信息、提供相关政策法规咨询和专业技术服务等。充分发挥中介服务机构的职能，为民间投资者提供法律、财会、市场信息、企业诊断和投资咨询等各方面的服务，帮助广大民间投资者提高管理和决策能力；再者，政府出资组建信用担保服务中心，开展履约担保、融资租赁担保、信用卡担保、住房置业担保等业务，为私人资本、民企资本等民间资本进入投资领域搭建"桥梁"；另外，要根据基础设施、基础产业、传统制造业、高新技术产业以及现代服务产业的不同特点，采取符合市场经济惯例的多样化的项目组织和投融资形式，鼓励和引导民间资本进入这些领域。

（三）调动各种积极因素，扩大外商直接投资规模

淮河生态经济带需要优化投资环境，进一步拓展市场，向外界提供各类信息。以本地区的优势项目吸引外资，开放物流业，取消地方运输垄断。同时，也要紧紧抓住当前外资在其他地区产业转移的历史性契机，发挥淮河生态经济带资源丰富和劳动力成本较低的比较优势，让更多的外资进入沿淮地区投资创业。

外商直接投资（简称FDI）是一种利用境外资金的主体投资形式，是沿淮地区生产力的一个新生长点，也是指以控制国（境）外企业的经营管理权为核心的一种对外投资。这种控制权是指投资者拥有一定数量的股份，因此能依法行使其表决权，并且可以在企业的战略决策和运作管理过程中享有自己的发言权。所谓利用FDI融资是指吸收外商以获取本企业经营管理权为目的的投资，从而获得融通资金的便利。近年来我们利用FDI进行融资的方式发展得很快，已经发展成为将各个国家的经济关系紧密地结合到一起的重要机制，大大推动了我国经济全球化的进程。

当今国际大的跨国公司有着雄厚资本和最先进的技术，国际对外直接投资中的绝大部分都是由其提供的，但它们对华投资占其对外投资总额的比例很低。因此，吸引跨国公司来华投资的潜力还很大。另外，为使淮河流域对外引资工作在结构、数量和质量上取得更大的突破，以筹得巨额资金用于基础设施建设，应当把引进经济发达国家跨国公司的资金和技术作为扩大吸引外商直接投资工作的重点。为达到引进跨国公司的资金和技术用于淮河流域发展的目的，应大胆进行以资源换资金、以市场换技术的尝试，为沿淮地区扩大吸引外商直接投资工作闯出新途径。当前的奋斗目标和方向应该是：继续加快基础设施的建设，优化外商投资的环境，做好与国家相关政策法规配套的工作，使得外商企业在进入沿淮市场后能够有法可依，有章可循；利用海外华人的关系网络这一"无形资产"，减轻招商引资等工作的难度；适度落实优惠政策，提高外资到位率。

第二节　构建淮河发展投资基金体系

投资基金是指通过信托、契约或公司的形式，通过发行基金证券（如受益凭证、基金单位或基金股份等）将众多的、不确定的社会闲散资金按金融信托的原理募集起来，形成一定规模的信托资产，交由专门投资机构（如基金管理公司）的专业人员，按照资产组合原理进行分散投资，投资收益按投资者比例分享的一种投资工具。建立一个国家或地区的区域发展基金是许多西方发达国家的普遍做法，一般都是由政府单独设立（例如日本），或由地方政府牵头，组织一些民间金融机构和其他有关地方部门共同设立（例如德国等）。由于欠发达地区开发成本较高，在市场经济条件下，资金往往难以自发向落后地区流动。各国实践表明，仅靠市场调节机制难以实现各个区域经济的协调发展，所以政府有责任承担欠发达地区的开发与发展任务，尤其是前期的基础设施建设任务。因此，淮河生态经济带可以借鉴我国目前已有的区域发展基金经验，如"支援不发达地区发展基金""三西建设专项基金""支援少数民族地区发展专项基金和扶贫基金"。在淮河生态经济带设立淮河发展投资基金，资金来源除中央和地方财政外，还可面向国内企业投资、个人投资以及其他外资认购。在基金设立初期，应以国家财政资金为主渠道，以便把握资金的合理使用。

区域发展基金主要由三部分构成：PPP 母基金 + 产业母基金 + 创投母基金。区域发展基金一方面可以承接国家级的基金，另一方面可以下设各个方向的专项基金、产业基金，做到国家、省市区域基金的联动，吸引更多金融资本、社会资本服务淮河生态经济带。淮河生态经济带作为正在快速发展的一个地区，基础设施投资需求较大，投资回报周期也就更长，更需要创新投融资机制，区域发展基金里的 PPP 母基金无疑可以发挥巨大的融资优势，解决交通、水利、城市管廊、智慧城市等基础建设问题。淮河区域发展基金的设立有助于我们更好地进行资源配置，通过下设 PPP 母基金、专项基金、产业基金、创投基金等带动形成子基金群，将财政资金、产业资本、金融资本、社会资本结合，从而将产融结合发挥到极致，吸引央企、国企、民企乃至外资共同参与新区建设，用绿色生态理念发展高端产业和新兴产业，形成区域创新中心。例如，专项基金可以设立环保领域专项基金，促进碳金融等领域合作及碳交易平台发展；绿色发展基金用于绿色建筑、清洁能源、雾霾及污染治理防控、生态保护等。

一、组建淮河开发集团公司

建议由中央和沿淮各省国资委、中国交通投资集团公司等重点国有企业提供引导资金，广泛地吸收民营、社会和海外资本参与，组建一个股份制的淮河开发集团公司。在国务院淮河流域发展领导小组的领导下，在经国务院批准的总体规划指导下，负责制定和实施专项的开发建设规划。支持采用市场化运作方式，创设各类市场主体，鼓励和支持各类资本参与重点领域建设。

（一）农业水利领域

一是逐步拓宽民营、社会和海外资本进入领域，除法律、法规、规章特殊规定的情形外，大型水利工程建设运营一律向社会资本开放。凡是社会资本愿意参与的大型水利工程，原则上应该优先考虑社会资本参与建设和运营。支持农业企业、农民合作社等新型经营主体参与农田水利和水土投资建设的实施。二是保障社会资本的合法权益，社会资本投资建设或运营管理重大水利工程，与政府投资项目享有同等政策待遇。三是深化水权制度改革，加快推进淮河及其重要支流、重点区域的水量分配方案制定，有序开展水权交易试点，加强水市场监管，逐步建立水权交易制度体系。鼓励社会资本通过参与节水供水重大水利工程投资建设等方式优先获得新增水资源使用权。四是建立符合市场导向的水价形成机制，实施基本水价和计量水价相结合的两部制水价。

（二）交通领域

一是创新铁路投融资体制，吸引民营、社会及海外资本参与沿淮地区城际铁路、市域（郊）铁路、资源开发性铁路、支线铁路投融资运营。支持区域内投资集团和各市铁路投资组织，通过发行企业债券、中长期票据、短期融资券等手段来扩大其直接融资的规模。二是完善公路投融资模式，建立完善政府主导、分级负责、多元筹资的公路投融资模式。支持符合条件的、以新建项目设立的企业为主体发行项目的收益债、永续债券。三是鼓励社会资本积极参与水运和民航基础设施的建设。允许将港口码头的优质资产转让给其他社会资本，转让的收益全部用于水运基础设施建设。开展航道收费试点，吸引社会资本投资。

（三）能源领域

一是鼓励和支持民营、社会和海外资本积极参与电力建设，鼓励和支持社会资本投资于常规水电站与抽水蓄能电站。二是积极鼓励、支持社会资本参加电网建设、油气管网、贮藏设施和煤炭储运建设运营。三是深化能源价格改革，落实国家关于天然气价格改革意见，实现存量气和增量气价格并轨。鼓励天然气分布式能源与电力用户直接签订协议，自主协商确定电量和价格。

（四）生态环保领域

一是推动国有林场管理体制改革。坚持以绿色生态为导向，紧紧围绕保护生态、保障民生两大目标，推动政事分开、事企分开。二是鼓励和支持社会资本参与生态建设，支持符合条件的林业企业、农民合作社、家庭农场（林场）、专业大户、个人等新型经营主体投资生态建设项目。三是积极推行环境污染第三方治理，以环境公用设施、工业园区企业等各类领域为重点，以实现市场化、专业化、产品一体化为主要服务导向，吸引和增大社会资本投入，引入环境污染责任保险机制，推动建成污染者付费、第三方治理、环境事故保险赔偿的治污新机制。四是积极推进排污权、碳排放权交易。

（五）市政基础设施领域

一是改革市政基础设施建设运营模式，推行政府主导，建设、运营、监管相分离的市场化运行机制。改革现有的城市基础设施建设事业单位管理模式，实现向独立核算、自主经营的企业化管理模式转变。二是鼓励和支持民营、社会和海外资本参与市政基础设施建设运营。市政基础设施各领域全面开放。加强城镇基础设施建设，及时总结经验并推广。三是加快完善和改进市政基础设施价格形成、调整和补偿机制，合理保障经营者收益。

（六）社会事业领域

一是鼓励和支持民营、社会和海外资本参与社会事业领域的投资，鼓励社会力量兴办教育，促进民办教育健康发展。将符合条件的社会资本举办的医疗机构纳入新型农村合作医疗和医疗救助定点范围，执行与公立医疗机构同等的补偿政策。二是落实社会事业建设运营税费优惠政策，完善社会事业价格机制。

（七）信息和民用空间设施领域

一是吸引民间资本加大信息民用空间基础设施投资力度，二是支持电信业进一步开放，鼓励民营企业在全省开展移动通信转售业务，促进移动通信业务创新发展。

二、设立淮河产业投资基金

产业投资基金，在国外通常称为私募股权投资基金，是一种对未上市企业进行股权投资和为企业提供经营管理服务的利益共享、风险共担的集合投资制度，主要从事创业投资、企业重组投资和基础设施等实业投资。成思危先生认为，产业投资基金有风险性、组合性、长期性、权益性、专业性等特点。与银行、保险等间接融资不同，产业投资基金属于典型的直接融资工具，能紧密支持实体经济，以投资的方式推动企业发展，并选择合理的时机退出资本，可以说是为支持实体经济而生的一种融资工具，不仅是投资于实体经济通道最短的工具，也是金融对实体经济对症下药、药效直达的最快方式。产业投资基金和实体经济往往能够长期共存、同舟共济，被认为是"良心资本"。

产业投资基金以战略投资者的身份出现在资本市场，其投资的主要目的在于实现长期的资本收益和基金资产增长，它对流动性没有很高的要求，可以长期持有上市企业或已上市企业未流通证券，并且能够通过资产的增长来达到投资目的，这正符合基础设施建设与高新技术产业发展对资金的需求。因此，在淮河生态经济带发展过程中，可以充分发挥产业投资基金这种新型金融工具的优势，通过设立淮河产业投资基金，聚集更多民间资本投资于淮河生态经济带的基础设施建设或者是其他亟待重点扶持的产业。为了能够充分发挥产业投资基金的功能，政府有关部门应尽快制定产业投资基金管理办法，并在有关法规出台后，在沿淮部分地区试点先行。

（一）产业投资基金的重要作用

1.拓宽融资渠道，缓解融资压力

通过设立产业投资基金，可以拓宽融资渠道，吸纳更多的项目投资人和社会资本，并通过专业的资金管理中介机构，优化项目投资成本，在很大程度上能够缓解沿淮区域财政拨款不足与项目建设资金短缺的矛盾，是化解项目债务风险，打破企业融资困境的有效途径。同时，产业投资基金也能发挥其资本运用的乘数效应，加大企业现金流输入量。实际上，产业投资基金是一种权益资本，对于一些重点行业、重大企业来讲，资金筹集能力将大大增强。

2.拓宽企业融资途径，优化资本结构

权益性融资方式可以极大地降低实体经济企业的杠杆率，由于沿淮地区运用最多的融资渠道为银行贷款和发行债券，这样会大大增加企业的债务负担，并且由于本地区对资金需求量大，一旦得不到后续资金补充，将面临较大的财务风险。通过建立产业投资基金能在一定程度上降低融资风险，并且基金的投放领域及使用范围比较宽泛和灵活，受国家政策调整的影响程度较低，在一定意义上优化了资本结构，如公司制产业基金，是由基金公司自行或通过委托专业的基金管理机构进行管理，投资者既是基金份额持有者又是基金公司股东，根据公司章程行使相应权利、承担相应义务和责任。因此，引入产业投资基金可以满足企业的资金需求，减少企业的债务融资需求，降低杠杆率。

3.为社会资本提供参与平台，增强公司持续再融资能力

传统的融资模式限制了社会资本在区域基础设施建设中的参与度，而设立高速公路产业投资基金，既为企业融资市场化运作机制提供了一个好的路径，也为社会资本提供了参与基础建设的平台。而且，通过设立产业基金，集团公司所募集的建设资金并不计入资产负债表中，优化了公司的资本结构，增强了高速集团的持续再融资能力。

4.发挥理财优势，提高资金利用率

设立产业投资基金，出资人通过获取股权参与经营管理，并聘请专业的基金管理公司或金融、管理复合型人才对基金进行科学管理投资，通过更加规范的市场化运作，将闲置资金投资到实体经济中，如餐饮、娱乐、购物、

加油站等，不但能提升高速公路的运营服务水平，使产业转型升级，还能通过科学理财提升资金利用率，缩短资本回收期限。

5.发挥投后管理功能，保障实体经济发展

产业投资基金的投后管理功能，可以为实体经济企业发展提供辅导和保障。产业投资基金从投资到退出几年期限内，投资家为了最终退出价值提升，特别重视对企业的投后管理，会全面利用其经验、关系网络等帮助投资企业发展，这对于一些初创企业、民营企业乃至需要结构升级的企业尤为重要。

6.发挥市场的甄选功能，淘汰落后企业

可以充分发挥市场的甄选功能，淘汰落后的产能与僵尸型企业。产业投资基金被认为是目前市场化程度最高的一种金融工具，投资者一般都具有十几年甚至二十几年的行业经验，由于投资者的市场声誉对其在行业内生存至关重要，因此通常倾向于更具有创新性和未来发展空间的项目，同时识别和淘汰过剩产能。

（二）设立产业投资基金的措施

1.建立健全法律法规

根据诺斯在《西方世界的兴起》一书中的观点：有效率的经济组织是增长的关键因素，西方世界兴起的原因就在于发展一种有效率的经济组织；有效率的组织需要建立制度化的设施，并确立财产所有权，把个人的经济努力不断引向一种社会性的活动，使个人的收益率不断地接近社会收益率。而法律法规是制度中的重要内容，健全的法律法规可以明确各个主体的利益，规范市场各个主体的行为。因此，只有建立健全与产业投资基金相配套的法律法规，才能为产业投资基金的稳定健康发展提供保障和基础，才能为产业投资基金的发展提供规范的法律环境；欠发达地区应该借鉴先进国家和地区成功的法律规范，并结合沿淮地区实际情况及风俗习惯，建立健全适合当地产业投资基金设立、发行、交易等方面的相关规范体系。

2.扩大开放与交流

中国区域开放模式的独特性决定了各区域经济外向化程度的差异性，而对外开放程度的差异又是形成各区域经济增长速度差异的重要原因。因此，欠发达地区要实现本地经济的发展就要扩大对外开放。同时，产业投资基金

是国外先进国家的产物，也只是在最近一些年才首先由沿海发达地区引进和采用，欠发达地区无论在理念、实践还是在资金方面均和发达地区有较大差距，由此沿淮地区要发展和利用产业投资基金就必须扩大对外开放，向发达国家和地区学习先进的理念、经验，同时从外面引进和利用资金。

沿淮地区与外面的开放交流有三点要求。一是不仅要思想、观念的开放，还要进行资本、项目的开放。沿淮地区普遍存在思想观念保守、僵化，对新事物排斥、拒绝，思想观念狭隘，本地主义现象较重，要学习和利用产业投资基金及相关的金融创新工具，必须破除这些狭隘的思想观念；同时，由于沿淮地区资金不足，往往一些好的项目及产品不能得到开发和发展，因此在学习先进思想观念的基础上还要扩大资本及项目的开放，利用外来资金发展和壮大自己。二是不仅对发达国家进行开放，还要对发展中国家进行开放；发达国家有先进的思想观念和大量资金，而一些发展中国家在发展的过程中也积累了结合自身实际的成功发展经验和案例，值得沿淮地区学习和借鉴。三是不仅对国外开放，还要对国内发达地区开放。国外虽然有先进理念和大量资金，但是地理位置的差距较大，学习交流成本较高，而且由于我国沿海发达地区经历了改革开放以来的发展和繁荣，已经积累了大量资金并且成功地运作了一些新兴产业项目投资基金的实践经验和案例，因此通过向国内发达地区学习，能够更快、更方便地推动本地产业创新型投资基金的发展。

3.大力培养和引进人才

产业投资基金作为新型的金融创新工具，能够熟悉利用的人并不多，可以说整个行业都面临人才匮乏的困境，尤其是高端人才。欠发达地区由于经济发展落后，不但外部人才不愿进来，而且本地区的优秀人才还在不断地外流，因此欠发达地区要发展产业投资基金必须解决人才困境。一是加强金融人才培养，主要通过本地区的高校及专业学校的教育，加大对本地高校教育的投入和支持，扩大相关专业人才招生数量；二是建立长期有效的激励机制，增加金融人才的待遇和奖励，吸引外来人才，留住本地人才；同时，给外来的金融人才提供住房、子女教育、医疗等方面的优惠，为其提供良好的环境，不仅要引得来，更要留得住。

4.鼓励相关中介机构的发展

产业投资基金管理公司主要是进行股权投资，需要相应的会计、法律、咨询等配套服务，因此在大力支持发展产业投资基金的同时，要鼓励会计师事务所、律师事务所、管理咨询公司等相关中介机构的发展，为产业投资基金的发展提供多方面的支撑。

5.完善资本市场体系

产业投资基金的设立和发展不仅面临融资困境，投资后的顺利退出也是实现长久发展的关键一环。目前国内产业投资基金的退出方式主要还是通过IPO实现的，退出渠道相对单一。欠发达地区要积极发展产权交易市场，例如上海的OTC（股权托管交易中心）市场，对未上市的股权转让提供税收优惠，鼓励银行、信托等其他金融机构的参与，为产业投资基金的发展提供多层次平台、多渠道退出途径，实现产业投资基金的良性发展。

6.政府加强引导与示范

由于沿淮地区产业投资基金发展落后且民间资本参与度低，因此在发展前期，政府要积极地进行引导和示范，这也是发达国家和地区的成功发展经验。政府进行引导、示范的较好方式是结合本地区自身经济发展特点，以政府出资的方式发起建立产业投资基金，进而吸引民间资本及发达国家或地区的资本共同参与，同时在立项、项目、财政、税收、投融资政策、土地利用等方面给予优惠，政府注资带动民资和外资，有效激活多方面资源和力量。

三、设立淮河创业投资政府引导基金

（一）创业投资政府引导基金的定义

由各级政府部门出资建立创业投资引导基金，以扶持创业投资行业以及中小型高科技创业企业成长壮大，是发达国家在创业投资行业发展初期的通行做法，美国、以色列和我国台湾等创业投资事业发达的国家和地区都有这方面的成功经验。

所谓创业投资政府引导基金，就是由财政或其他有政府背景的机构出资，联合境内外专业创业投资机构，共同设立创业投资基金，向本国或本地区中小企业提供资金支持。在有些国家（如以色列），创业投资引导基金作为母基金，由其联合其他境内外机构发起设立若干创业投资子基金。

引导基金中，政府出资的目的不在于盈利，而是为了带动本国或本地区创业投资行业发展，从而调整产业结构，转变经济增长方式，培养新的经济增长点。因此，政府资金往往在确保安全性的前提下，只收取少量的固定回报（基本等同于国债利息），一旦本国或本地区创业投资行业发展成熟，政府资金即予退出，将其在基金中的权益以优惠的方式转让给其他专业创业投资机构。

（二）建立淮河创业投资引导基金的意义

建立创业投资政府引导基金是淮河经济与国际接轨，走创新型发展道路的重要措施。从国际经验来看，在创业投资行业发展初期，由政府直接拨款予以扶持，这样不失为一项重要而有效的措施。比如美国、以色列和我国台湾地区，政府引导基金已经带动了整个国家和地区的创业投资热潮，大大地促进了传统产业的转变和创新型实体经济的发展与繁荣。可见，由政府出资建立创业投资引导基金是一项具有深远意义的事业，对于推动本地区高科技产业发展、促进经济增长、增加就业都有非常积极的作用。具体对淮河经济而言，引导基金的作用直接体现在以下几个方面：

1. 大力引导、支持和鼓励高新技术产业发展，调整其原有的产业结构，培养具有创新性和持续增长潜力的新的经济增长点，培养一批区域内具有较高市场成长性的科技企业和创新项目，建立自己的特色产业创新梯队，为本地区培养更多拥有自主知识产权的区域品牌。

2. 充分发挥政府资金的放大效应。各级政府要支持创投事业发展，不仅可以用政府财政资金设立创投机构，更是要将其作为种子基金吸引非政府资金加入创投事业，这有助于各级政府放大创业投资总量，找到新的融资途径。

3. 推动沿淮地区高科技创业企业发展。创业企业在成长道路上面临许多困难，而资金往往是约束其发展的最关键瓶颈。由政府牵头设立的创业投资基金，不但有利于推动本地区高科技创业企业发展，而且能够有效地与产业政策、科技政策以及本地区优势结合起来，作为政府对本地区经济发展的调控措施。

4. 政府牵头组建引导性基金，将发挥两个层次的示范效应：一方面可吸引国内外有实力的创投机构与资金在当地设立创投基金，另一方面，引导性基金在投资实践中的行业与项目选择标准对其他创投基金也是一个参照，可以强化政府的产业导向。

5. 在充分发挥放大效应与示范效应的基础上，引导性基金可以进一步借鉴国际创投基金的先进经验，比如联合投资、阶段投资等，开拓相应的购并与投融资业务，探索我国创投事业的发展道路以及政府在其中的角色定位。

6. 引导性基金成功运作后，可以争取国家级引导基金的扶持，吸引境内外其他基金加盟，并扩大当地招商引资活动，最终推动当地创投事业完全市场化。

7. 引进国内创业投资行业的领头羊——深圳市创新投资集团共建创业投资引导基金，不但可以直接用引导基金支持本地企业的发展，还能利用创新投的品牌吸引更多的国内外资金参与本地区项目投资。

（三）淮河创业投资政府引导基金的组建思路

为了能够带动沿淮地区的创业投资热潮，促进对传统产业的技术改造和创新型实体经济的持续健康发展，推动沿淮各地区高科技产业的发展，可以联合沿淮各省市及地区的政府、开发区、产业基地共同设立创业投资引导基金，具体思路如下：由市创新投资集团、当地政府及其他有意向参与的投资人作为基金出资人，采用承诺出资方式，即发起人与出资人在参与本方案之初期只签订出资承诺书，承诺在本方案中总的出资额，共同发起设立区域性创业投资引导基金（母基金）公司。母基金在直接投资的同时，可与下一级政府组建引导子基金；母基金成立后，作为实质性载体，申请国家引导基金的进一步支持，具体规模和出资额可酌情协商。

该投资基金主要以企业股权投资为主，即通过充分的尽职调查，发掘出最有增长潜力的中小型企业，入股后提供全方位增值服务，助其迅速成长为行业领先的公司，然后再通过资本市场变现，实现本方案资本的最大增值。但是为了有效规避风险，也适当考虑以债权、可转债等金融工具投入，并适当参与科技工业园开发、企业并购重组等相关业务。投资方向以国家鼓励及资本市场认同的互联网、电子信息、新能源、先进制造业等领域为主，集中投资于成熟期和早期的项目。投资地域为本地区。

第三节 拓展新型融资方式

一、推行市场化建设，探索项目融资模式

项目融资是指以项目的资产、预期收益或权益作抵押取得的一种无追索权或有限追索权的融资或贷款活动。项目融资是以项目本身良好的经营状况和项目建成、投入使用后的现金流量作为还款保证来融资的国际大型企业开发项目的重要融资途径。目前我国的项目融资模式主要有 BOT、RCP、TOT、PPP 这四种，淮河生态经济带可以参照项目的性质、投资结构等选取合适的融资模式，将市场机制运用到投融资、建设、运营管理等环节，用多种融资手段保证项目建设的进程，这对于淮河生态经济带的重大项目必然会有积极的促进作用。

（一）BOT模式

BOT（build-operate-transfer，即"建设—经营—转让"）模式，通常由政府部门和私人部门签订协议，由政府部门给予私人部门一定的特许权，允许其在一定时期内筹集资金用于某个基础设施项目建设，允许其管理、经营该项目及其所提供的产品和服务，允许其通过向用户收费或出售产品来回收投资成本并获取收益，在协议约定的运营期限届满时，由私人部门将项目的所有权无偿移交给政府相关部门。这种融资方式有效地利用了私人部门的富余资金进行基础设施建设，可以节省财政资金，减轻财政负担。在BOT模式中，政府特许私人部门建设、经营并获取收益。筹资、建设和经营由政府授权私人单位全权负责，私人部门几乎承担了其中的所有风险，有利于抑制基础设施投资失控现象。在当地民间资本充裕时可以考虑将民间资本有效地吸收加以利用；而在当地民间资本短缺时还可以考虑吸引其他地区资本或者国外资本流入。BOT 模式利用了财政以外的资金，同时又降低了政府部门的风险。

BOT 项目实际上是由私营机构在获得政府的特许或批准后发起承办的公共部门的项目。BOT 的适用范围是一般公共部门的一些大型公益性项目，如电站、高速公路、城市基础设施等建设项目。BOT 的运作方式是：①由若干

私营部门组成一个国际性的银团，然后在项目所在国建立一个投资公司，该投资公司必须从东道国政府得到授权来建设和经营该基础项目。②当得到授权之后，投资公司根据授权开始对项目进行规划、设计和建设。③项目完成后，投资公司根据与东道国政府事先达成的经营期限，开始该项目的运营，同时对项目的设施实施管理，并从该项目设施所产生的收入中取得投资收益。④合作期满时，该项目的固定资产所有权和收益权从投资公司转移给东道国政府或由其指定的单位。

（二）PPP模式

PPP（public-private-partnership，即"公私合营"）模式，是由政府和私营企业以特许权协议为基础而建立的一种合作关系，合作双方"共享利益、共担风险、全程合作"。但政府的部分责任以特许经营的方式转移给了合作的私营企业。PPP模式分散了基础设施建设维护的风险，在项目建设的初期，风险就已经分散了，政府只承担了一部分风险，参与投资的企业的风险比较低，项目融资容易成功；而政府的财政压力也比较小，这有利于治理地方债务。PPP模式受政治、经济、文化等因素影响，在不同项目中的具体运营形式有所不同。按私营企业出资数额从无到有、从少到多的标准，PPP模式大体上可分为外包、特许经营、私有化三大类。

PPP模式能实现公共基础设施社会效益最大化的目标，但是，从地方政府的角度看，PPP模式也存在较大风险，尤其是在大型项目中，如果政府投资过少，项目将不易控制。而沿淮地区的财力又比较有限，政府的实际投资不可能很多。这样一来，在沿淮地区，小型基础设施项目建设中采用PPP模式就比较合适。

（三）TOT模式

TOT（transfer-operate-transfer，即"移交—经营—移交"）模式。这种模式下，政府及相关单位负责项目建设，待项目建成后，再通过合同的形式将一定时期以内的经营权有偿转让给私人部门，由私人部门经营管理，合同期满后，由私人部门再将项目的经营权无偿地归还给政府。TOT模式适合经营性项目。在这种模式中，政府可以通过转让项目的经营权来取得收入，这笔收入可以用来补偿建设资金；企业则可以通过向用户收费收回成本，获取收益。

在 TOT 模式中，企业只参与后续经营。参与程序相对简单，避免了征地拆迁等复杂环节，这可以将不同规模的企业尽可能多地吸引到基础设施建设中来。一些重要项目，外来资本虽不能直接参与建设，但它们却可以参与后续经营。这种模式的最大特点在于它能灵活运用财政资金。财政资金充足时，不必通过民间筹资就能完成项目建设；财政资金紧张时，转让项目的经营权就可以回收前期投入的建设资金。TOT 模式中，不同阶段的利益主体不同。在建设阶段，政府负责全部工作，承担所有风险；在运营阶段，企业成为责任主体和利益主体，独享收益、独担风险。这种安排使双方的责任交叉较小，相互影响小，有利于双方协调安排各自的工作，也有利于提高整个项目的建设和运营效率。

在 TOT 模式中，政府在项目建设完成后再将其承包给企业来经营，参与企业所承担的风险大大降低。另外，通过 TOT 模式也可以将那些在 BOT 模式、PPP 模式中未能参与基础设施建设的小型企业的闲置资金吸引过来。在 BOT 模式为主的情况下，将 TOT 模式作为一种补充还可以扩大资金筹集的范围。

（四）RCP模式

RCP（Resource-compensate-project，即"资源—补偿—项目"）模式，它主要针对的是非经营性基础设施和准经营性基础设施。一般的做法是：先成立针对性的企业，由政府与企业签订授权协议，授权企业在一定时期内负责整个项目建设、经营和维护，企业则可以向用户收取少量费用以回收部分项目成本。在特许期限届满以后，企业将项目的所有权无偿地移交给政府，再由政府出让所建设的基础设施周边的一定数量的资源（如旅游资源、矿产资源等）的开发权给企业作为补偿。这种模式由政府通过给予企业资源补偿的方式使其回收成本，也保证了项目投资方能够有合理的收益回报。在资源比较集中的地区，运用这种模式建设基础设施，还可以将当地的资源优势转化为经济优势来推动当地的发展。

二、其他创新性融资模式

（一）实行建业股票制度

建业股票制度，是针对投资大、工期长、建成后有稳定效益而在建设期内又缺乏资本性资金的大型投资项目而实施的。在淮河生态经济带发展过程中，一些大型项目的建设如果依靠居民和机构的直接投资恐难筹集足够的资本性资金，完全依靠政府投资也恐难有足够的资金保障。在此条件下，选择建业股票制度是一个较好的方案。在建业股票制度下，产业项目的建设可依据测算一次性确定所需资本性资金和股份数量，然后，根据建设工期逐年发行股票筹集资金，同时，将已发行在外的股票挂牌交易。这种方式的好处是既可保障资本性资金的到位，使工程建设免受资金不足的干扰，又可将从建设到运作的整个过程置于投资者和资本市场机制的监督之下，从而促使建设效率和运作效率提高。

（二）融资租赁

融资租赁是由租赁公司按承租单位的要求出资购买设备，在较长的契约与合同期内提供给承租单位使用的信用业务。融资租赁是融资与融物相结合，带有商业销售性质的借贷活动，是企业筹集资金的新方式。融资租赁的实质是分期付款购买物资。采用这种融资方式可有效解决企业发展急需资金与银行害怕风险而不敢提供资金的矛盾。

在融资租赁方式下，企业要购买设备、建造厂房时，先由企业选好供货企业与设备物资，然后由银行等租赁公司到供货企业购买设备物资，再由租赁公司将设备出租给企业，企业分期支付租赁费，租赁期满后租赁设备一般归承租企业所有。融资租赁这种融资方式一方面可以消除租赁公司的资金风险，因为即使承租企业将来经营不善，不能支付租赁费，由于租赁公司拥有租赁设备的所有权，可以直接变卖租赁设备弥补资金损失，不像抵押贷款，当贷款企业无法偿还贷款时，银行拍卖抵押资产会遇到地方政府的干涉而难以执行；另一方面，可以解决欠发达地区企业缺乏担保资产的缺陷。采用融资租赁可以真正实现融资双方双赢，是沿淮地区一种理想的融资方式。

国际融资租赁则是一种在国际进行融资，从国外租进设备的租赁方式，亦称"跨国界租赁"。1981—1990 年初，我国采用该方式引进急需的技术设备，总价值达 40 多亿美元。如今沿海地带已初步形成了租赁业务网络，沿海地带的实践证明，由于国际租赁只是技术设备使用权的转让，不发生所有权的转移，这有利于避开发达国家的技术封锁和贸易壁垒。由于租赁公司的指导和咨询作用，承租企业可以提高产品质量，发展新型、轻型、小型、节能型、应变能力强的工业生产项目和一些为工业生产服务的配套项目，还可以掌握国际市场信息，扩大销售渠道。这样，产品出口能力提高了，换汇额和换汇率必然随之提高；换汇额与换汇率的提高，反过来又会提高积累能力，促进淮河流域的发展，为吸引外资创造更好的环境。

（三）ABS方式

20 世纪 70 年代，美国兴起了一种新型的融资方式——ABS，它是一种以项目所属的资产为支撑的证券化融资方式。具体地说，就是依据某一特定项目的资产所可能产生的未来现金流量，通过在国际资本市场上发行高档债券的形式筹集资金。ABS 融资方式的运作，首先要组建 SPV，它是指能获得国际上权威性资信评级机构授予较高资信等级的信托公司、信托担保公司、投资保险公司等，然后由 SPV 寻找可以进行资产证券化融资的对象。一般来说，只要有可预见性的收入和持续的现金流的项目都可用 ABS 的方式融资，如水电、住房、道路、桥梁、机场、铁路等项目。找到合适的融资对象后，SPV 可以发行债券筹集资金用于项目建设。此时原始权益人实现了其存量资产的变现和流动，并将项目资产运营的未来现金收益权让渡给 SPV，SPV 就可以利用项目资产的现金收入来偿债并获利。ABS 的主要特点在于它是一种独特的表外融资技术，资金的取得在资产负债表上并不显示为负债。它出售的是资产未来的收入，其价值在于可预测的现金收益，而与企业自身的信用状况和资产的市场价格无关。同时，它通过资本市场发行债券来筹措资金，资金来源比较广泛，资金风险得以分散，东道国政府始终保持对项目的所有权和经营权，并且整个过程涉及的机构较少，可以大大减少各种交易费用。采用这种国际融资的方式可以借鉴和吸收国外先进的管理方法，有助于改进和提高我国基础设施项目的设计、管理与运行效率。

（四）政府扶持的贴息贷款

贴息贷款是一种政府财政对企业贷款利息的补贴，是以低于市场通行的利息率向企业提供贷款，这是世界各国政府向企业提供资金援助的一种主要手段。沿淮地区企业担负着振兴沿淮经济的重任，理应获得政府的资金援助，但国家财力有限，不可能给其提供太多的资金。通过贴息贷款既可以减少政府的资金支出，又可以给企业提供大量的资金，满足企业的资金需求，可谓一举两得。

贴息贷款的具体做法是：金融机构按高于市场利率的贷款利率向企业发放贷款，其高出市场部分的利息由政府给予补贴，从而提高企业在信贷市场上的借贷能力。但是这种政策手段在世界范围内的实践表明，在一些发展中国家，享受利息补贴的受益人往往不是国民经济中最需要帮助的人，也不是那些具有最大经济效益的项目。说明该政策本身存在着缺陷，在信息不对称情况较严重时，容易发生企业逆向选择与道德风险，同时还会带来相关的腐败问题。

贴息贷款可以采用的另一种办法是把给企业的贷款补贴支付给金融机构。在这种情况下，所有纳入政府扶持范围的企业通过市场竞争获得贷款，使有限的资金流向实力较强的企业，从而优化资源配置。这种办法的优点是资金援助企业的选择由金融机构完成，金融机构为了保证自己的资金安全，尽量把贷款发放给质地较好的企业与项目，这样可以消除企业的寻租空间和政府腐败问题。

三、融资创新型模式实例

（一）流域水污染治理创新型模式

1.合理确定污水处理费用

在市场经济的条件下，污水处理收费是实现污水处理资金补偿的市场化方式。实现城市污水处理合理收费，将为我国城市污水处理市场化奠定基础。按价值规律的要求，将城市污水处理设施的投入与产出理顺到市场经济的新秩序中，是加快我国城市污水处理发展的客观要求。通过收费，强化全民的环保意识，利用价格杠杆，增强群众节水意识，减少污水排放，减轻污水处理压力，以达到根绝城市水环境恶性循环的目的。污水处理合理收费不但能使预付价值回收并得到增值，为城市污水处理设施的建设和运营提供可靠的保证，使城市污水处理能够持续发展，而且还将有利于城市水环境的良性循环，使城市水环境得到根本的改善。

淮河流域尚属于经济欠发达地区，地方政府为了招商引资和实现地方GDP增长，往往或多或少会忽视污水处理收费问题对整个流域水污染治理的重要性。污水处理目前的收费状况是：不收费或象征性收费现象严重，污水处理运营成本一般都不考虑固定资产的折旧，谈不上按照价值规律制定污水处理收费标准，也谈不上资金的回收，更谈不上依靠自身的力量来完成简单再生产和扩大再生产。因此，对淮河流域污水处理收费制度的改革提出了以下建议。

首先，改行政事业性收费为经营服务性收费。城市污水处理是其所有者对公众提供的一种服务，政府有责任让其所有者在公开、公平、公正的前提下，按期、如数收取服务对象交纳的污水处理费用。改变收费性质并不等于由污水处理企业直接向用户收费，也不是说污水处理价格直接由污水处理企业决定，而是指打破收支两条线的收费格局，由污水处理企业自己当家理财，确定其发展规划，使企业成为独立的市场主体。

其次，理顺管理体制，完善水价政策。在坚持市场化原则的前提下，根据政府财政情况、公众收入情况、污水处理设施建设情况，科学合理地制定收费政策。充分发挥政府在污水治理方面的主导作用，以市政部门为主统筹考虑城市水资源管理和水污染治理。根据城市水循环的系统规划和战略布局，制定相对稳定的供水、污水、回用水、自备性水源水等面向社会的各种用水价格之间合理的比价关系和收费标准，收费超出收入核算部分纳入水费公共基金，不足部分由公共基金补偿，依旧不足部分由政府补偿。

2.建立排污权交易市场

排污权交易制度是一种基于市场的经济手段，在污染物排放总量控制指标确定的条件下，利用市场机制，通过建立合法的污染物排放权利（通常以排污许可证的形式表现），并允许这种权利的买入和卖出，使得环境容量资源能够合理流动，达到优化配置的目的，有效地消除环境容量资源使用的不经济性和非市场化管理造成的弊端，遏制污染的不断加剧。对于尚处于经济欠发达状态的淮河流域来说，采取这种低成本、高效率的治理水环境污染手段具有环境和经济的双重现实意义。

可以从较早的浙江省嘉兴市秀洲区水污染物排污权交易试点和环太湖流域水污染物排污权交易市场中吸取相关的经验，结合淮河流域发展情况，建立水污染物排污权交易市场。在这个过程中，应做好以下几点：（1）必须建立完善的法律制度，从法律层面促进排污交易制度的发展，对适用范围、交易规则、监督管理、违法责任等内容均应作出明确、具体的规定。在制度执行的稳定性和连续性方面，可考虑分阶段运行。（2）设立专门的排污权交易登记与管理部门，明确其工作职责，工作内容应包括开设污染物排放账户、承办总量登记、交易划转、跟踪监督交易、合同执行等。同时可借鉴"德国排污交易中心"的做法，按要求收取一定比例的管理费，从而解决资金来源问题，减少政府负担。（3）逐步扩大覆盖范围。市场的过度同质、企业的减排成本接近，使得排放贸易的成本效率得不到好的体现。在可能的情况下尽快扩大排污交易市场覆盖范围，并向多个行业开放。也可以首先开展COD排污权交易市场，适时推进氨氮、总磷排污权交易试点，做成大规模市场，以体现出排污权交易应有的成本效率。

（二）铁路创新型项目融资模式

1.给予铁路建设企业融资主体地位

在铁路建设融资过程中，要求发起人具有资产管理权、经营权，但是当前铁路建设并没有这些权责，作为项目融资主体的职能被弱化。因此，要积极放权，按现代化企业管理制度建立独立的项目公司，给融资主体独立的法人地位，承担铁路融资、运营及风险管理，提升铁路企业融资动力，处理好融资个体间的利益关系，增强其市场竞争力。

2.完善制度，公平对待投资者

原有统收统支的模式是计划经济的产物，阻碍了铁路建设的发展，影响项目融资过程的合理收益，如果铁路运行不能公平分配收入与成本，更加清晰地披露清算结果，必然会影响投资者的投资信心。因此，铁路企业必须提供合理的清算价格，制定完善的清算方案，公平对待投资者，才可以保证铁路建设项目融资的顺利实施。

3.健全配套法律法规

铁路建设项目融资涉及的范围广，致使项目融资的相关法律法规还存在盲点，制度上的不足使得融资过程中不断出现问题。因此，要充分考虑我国实际情况的前提下，借鉴国外成功经验，适当改良配套法律法规，修改与原法律相冲突的内容，出台更多铁路项目融资资本准入规定，吸引更多的资本参与进去，实现铁路建设、法律制度、金融领域共赢的效果，使项目融资带动铁路建设事业进一步发展。

4.铁路价格管制

项目融资以实现预期收益为目的，而铁路价格受到管制后，不符合经济发展规律，使未来投资收益受到影响。市场经济条件下，通过价格机制进行资源配置，会出现价值偏离，挫伤投资者对铁路项目的投资信心，使铁路建设融资能力下降。而运价管制放松，运用票价改革试点来调节供求关系，可以增加运输供给，平衡企业内在要求，在准确测定铁路经营成本及利润的基础上，吸引融出方项目融资注意力。

第四节　投融资风险防控

风控体系的建设是投融资体系建设的重要组成部分。淮河生态经济带长期以来主张由政府主导的投融资模式，逐步积累了相当多的经济矛盾和社会风险。针对这些问题，地方政府、政策性银行等不同主体需要采取一些防控投融资风险的措施。

一、地方政府

（一）强化债务监管，避免过度融资、无序融资

要加强政府债务事前、事中、事后监管，严控投融资风险。建立健全投融资风险管理制度，加强政府债务预算管理，实行政府项目融资计划控制，各部门、各单位不得擅自举借以财政资金偿还的债务，规范政府举债行为。严格政府重大项目融资程序，规范审批流程，严格审核地方政府担保行为。

要实现三个转变：政府融资要转变为项目融资，政府运作要转变为公司运作，融资平台要转变为发展平台。

（二）高度重视政府的流动性风险，保持政府项目有随时能融到资的能力

政府财力应覆盖项目融资每年的还款本息。政府项目融资一般金额大、期限长，应根据政府未来财力妥善制定项目融资计划，避免出现流动性风险，产生资金无法覆盖融资本息的情况。同时，应积极研究金融政策，提前部署还款计划。

（三）防止实体企业的信用风险对政府信用的侵蚀和破坏

政府要支持实体经济，但要以引导的方式有限介入，或以市场化的方式（如成立担保公司，在其担保能力范围内为实体企业提供担保）在支持实体企业的同时，建立风险隔离机制，而不能以兜底的方式为实体企业融资提供增信。需要指出的是，财园信贷通、惠农信贷通实质是依托政府信用设计出的信贷产品，在支持"三农"、中小企业的融资中发挥了较好的作用。但要注意政府代偿的风险，个别市（县、区）财园信贷通、惠农信贷通的规模已超过该地的财政收入，尤其要引起注意。

二、政策性银行

（一）完善相关法律制度，指导政策性银行平稳运行

目前还没有相关的法律制度来专门监管政策性银行，致使其在运行过程中管理机制紊乱，经营目标不坚定。因此政府应尽快制定适合政策性银行的法律法规，在规范政策性银行经营行为的同时，界定其与政府、中央银行、商业银行、企业等各方面的联系与区别。

（二）拓宽融资渠道，形成相对稳定的资金来源

政策性银行所扶持的产业往往建设周期长，资金数额大，如果筹资渠道狭窄，则难以满足需求，所以要注重多元化融资方式的开发，这不但可以解决政策性产业需要大量资金的难题，而且还可以缓解政策性银行的资金压力。具体方法有：（1）政策性银行在发行金融债券时可依靠政府的担保来减少筹资所需的资金。（2）在市场利率比较低的情况下，农业发展银行可以通

过市场招标来发行金融债券，从而获得所需的资金，慢慢摆脱对中央银行基础货币的过度依赖，从而切断与基础货币之间的紧密联系。

（三）平衡政策性与经济性，实现可持续发展

政策性银行的主要经营目标就是实现社会效益，这就意味着必然要牺牲一定的营利性来促进国家的宏观经济发展。在市场运行中，政策性银行应处理好与商业性银行的关系，分业经营，在配合国家政策的同时增强自身的运营能力，实现社会效益与经济效益有机结合的可持续发展。

（四）提供技术援助资金，降低项目风险

政策性银行应参照世界银行、亚洲银行的模式，向淮河生态经济带相关地区提供技术援助资金，用于有关贷款项目开发的前期准备和论证工作，提高项目开发成功率，降低金融风险。加强政策性银行与商业银行委托代理业务的信息传递和反馈，避免信息的滞后和管理上的脱节。

三、国有商业银行

（一）建立灵敏的风险预警指标体系

银行风险的发生是以一系列经济指标的恶化为先兆的。因此，建立一套灵敏的风险预警指标体系，对于及时发现潜在的风险因素，调整策略，制定措施，实现对风险的事前防范和控制具有积极意义。一般来讲，这是一种传导机制，这种传导运作系统由四大部件构成：预警组织机构、预警操作工具、预警实施过程、预警防范措施。具体来讲，风险预警指标体系应该包括三个大的方面：一是宏观经济环境方面的指标，包括 GDP 的实际增长率、通货膨胀率、财政赤字水平、国家外汇储备总额、股票指数变动等；二是金融体系的基础监测指标，包括资本充足率、存贷款比率、贷款质量比率等；三是对外开放指标，包括外汇储备可供进口月数、经常项目差额占 GDP 的比例、债务率等。

（二）建立存款保险制度

存款保险犹如为存款人提供了一张安全网，由此可以树立公众对国有银行的信心，保护社会公众特别是小额存款人的利益，并使银行更加稳定，减少出现流动性风险的可能性。

（三）加大不良资产处置力度，做到依法清收

在处置不良资产上，要措施得力、人员到位、借用合力、抓住成效；在清收不良资产中，要明确目标、落实责任、严格考核、奖惩分明。同时，主动争取政府部门、法院、工商、税务等部门的支持，正确行使债权人权利，依法清收不良资产。

（四）增资扩股，增强抵御风险的能力

争取政府部门的支持，按照银行监管部门的要求和市场原则开展增资扩股，确保资本充足率达到8%以上，并使股本金与业务发展规模相匹配，为进一步发展奠定基础。在增资扩股中要严格按《公司法》等法规的要求，规范增资扩股行为，纠正以贷款虚假入股的问题，并逐步清收虚假入股贷款，避免新的风险发生。

（五）大力发展无风险的中间业务

银行既是整个社会的融资中心，又是结算、信息、咨询等服务中心。为了规避外部风险，银行在发展传统信贷业务的同时，还应多发展中间业务，这是壮大自身实力、增强抵御风险能力的有效途径。

（六）强化风险防范意识

首先，要把防范风险意识贯穿于银行员工的每一项活动中，并深入到银行内部每一个部门中，使他们在注重工作成果的同时，要善于查找和发现可能出现的风险，防止由于马虎大意和侥幸心理导致不应有的损失。其次，不能畏惧风险，银行是经营信用和管理风险的行业，不可能追求零风险，不能因为有风险就退缩，要勇于面对风险。再次，要意识到风险是可以预防和化解的。尽管风险具有不确定性的特点，但只要本着认真负责的态度，是可以认识它的，并通过采取一定的措施控制它。只要在金融部门内部形成风险意识氛围，开展金融风险管理就具备了条件。

（七）积极进行金融创新

国有银行要从规范自身的经营行为入手，要在竞争中求生存、求发展，离不开金融创新。只有创新，才能促进资金的快速流动，达到资源的有效配置，促进经济的发展。

四、产业投资基金

（一）明确产业投资基金管理方向

产业投资基金运作监管经验具有较强的渐进性，产业投资基金对风险的认识调控能力呈现经典阶梯形式变化，在这种情况下，渐进创新就成为我国产业投资基金管理的主要目标。在产业投资基金管理过程中，为了最大程度保证不稳定风险在预期限度内，首先有关部门应坚持试点—信息反馈—扩展—经验总结的良性循环模式，真正地建设具有中国特色的核心制度及环境体系。然后从企业投资方角度进行分析，为了保证风险因素的有效控制，其应以机构投资者为首要考虑目标，从大户个体投资方、中小规模企业投资方两个阶段进行逐层递进风险防控，逐步增加和提高中小规模投资方基金知识及基金风险辨识能力。同时，多元化基金组织是现阶段产业投资基金发展的主要趋势，为了实现出资功能多元化、运作体系多样化，可利用公司制度及信托机制，从根本上完善产业投资基金管理体系。最后以基金投资目标为入手点，相关部门要优先选择预期收益稳定程度较高且融资较迫切的项目资产。结合审批项目的完善及全方位监督管理，可最大限度降低投资基金变相掠夺财物情况的出现概率。

（二）完善产业投资基金管理体系

产业投资基金管理体系管控目标从根本上来说是获得利润，而由于产业投资基金并不是单一的投资融资渠道，因此为了保证产业投资基金管理效率，相关部门应从金融管控法律体系完善、治理机构完善两个方面入手。一方面，针对我国金融制度特点，需进行金融法规的合理调控，即在金融法律条文完善的前提下，采取强制性规范措施，对券商行为进行全方位检测控制，提高法律约束能力。另一方面，在产业投资基金建设机构优化过程中，为了确定基金详细框架信息，相关人员可利用图形，通过相关数据的代入进行一次层面投资、二次层面投资项目的设置。同时针对投资对象的风险易生性，可以投资基金健康运行为指导原则，在保证基金管理人专业技能的前提下，对产业投资基金管理专业道德素养进行综合评价，以此为依据进行基金治理结构的优化完善，降低第二次层面投资不稳定风险概率，保证资产证券化类产业投资基金的多元化发展。以香港领汇基金为例，其在组织程度设计阶段，由于存在房地产投资基金、房地产证券化两种类型，极易促使人们对两者本质共通性产生误解。这种情况下，就需要将第一次层面、第二次层面产权投资基金进行集中整合，降低实体经济资产向证券化转化产生的风险。

（三）加强流动性风险管制

从客观层面进行分析，产业投资基金流动性风险不可避免。基于产业投资基金投资于特定企业的特点，为降低投资回报周期内资金流动性风险，相关基金投资人员可以预期高收益为手段，在一定程度上抵扣产业投资基金流动性风险因素。同时优先选择科学、合理的基金管理项目，结合市场化用人管理模式，逐步构建价值较高的基金管理企业治理体系，为基金流动营造一个安全、完善的管理环境。

（四）优化制定产业投资基金信用制度

首先，考虑到特色产业投资基金在实体经济发展中的发展情况，在实际管理过程中，相关政府部门应为其提供完善的信息资源支持。并通过主导产业＋投资基金的方式，集中投资基金信用管理要素，形成专业型、功能型的产业投资基金信用调控机制，为政府行政资金与社会资本的有效交互提供有效的指导，推动实体基金持续稳定增长。

其次，多层次产业投资基金退出渠道的设置，可进一步加强产业投资基金交易信用管理，结合相关环节法律法规的完善，可为产业投资基金退出阶段投资方提供更加全面的帮助。而为了彻底改变以往单一的产业投资基金管控方式，可在产业投资基金项目筛选、构建一个良好沟通的渠道。同时针对不同项目的特点设计更加多元化的基金退出模式，在保证基金资源使用价值的同时，也可以为投资方风险的及时止损提供依据。

五、创业投资基金

创业投资基金资金管理风险控制的主要任务：一是避免资金投向上的过于集中；二是避免资金投资时间上的过于集中；三是保持资金一定的流动性，以保持后续投资的需要。其风险控制方式主要是：

（一）进行组合投资

组合投资是分散投资风险的基本手段之一，但创业投资组合与股票或债券的投资组合有很大的不同。股票或债券是流动性很强的工具，不论基金管理人管理水平的高低，他们都能把股票或债券变现，收回部分或全部投资。而创业投资基金管理人所管理的是流动性低的私人权益股票，资本变现需要较长的时间，因此其组合投资不能沿用股票或债券组合投资的做法。创业投资基金组合管理要解决两个突出问题：一是避免对单个创业企业或单个行业的投资额过大；二是避免所投资的几个创业企业同时出现问题，使得基金管理人没有足够的时间和精力处理这些问题。为此，应采取的策略是：

（1）把投资分散在不同的产业和不同的企业发展阶段，对一个规模较大的创业投资基金而言，应选择综合型的创业投资基金管理机构，其项目经理人数多、实力强，每个项目经理都有自己熟悉和擅长的行业领域，可使基金的投资分散于不同行业的创业企业，避免由于行业发展的低潮而导致创业投资基金的损失。20世纪90年代中后期，创业投资对电子信息领域巨额投资，造成了电子信息领域生产能力的严重过剩，随着纳斯达克指数的暴跌，不少创业投资基金遭受了巨额损失。英国的Strathord创业投资管理公司，把其管理的6500万英镑分别投向11个不同行业的创业公司，有软件开发类、生物技术类和商业服务类，取得了较好收益。

专业类的创业投资基金管理人，即专注于某个行业进行投资的基金管理人，一般应把管理的资金投资于某行业处于不同发展阶段的创业企业，以避免多个创业企业同时出问题的风险，保证有足够的时间和精力投入创业企业的管理，同时也可以加深对行业发展的理解，更有战略把握能力。

组合投资特别要避免对单个企业投资的比例过大，防止单个企业的风险对整个基金或基金管理人造成特别巨大的影响，使基金不能继续运转，基金管理人的业绩和声誉遭受巨大损失。

（2）分散投资的时间，创业投资基金管理人不应该把投资集中在一个太小的时间跨度内，因为时尚的项目往往会随着环境和竞争的变化而变化。

我国在20世纪90年代初，投资房地产是一种潮流，而在2000年左右投资网络公司则是热点。因此，创业投资商不要把投资过于集中于当前的热门产业，应以专家的眼光挑选真正有投资价值、真正具有较高增长潜力的项目。基金管理人应该均衡安排投资的时间，一般地说，一个创业投资基金经理管理的项目不能超过 8 个，应该做好投资计划，一年成交 2~3 个项目，提高成功的概率，增加创业投资基金的价值。

（二）保持一定比例流动性强的资产

由于创业投资基金主要是投资于流动性差的创业企业的权益股票，保持一定比例的流动性强的资产主要是为了满足有些创业项目追加投资的需要，同时也是分阶段投资控制风险的需要。

高成长性企业通常需要两轮或两轮以上的融资，如果第一期创业投资的效果良好，创业企业价值有很大的提升，但需要进行第二轮的融资，此时如果创业投资基金没有可投资的资金，无疑是丧失了一个很好的投资机会。保留一定比例流动性较强的资产，也是控制投资风险的一个重要手段。

如果所投资的两个创业企业一年后都需要追加投资，其中一个是因为没有销售收入而需要追加投资改进产品、开拓市场，另一个是因为市场增长率超过原来的计划而需要追加营运资本，这时基金管理人就应该果断地拒绝对第一个项目进行投资，而对第二个项目追加投资，并通过第二个项目的良好运营来弥补第一个项目的损失。在这种情况下，保留资金即是保留了再一次投资选择的机会，拥有了一个投资的期权。

第四章　构建流域发展激励政策体系

第一节　激励政策

一、激励

　　"激励"一词最早出现在心理学中，指持续激发目标的行为动机的心理过程，通过对目标进行外部或者内部的刺激，使被激励目标形成有着明确指向行为的潜在动力。激励一般是指借助种种诱因影响人的态度和行动，是一种行为受到刺激和引导的过程。引申到公共管理活动，在本书的研究中，政策激励的主体是上一级政府机关或中央部委，激励的客体是地方政府，其制度环境主要由中央集权制定，结合当地自身条件，经由地方分权、府际竞争等其他因素共同作用后形成。因此，政府的政策激励是指政府通过细分政策内容，明确政策目标，采用相应的行政手段作用于地方政府，鼓励实施对象接受和理解政策内容要义，按照政策的指引采取行为措施，推进当地各层次的资本、土地、人力等资源禀赋向效益最大化的方向扩散流动，同时利用特殊政策吸引其他地区资本进入，进而强化政策效果，达到政策制定的目的和效果。

　　根据激励的含义，激励体系可以认为是在一个庞大的机构系统中，激励主体对激励客体进行激励的制度背景、实施措施、执行成效的总和。中国的政府关系是高度集权的模式，中央政府采用逐级下达的形式把国家治理任务分配给各地政府，按照属地管理的方式确立地方政府的治理职责，根本上是一种目标激励体系。改革开放以后，中央与地方的联系迈入了一个新的历史阶段，国家治理机制由动员型逐渐转变为压力型。与此同时，随着社会主义市场经济体制的建立和完善，在全国范围内逐渐形成了各地政府对统计经济指标和财政收支的竞争态势，一定程度上增进了地方政府推动各项改革的热情，调动了地方经济发展的积极性。

财政激励是一种对地方政府给予财政方面的刺激，以提高地方积极性，发挥地方优势的行为。结合现代中国的政治环境，财政激励突出中央借助分配财政权利，严格实行集权的财政管理体系的同时，让地方政府发挥出自主性，给予一定的财政收入的支配权。地方政府往往会追求短期政绩来争取本地财政能力的最大化，而财政激励正是通过控制地方与中央财政收支的占比，驱使地方政府努力提高财政收入水平，从而达到激励的目的。当然，中央会适时调整分配制度，使得创造越多财政收入的地方政府，能够分配到越多的财政拨款，这就是财政分成制度。除此之外，中央还会安排财政奖励的形式，对执行中央政策较为活跃、对设定目标完成度高、实施效果好的地方政府给予实物或资金补助。

关于财税政策是如何对经济产生影响的，一般是政府通过财政支出和税收制度的调整来实现宏观层面上资金总量流动的变化，以及在微观层面上企业和个体户的投资决策选择，从而达到产业优化和结构调整的目的，最终实现区域经济繁荣昌盛、人民生活富足的总目标。我国财政体系在改革开放后，大致在 20 世纪 90 年代前后可以分为两个阶段。第一个阶段的财政体制可以被称为"包干制"，第二个阶段可以被称为"分税制"。无论哪个阶段下的财政体制，相对于改革开放之前而言，在权力分配这一方面都有巨大的改善，并对地方政府的财政管理产生了积极的激励效果。党的十八大报告指出，财税政策在优化资源配置、维护市场秩序、维持社会稳定、实现国家繁荣昌盛等维度凸显举足轻重的作用。党的十九大报告更是要求各级政府从大局出发，在实践中深化财税制度改革，完成新时代党、国家和人民给予的目标要求和主要任务。

二、激励政策

政策是国家政府机关和党委机构根据相关的工作规章，完成政府工作任务、促成工作顺利开展的行为规则，最终实现决策目标的重要途径。在政府的公共管理事务中，国家治理政策的制定是对社会各个组织机构及公共服务进行管理的关键一环，其执行效果将影响到社会稳定运行和国家长久安定。新中国成立以来，国家治理政策在制定与执行过程中始终存在一个核心问题，即在维护中央高度集权的基础之上，如何有效地提高地方政府的积极性，保持地方与国家紧密团结。中国是世界上少有的拥有大规模人口和广阔的治理疆域的同时，实行中央集权管辖的国家，政府执行各项职能，实现政府部门和社会组织高效运转时，要想达到预定的政策目的，必须依靠合理有效的激励措施。如何激励地方政府遵循国家意图，实现当地又好又快的发展，从而化解中央集权体制和地方管理之间的矛盾，成为国家治理中的关键。

政策导向是实现地方产业结构优化、推动区域发展的重要因素。当代中国的政府激励体系进行了大幅度的调整，激励制度日渐完善，激励效应显著良好，为促进经济繁荣和社会稳定做出巨大贡献。具体到淮河生态经济带的战略部署过程中，国家要全面布局财税制度、产业结构、对外经济开放等多个关键领域的发展规划，在淮河流域拓宽自由贸易商业区和税率改革试验区设立范围，促进国内投资的便捷化，加快国际投资的全球化。淮河沿河地区应在借助于国家下达的对经济带的保护措施和优惠条件，积极实行现有政策的同时，积极争取有利的新政策，扩大融资金额，发挥核心优势产业和特色，将淮河生态经济带建设成为我国区域发展的旗帜，为国内国际经济互动协作树立良好典范，为刺激淮河沿岸四省进而促进全国经济增长贡献应有的力量。

政府的激励体系不仅是当前国家得以全面发展的重要推手，其带来的负面效应也是我国政治经济问题的症结所在，其主要表现为激励体系的失衡和扭曲。博弈论中零和博弈的问题在政治领域同样普遍存在，各地方政府仅仅着眼于短期利益，形成恶性政治竞争，催生出众多地方保护主义现象，破坏了地区之间的经济沟通和市场运行的良好秩序，不利于经济发展。在鼓励区域协作共赢、促进经济繁荣的过程中，由于市场本身存在"市场失灵"的缺陷，需要政府长期进行监督干预，区域经济合作和产业结构优化也依托政府的财政支持，政府提供公共服务能够减少地方间恶性竞争引起的负外部性，维护地区之间市场运行的秩序。

政府应着眼于促进技术创新的制度安排，设计合适的政策体系框架和制度背景，充分展现市场体系的基础性资源配置功能，规范政府微观规制行为。本章将针对淮河生态经济带激励政策存在的负面效应，提出改革激励体系的对策和方向，根据区域经济合作和产业转型升级中现行产业结构的竞争优势，提出相配套的财税政策、现代农业政策、产业政策、对外开放政策，积极引导和推动微观主体的转变。

与西方发达国家借助税收环节实现扶持的做法相比，我国社会主义制度的优越性得以充分体现，财政在资金方面的扶持力度更大，特别是银行贷款、财政贴息的有关举措，扶持力度最为明显，资助众多工厂和商业企业募集所必需的资金。但是我国长期缺少专业的监管部门时刻跟进企业和工程的后续过程，无法做到实时的跟进和调查评估，财政投入的转化效率难以预估，使得很多企业将得到的土地和资金用于其他用途。此外，国家在现行的新兴产业扶持政策中，将通信技术、生物医药、互联网等行业作为重点进行补贴，行业较为集中，而忽视了众多其他新兴产业的发展，且支持的方式较单一，未能覆盖全部新兴产业，而税收政策支持力度较弱，支持方式更丰富。因此，相对于财政政策的支持效果，税收政策更值得关注。

将目光放至淮河生态经济带，尽管近几年来地方财政对经济带支持很大，但总体财政支持的力度依然不足，能够给到当地优势产业的投入十分有限。由此可得，淮河生态经济带产业链对资金的拉动投入仍旧要付出很大的努力。一方面，政府对当地企业的选取，没有对优势行业进行统计，而是建立在单独的标准框架下进行考量。在考虑鼓励企业创新的时候，没有针对生产企业的不同类别和预期目标而制定相应的标准模板。另一方面，财政资金投入的项目不但有中央与地方的区分，又存在同一层级多个部门管辖，多次分项和投资错乱的现象十分常见。当前财政资金模式单调，大部分还是借助无偿拨款的形式补助给需要的企业，资金的引导效应不强，财政资产的使用绩效交叉。

由于淮河生态经济带优势产业特色不明显，各县市各自为政，无法在产品特色、技术创新上形成相对优势，使得各地财政投入没有突出的重点，无法形成地方特色，产生重复投资、盲目投资、投资回报率低的乱象。对此，本文提出对应的财税政策建议，希望为健全政府财税政策体系，建立良好市场氛围，完善区域财政体系，加强对淮河生态经济带的支持和建设提供参考。

第二节 财税政策支持

一、建立专项资金，推进重点工程建设

当前转移支付中用于支持优势产业发展的费用很多，但大部分仅仅流于形式，其实质性支出很少，使得当地能够受益的投资比较普遍，而优势产业能够直接受益的项目工程很少。针对此现象，淮河生态经济带在大力争取国家财政支持的同时，应对症下药，建议中央财政设立淮河发展专项资金，重点扶持淮河航道疏通工程、沿淮地区基础设施、重点产业和重大项目建设，如航道疏通、港口建设、沿淮高速公路与铁路建设等公益性强、社会筹资较难的重大项目。具体来说，在航道疏通工程中，由国家财政支持来带动地方政府和人民群众的支持和响应，积极宣传航道疏通的重要性，将航道、锚地、引航设施和港航信息系统建设等纳入国家基础设施规划，尽可能减少人力和物力消耗，同时不仅关注疏通航道工程本身所能够创造的直接价值，还要积极探索设立产业转移补偿机制，并合理开发利用水资源和航道资源，在借鉴海南国际旅游岛的改革实践的基础上，推动旅游业等重点产业的发展建设，实现航道疏通后整体流域的经济效益最大化；在港口建设项目中，按照港口岸关税额的一定比例设立口岸建设专项业投资基金和发展专项资金，支持符合条件的经济带内企业通过上市、发行债券和中期票据、产权置换等方式筹措资金来推动港口发展，争取这些对港域征收的港口建设费全额返回用于港口建设；在沿淮高速公路与铁路建设项目中，争取中央在安排预算内投资和其他专项投资的同时，对经济带的基础设施、交通建设、环境保护和社会事业等项目给予倾斜，提升区域往来的可通达性，通过改善交通状况提高流域的贸易流通速度和对外开放程度，推动经济带优势产业迅速发展。

此外，要建立完善中小微企业财税优惠项目工程建设。在财政方面，建议政府直接给予政策扶助，构筑具有一定竞争力的股份投资和金融投资市场规则，提高企业融资能力。关于如何降低投融资风险，政府应增设社会保险

补偿金，银行以低利率贷款等形式鼓励企业扩大生产规模；为小微企业无偿配套技能训练、人才培训、市场开发等优厚待遇。鼓励大学生前往小微企业工作，由市、县或街道公共人才招聘市场提供保管档案文件服务。在税收方面，经济带内各省域应在有关法律法规许可的条件下拟定本地的优惠措施，合理实施结构性扣税，以促进各类企业迅速发展。例如，把营业收入在50万元以下的企业归入暂免征税范围；从事国家扶持项目工程的创新型企业，进口国内无法生产的先进专利或设备，少征关税；提高企税最低免征额并减免科创企业的征收；对营改增下的重税赋行业给予政府补助；同时着手清理胡乱收费现象，暂停征收应税价格调整制度，取消原生矿业产物生态补偿资金、资源地方经济发展费等，取缔市级以下地方机构违章建立的收费标准，严格审批各项收费行动。

总之，沿淮流域的重大基础工程项目应当以中央政府财政投入为主，适当减少地方的配套占比，并对个别地区实行一定优惠比例的税收补偿。各省的省级财政应重点关注淮河整治和重大工程专门补助经费，合理利用中央财政专款转移支付、投融资建设、各种专项经费、发展资金支持等政策以及各省政府部门制定的相应适配的扶持政策，稳步推进重点工程和项目建设。

二、落实税收优惠，推进税制改革

近些年，我国长期推行税制改革，简政放权，将税务机关的监管关口不断后移，提高纳税法人涉税事项的自主性，但却也增加了涉税频率，加重了企业纳税负担，使得企业面临较大的税收风险。此外，我国当前实行的税收优惠措施繁多冗余，不但有适用于高新技术企业的加计扣除政策，也有适用于个别地区的区域政策，使得地方在落实税收政策时面临顾此失彼的境地。因此，淮河生态经济带实施税收政策的首要任务就是加快推进各税种的税制改革，着力落实地方税收优惠政策。全面"营改增"后，冲击波已波及房产税、契税、土地增值税、印花税、个人所得税及企业所得税税基的确定，这不仅是对国家税法规则的一次大洗牌，也相应地对淮河生态经济带的税制改革提出了新要求。具体而言，经济带应当降低特色产品的增值税税率，批准实行增值税优惠政策；进行资源税改革，扩大资源综合利用产品和可再生资源产品税收优惠范围和力度；降低房产税房产余值的认定比例，减轻广大经营者的租赁负担，借助于振兴实体零售业，实现对外贸易的快速扩张；提高农村地区耕地占地税的税基比例，有利于保持地方农产品特色区位优势，促进现代农业稳步发展；提高土地增值税的扣除比例，加快房地产建设，依托房地产投资推动经济迅速发展；实施支持技术进步的企业所得税优惠政策，吸引"三免三减半"企业在经济带建厂投资；开展地方税制综合改革试点，强化财税优惠政策执行情况的监管。

税收政策的调整不仅体现在各项税种的优惠措施上，还需要进一步实行差别化税收政策。例如，按资源税的税种实质把资源税的征收领域延伸到水资源和森林资源。企业所得税的免征项目可以不局限于企业间的投资收益，还可以减少企业与非企业间投资金额的税收比例，同时根据政府给予的补助金的用途，对符合条件的递延收益项目实行暂缓征税。为了鼓励淮河沿河流域运输业发展，应放宽物流公司跨区域的投资运营管理，允许同行业的合并、重组、吸收。加快实施差别化信贷政策，对不同行业、不同群体的信贷额度和还贷方式采取差异对待，在信贷建设的差别化上向欠发达地区倾斜，切实有效满足欠发达地区的信贷需求，促进区域经济发展，从而实现整个经济的可持续发展。

为了进一步促进沿淮流域产业做大做强，单方面调整税收政策是不够的，还应当从制度建设上着手，加快制定和完善专门针对淮河流域产业发展的立体式税收优惠政策体系，使其形成政策合力。例如，对于科技创新企业发展政策的制定，一方面要增设企业研发投入普惠补助专项，积极寻找能够促进研究生产、科研成果开发的有效措施，引导企业扩大研发规模，聚焦研发投入。另一方面，将政府财力致力于营造优良的创业氛围，构建扩大鼓励创新活动和资源节约行为方面的税收制度，为企业科技创新注入新的动力。具体而言，可以对科技创新企业新买入的研发装备进行加速折旧处理，对研发费用进行加计扣除，设立鼓励技术创新的政府补助项目，吸引其他类型企业转行或资本流入，对该行业企业所持有的按营业收入一定比例以内的固定资产净额，在征收企业所得税时，不超过500万的部分一次性免去；对生物药品制造业等行业企业新购进的固定资产允许加速折旧处理；完善消费税改革，把一部分已经成为日常生活用品的消费品移出征税范围，同时把高污染、高能耗和奢侈品行业企业纳入征收范围；改革完善出口退税制度。

战略性新兴产业是以重大技术突破和重大发展需求为基础，能够对社会经济全局具有重大引领带动作用的产业，代表着未来的市场前景和产业转型的方向，淮河生态经济带在税制改革的过程中，应重视培育战略性新兴产业市场需求的税收制度构建。各地区应根据固有的产业优势，始终坚持厚植优势产业，长期聚焦于需要经验积累和专业知识储备的产业，在核心技术创新方向上保持一定的战略定力。产业集群是战略性新兴产业发展的重要抓手之一，由于经济带的科技创新能力仅处在全国平均水平，需要集全流域的力量搭载多个顶尖的战略性新兴产业集群，在产业集群内部发挥集聚优势，并由此向外渗透扩散，形成全经济带的网络化协同创新。随后针对战略性新兴产业集聚区，甄选出战略性支柱产业集群和战略性新兴产业集群并进行培育。战略性支柱产业集群要突出"稳"，使其成为经济带经济的重要基础和支撑；战略性新兴产业集群要体现"进"，能对经济带经济发展具有重大引领带动作用。注重把先进制造业集群发展与提高对外开放水平结合起来，继续吸引外资企业加入经济带先进制造业集群，推动我国制造业更多融入国际产业链，鼓励发展具有国际竞争力的大企业集团，加快培育经济带的跨国公司和国际知名品牌。发展战略性新兴产业，要注意吸取传统产业甚至个别新兴产业过于追求速度和规模而出现产能过剩、发展效益差的教训，避免同质化无序竞争的低水平重复建设。强化统筹规划，突出区域现实条件和潜在优势进行错位发展，优化产业结构和空间布局，构建完整产业链条，实现各环节平衡协调发展。深化财税体制改革，完善绩效考核机制，健全投资约束机制和责任追究机制，发挥监察和社会各界监督作用，引导地方政府和企业理性投资，纠正一些地方政府不当干预微观经济的行为，促进战略性新兴产业健康发展。

三、建立区域经济协调发展的财税协调机制

目前淮河流域专项资金存在分散不均的现象，其扶持资金规模大到亿万级别，但也有小到百万元上下，每个专项投资的设立标准都有差异，由不同的部门根据不同的管理方式进行监管，没有统一的规定和控制，不仅无法做

到真正的整合管制，还容易出现虚报现象。基于此，经济带应搭建财税制度反馈机制，成立专门处理财税政策执行的协调机构，负责解决政府专门资金分配的有关争议和问题。促进经济协调发展的财税协调机制应包括财税分享机制、财税补偿机制、财税优惠机制、国家直投机制和信息共享机制等方面。

创新税收征管的运行模式，建立税收协同联动机制。经济带应安排财税部门和财税利益相关工商部门，专门进行财税协调措施保障的有关研究、规划、落地和监督管制等工作，成立财税协调组织。积极探索横向财政转移支付体系，克服横向一体化在产业规划、公共卫生、城乡融合、生态环境规制等统筹全局发展方面存在的财税困难，用大刀阔斧的改革实践支撑起区域经济协调发展的新型财政分摊制度。经济带内各省应当依据各自在资源、资本、劳动力等方面形成的比较优势，通过政府的财税政策介入，把多核心之间相关支援的形式作为实现横向财政分摊的主要途径。为推动经济开放区建设，向国家申请试点征收环境保护税，把这批新增的税收经费转移至财税调节资金，用于经济带一体化过程中工业区迁移规划、鼓励环保行业发展、环保施工补偿等生态环保工程支出，实行区域政府统一支付制度。规定政府可优先采购有利于推进一体化建设的特定产品和服务实施，建立税收征管服务协作制度。在必要的情况下，各方根据需要相互提供跨市经营纳税人的有关征管资料，定期交换与税收管理有关的政务信息及有关的经济税收数据。加强跨市纳税人的税务登记管理，及时向企业外出经营目的地税务机关提供外出经营企业名单。交流纳税服务方面的经验和做法，相互提供纳税服务支持，不断提高纳税服务水平。实施税务稽查协作，建立经常性稽查情况通报制度和案件协查制度，对跨市税务案件进行联合稽查。

建立税收利益协调制度，要求各方协议承诺不重复征税、不擅自减免税。不出台和实施任何与税收法律、法规及国家有关政策相违背的单方面税收优惠措施。各方可以互派观察员，就税收执法和税收政策落实情况进行观察，并提出建议。建立税务争端仲裁机制，对税款征收、税收政策落实等方面出现的矛盾和问题进行协调处理。及时纠正和杜绝恶性税收竞争。防止税收流失，避免市场扭曲。各方可共同建议中央和省政府制定区域经济协作投资的税收分配政策，推进税收一体化改革。建立税收利益共享机制，建立财政税收科研协作制度，加强各地财政、税收研究会和税收科研机构的合作交流，推进财政税收理论研究，促进财政税收科学的繁荣与发展。每年就区域内财政税收工作中的重大问题联合开展调研，召开财政税收专题研讨会，为不断完善经济合作区域的财政税收政策提供理论支持，加强示范区财税协调机制法治建设。示范区财税协调机制应提交市一级人民代表大会审查批准，使其成为地方性法规，提高权威性、有效性和稳定性，确保财税协调机制功能的有效发挥。总之，经济带内各省域应建立以税收征管协作、税务稽查合作、税收争端解决和税收信息资源共享为主要功能的平台，统一税收征管制度、改革资源税，建立财政补偿机制、税收利益协调保障等为主要内容的税收协调机制，以纠正和杜绝恶性税收竞争，促成经济带早日建成。

四、优化税收征管业务流程

税收征管是税务部门根据有关法律法规的规定，对税收进行的征收、管理和检查等一系列活动的总称。2018 年 3 月，中共中央正式决定将省级及以下的国地税进行机构合并，从制度上优化了我国的税收征管体制，初步解决了机构重复设置的问题。但合并后的新机构系统性的运行时间还较短，存在的问题较多，特别是税收征管业务流程仍未理顺。鉴于经济带跨多个省域的复杂性，在现有流程下纳税人与税务部门接触点较多，纳税服务职能体现不明显，同时纳税人税法遵从度较低，加大了税收征管的难度，使得淮河流域的税收征管业务流程难以严格开展，税款流失严重。沿淮地区税务局应以纳税满意度为优化的出发点，坚持流程导向原则，提高税收征管效率，强化监督制约，以信息化技术手段为依托，重建符合税收信息化的管理规律的主流程，最终实现面向纳税人的流程优化、持续优化的动态管理。

优化征管结构，健全司法保障。制定严明的法律规定，以律法的形式进一步明确征纳主体权责关系，增强市场主体和纳税人的权责意识。在税收征管中对纳税人进行诚信推定，对违反法律及税收管理规定的纳税人严加惩处，以律法落实信用体系建设，减少对纳税事项的层层审批。提高纳税自主性，由纳税人诚信纳税，以此推动"放管服"改革逐步深化，达到精简业务流程、简化报送资料、优化纳税服务的目的。税务部门处理好管理和服务的关系，履行好管理和服务的双重职责，以服务者的视角设计税收征管业务流程，管理者把关好业务流程的可行性及合理性。鉴于当前税务机关征管力量不能满足纳税户迅猛增长的需求，在组织机构的设置上可以参考国外税收制度发达的国家的三级税收管理模式，建立扁平式的组织管理结构，把州市层级的职能分解到省级和县区一级，把税务系统现行的总局—省局—州市局—县区局的四级机构设置模式，缩减成总局—省局—县区局三个管理层级。另外，扩大县区一级的基层公务员的招录比例，优先解决基层人员紧缺的困难，解决基层缺乏综合型专业人才的困境。

强化顶层设计，提供技术支持。数据集中度不高是当前业务流程优化的关键问题。在信息化高速发展的今天，强化税收信息化建设的顶层设计，按照全国"一盘棋"的思想统一开发，不断优化全国共用的税务征管信息系统，强化税收数据监管体系的建设，逐步实现税收信息数据的集中归口管理，为展开业务流程标准化建设提供有效技术支持，依托现代化信息手段，逐步促成数据在总局和省局层面的集中、统一处理。构建统一平台继续拓展完善金税三期系统工程，解决税务部门操作系统多、数据分散的问题。当前我国税务部门都使用金税三期系统，但是未实现全国联网，各省信息系统相互独立，对跨区域经营纳税人的管理存在较多不便，建议金税三期系统全国联网，在税务系统内部开放全国综合查询权限，共享纳税人基础涉税信息，逐步有序展开全国通办业务，减少因信息掌握不全而需要纳税人多次反复提交基础材料的行为。

推动跨部门协作升级，完善业务流程制度。要不断整合简化业务流程，统一处罚标准，在各省内扩大通办的业务范围，让纳税人可以就近办理发票申领和代开、税务登记信息变更、纳税申报缴税等基础事项，有效减轻纳税人的负担。另外，在市级层面要进一步拓展社会信息共享，开通税务和财政、银行、公安、不动产登记中心及车辆管理部门，税务和医疗保障及社会保险等部门的信息共享渠道。加快政府各部门信息网络连接和数据交换，从技术层面解决操作软件不兼容的问题，实现信息的一次采集、多方共享的理想状态，为税收征管业务流程优化提供数据支撑。在税务机关内部构建良性运行机制，以制度保障征管业务流程优化方案得以顺利实施。不断强化管理手段，创新管理机制，从制度上保证税收征管业务流程优化的内外部环境，认真贯彻落实税收岗位目标管理责任制和税收执法责任制，强化各业务流程环节的配合与监督制约机制，健全和完善业务流程运行保障制度，做好应急预案和措施，健全和完善业务流程以及网络安全制度。以制度落实监管体系建设，以制度明确税收征管业务流程主责人及各环节权责，确保有人或有部门对业务流程的时效性和完整性负总责。

第三节　促进现代产业发展政策

产业政策是政府为了达到相应的经济和产业发展目标，针对产业活动进行干预控制而采用的各项政策的总称，借助于政府宏观调控或依据法律规定，鼓励企业进行生产经营或投资于某一指定行业的行为。产业政策能够对经济运行产生显而易见的成效，因而如何积极干预产业发展成为各个国家产业政策制定的关键。当前的产业政策，大方向是可持续发展、均衡发展以及技术创新体系建设。单独实施一种产业政策，通常会伴随经济增速过快、经济过度膨胀，产生资源不合理利用、环境破坏、持续性增长疲软以及技术专利受限的困境，同时由于政策重心的非均衡性，导致区域间经济发展不平衡、外部性问题失灵，使得各地资源配置难以协调，收入分配不均引起的贫富差距扩大，导致地方与中央、地方与地方乃至人民与政府之间产生巨大矛盾，因此需要多种产业政策共同实施。

21世纪以来，我国先后落实了西部大开发、中部崛起、东北老工业基地振兴等区域产业政策，为各地的现代产业发展出谋划策，旨在布局对各个区域的统筹规划，达成对各种所有制的中外企业一视同仁。各地方的产业方针从点、线至面的模式逐步向多点开花的形式转变，并与可持续发展基本国策相辅相成，在产业政策的制定过程中突出循环经济。为此，国家实施了相应多领域的产业措施，如河流洼地的治理、退耕还湖还林、农民问题、环境体系评价、严格审批土地制度等，将产业政策从行政干预转为法律保护。政府也逐渐开始从直接的经济行为过渡到提供公共物品的转变。伴随着我国加入WTO，面对技术知识产权约束的困境，制定了自主知识产权与创新发展战略，引导各地的产业政策方向，资本市场管制逐步放开。

目前，淮河流域主要区域依托各自的比较优势进行专业化分工，其产业布局的轮廓逐步明晰，在空间上已经形成三大产业带的雏形。一是特色农产品与食品加工产业带。淮河流域是我国粮食主产区，具备发展现代农业生产基地的良好基础，农副食品加工业、食品制造业已经成为盐城、淮安、蚌埠、信阳的优势产业部门。二是盐煤碱化工——新材料产业带。淮河流域蕴藏丰富的煤炭、碱、盐资源以及区域性油、天然气等特色资源，淮安、淮南、蚌埠、盐城已初步形成特色非石油路线的烯烃产业集群，淮安、蚌埠、信阳依托化工、凹土、硅基等资源优势逐渐成为国家重要的新材料生产基地。三是现代制造业产业带，盐城、淮安、蚌埠、信阳等市依托各级各类产业园区承接了一批现代制造业转移，形成了盐城起亚汽车制造、淮安特钢与电子信息、蚌埠电子信息设备制造与信息服务、信阳船舶制造与电子信息等具有重要影响力的产业集群和一批具有核心竞争力的龙头企业。总体而言，淮河生态经济带的主要区域由于地理空间上具有高度的邻近性，经济发展具有很强的相似性，产业同构现象较为明显，但总体的经济带产业发展受到诸多方面的制约。

第一，经济带经济发展水平总体落后，带动经济的产业发展层次较低，缺少国家级战略支撑。众所周知，规划中的经济带为我国各类高层次战略辐射的空白区或边缘区，其西北有国家级中原经济区发展战略，北有东陇海经济带的江苏省级战略，东有国家级江苏沿海经济发展战略，南有国家级皖江城市带承接产业转移示范区和长三角区域一体化战略，故而政策扶持发展的力度远远不如那些战略核心区域。同时，由于经济发展基础相对薄弱，加之缺乏跨行政区的协调体制机制，因此，无论是自主发展能力还是协同崛起能力都明显不足，这与旨在追求生态文明与社会经济协同发展，实现淮河上中下游区域协调发展的淮河生态经济带建设的战略目标相差甚远，这也成为淮河生态经济带建设面临的首要战略问题。第二，产业同构现象明显，产业链协同能力不足。资源是产业发展的基础，但对照各区域的优势资源发现，它们并未得到充分利用，多数优势资源也未能发展成为优势产业。如前所述，经济带主要区域的优势产业较为相似，如金属制品、机械和设备修理业，皮革、毛皮、羽毛及其制品，农副食品加工业，纺织服装、鞋、帽制造业等，产业同构现象较为明显。而产业同构又使得经济带内各区域之间无法形成合理的产业链条，加之相关区域的优势资源种类不尽相同，依托资源比较优势而发展的产业在短时间内难以形成紧密的分工协作关系。第三，轴线发展不平衡，缺乏带动经济带发展的增长极。总体上，沿淮地区相对于沿江地区和沿亚欧大陆桥地区而言，明显缺乏东西流向的重大联系通道，无论是公路、铁路还是水运通道，都显得支离破碎甚至缺失。因此，淮河生态经济带中的产业经济联系多是南北向联系，淮河上中下游之间的东西向社会经济联系非常薄弱。目前，淮河干流除苏北灌溉总渠、入海水道具备一级航道的条件外，其余河段的通航水平普遍在三至五级，打造"淮河黄金水道"的目标任重道远。其次，陇海发展轴线的经济发展水平由东向西总体呈递减态势，又因其空间位置偏北，对广大中南部地区的带动作用不强，削弱了其对整个经济带的辐射力与聚集力。此外，经济带也缺乏足以带动全流域参与全国、全球分工与竞业结构水平的能力，在科技实力等方面都弱于长三角、珠三角地区，辐射力较小，加上其位置偏于西北，限制了其引领作用。流域内的其他节点城市，也都不足以构成区域经济的增长极。

经济带本身矿产资源丰富，工业基础较好，发展空间巨大。经济带应当充分利用淮河流域资源禀赋，发扬淮河流域的特色和优势，承接国内外产业转移，提升自主创新能力，形成以新型化工业、新能源产业、新材料产业、海洋产业、现代制造业、现代服务业、现代农业为主体的产业群和完善的产业支撑体系，构筑起配置合理、功能协调、相对集中的特色产业基地空间发展格局，建立起结构优化、技术先进、清洁安全、附加值高、吸纳就业能力强的现代产业体系，产业整体竞争力达到国内先进行列。促进现代产业发展战略，贯彻落实科学发展观，围绕全面促进淮河流域协调发展的总体目标要求，立足于坚定不移深化供给侧结构性改革，加快培育发展新动能，在加强生态环境保护的前提下，立足各地产业基础和比较优势，引导产业集中布局，深化产业分工合作，推进大众创业、万众创新，提高协同创新能力，因地制宜发展壮大特色优势产业，加快构建现代化产业体系。

一、明确传统产业发展思路

一直以来，许多民众、学者甚至政府官员在有关传统行业的讨论往往会陷入一个误区，认为传统行业是低效率、落伍的低价值产业，伴随着时间推移终将被现代产业所淘汰。因此在构思传统行业的发展路径之前，我们首先要明确一点，传统产业并不等于夕阳产业，而是相对于电子信息、通信技术、生物工程、新材料、新能源等现代产业而言，在时间轴上较早兴起的一批产业，比如食品、冶金、建材、纺织、机械、化工等产业。不同的国家和地区，经济发展的水平和阶段不同，其国民经济所依托的支柱产业也不尽相同。传统产业的企业尽管在市盈率、资本回报率等财务指标上不如现代产业的企业吸引眼球，但同样能够发挥中流砥柱的作用，成为长期稳定的经济增长点。传统产业应用的大多是成熟技术和设备，产品的生命周期也相对较长，企业在发展模式上除了要不断追求技术进步之外，还要走集约化发展之路，靠扩大生产规模取胜。也只有把企业生产规模做大了，经济带劳动力成本低、农产品资源丰富等优势才能发挥出来，企业规模越大，经济带的比较优势就越突出。经济带正处于工业化中期阶段，有一定的传统工业基础，对能源原材料的需求增长较快，有着广阔的市场空间，人力资本优势明显，具备将企业做大做强的实力，是经济带传统产业发展的优势所在。笔者认为，优势传统产业的发展思路是：利用高新技术，提高生产能力和生产效率，提高区域创新能力建设；依托资源禀赋，实现集中规模化发展；充分发挥比较优势，集合优势资源发展优势产业。要不断学习高水平的经营管理经验，招纳优秀的科技人才，提高产业发展的质量和效益，变传统优势产业为现代优势产业，达成做大和做强的双重目标，加快沿淮各省从工业大省向工业强省的转变。因此，我们要坚定发展传统产业的信心，理清传统产业的发展思路。

要与时俱进，把高新技术融入传统产业，实现产业优化升级。在食品、化工、机械、纺织等产业还有许多技术并没有突破，应用高科技改造提升传统产业的发展空间很大。经济带应搭建针对传统行业的创新平台，推动区域创新能力的建设；深化科技管理体制改革和机制创新，推动科研与生产深度结合，形成以企业为主体、以市场为导向、以高校和科研院所为依托、产学研相结合的科技创新体系。结合芜蚌试验区建设，把增强自主创新能力作为发展的主战略，加大科技投入，大力提高原始创新能力、集成创新能力和引进消化吸收再创新能力，促使产业发展由主要依靠资金和物质要素投入带动向主要依靠科技进步和人力资本带动转变。支持企业瞄准行业先进水平推进新一轮技术改造升级，全面提高产业技术、工艺装备、产品质量、能效环保等水平，加快推广和应用新一代信息技术，促进工业化和信息化融合发展，培育一批具有创新能力的排头兵企业。围绕汽车、机械制造、钢铁和有色金属加工、石化、水泥、纺织服装、农副产品加工等传统产业，加快构建和完善公共技术服务平台和体系，建立一批省级以上工程技术中心、重点工程实验室和企业技术中心；鼓励企业加大研发投入，发展自主研发的核心技术，积极申报新材料、新工艺发明专利，提高企业竞争力。

群英荟萃，构建创新集聚区，引导高端先进的主导产业进行集聚。近年来经济带传统产业的发展瓶颈日益显现，经济带的制造业若想要在新一轮的竞争中获胜，必须准确把握新形势下对经济带传统产业的新定位。通过产业集聚来壮大先进传统制造业，打造具有特色的先进制造业聚集区，为创新基地建设奠基。根据各省市政府工作报告和国家关于淮河流域先进制造研发基地建设的指示，结合经济带发展现状，建设一批先进制造业集聚区。这批先进制造业集聚区以各省市工业示范区为载体，打造创新能力强、品牌化、竞争优势明显、节能环保的产业集群，例如，推动徐州、淮安、盐城、临沂、济宁、枣庄、蚌埠等市通过产业链协同、专业化整合，打造世界级工程机械产业集群，培育新型农机、石化装备、纺织机械、矿山机械等产业集群。加快推进产业园、产业集聚区、产业链、产业合作平台对制造业的吸引力，并将高新技术在集聚区内推广，积极培育一批龙头企业，打造创新集聚区、产业集聚先导区、转型升级引领区、开放创新示范区，例如以盐城乘用车制造基地为龙头，联合有关地区发展新能源汽车、专用车，打造沿淮汽车产业走廊。创新集聚区是经济带传统产业技术创新体系的关键节点，是共性技术创新任务的重要承担者，是促进企业技术创新、整合创新资源的重要平台。通过专利保护、知识产权市场交易等方式，加大共性技术研发与企业之间的利益结合度，使创新集聚区能够发挥好技术创造、扩散和协调三大功能，促进产学研之间的紧密结合，降低企业技术创新的风险和成本，提升技术创新的能力。

扬长避短，打造淮河流域特色产业基地。火炬计划是一项发展中国高新技术产业的指导性规划，于1988年8月由中国政府批准，由科学技术部（原国家科委）组织落实，其宗旨在于贯彻执行科教兴国战略，发挥我国科技力量的优势和潜力，以市场为导向，促进高新技术成果商品化、高新技术商品产业化和高新技术产业国际化。发展特色产业基地的目的在于促进国家科技部门与地方政府的协作，进一步夯实火炬计划在高新技术产业引领的示范地位，集合社会各界力量，借助优势资源，发展区域优势产业。区域特色产业基地是培育区域支柱性产业的先导区、示范区和辐射区，是带动区域经济发展的火车头。目前，经济带特色产业基地突出体现为产业聚集或资源集中，尚未完全形成依托内部网络联动的产业集群，其区域独特的产业格局已有雏形，但总体产业基地"特色"不明显，集群内缺乏核心的龙头企业或缺少有较大品牌知名度和全国影响力的企业，区域的特色优势并没有完全转化为区域经济竞争优势。对此，应加强对基地创新发展的指导，在产业布局、研发创新、平台建设等方面进行整体规划部署，依托特色产业基地推动食品加工、纺织、造船等优势传统行业的发展，成为行业佼佼者。具体来说，蚌埠市的食品加工产业，应紧密联系上下游产业链，实施"绿色驱动、品牌带动、科技推动、开放拉动"四大战略，推动农业产业化发展，打造全国重要的生态食品加工基地，以及一批肉类果蔬深加工基地、食品和农副产品加工基地等。以市场需求为导向，着力调整优化产业结构，努力提高终端食品比重，加快推进农业产业化，打造全国重要的食品加工基地。鼓励企业引进先进适用的生产加工设备，改造升级贮藏、保鲜、烘干、清选分级、包装等装备。大力发展农产品精深加工，延长产业链条，提高产品附加值。针对六安市的纺织产业，依托现有纺织基础，积极承接沿海纺织产业整体转移，完善产业链条，加快产业集聚步伐，培育自主品牌，形成若干龙头企业及一批主业突出的特色产业集群。大力推进"四化"，即棉纺"精细化"、服装鞋帽"品牌化"、产业用纺织品"特色化"、家用纺织品"配套化"，提升产业整体竞争力。为实现造船业从传统制造业向现代工业的跨越式发展，应围绕"产业化发展、集团化运营、园区化管理、社会化服务"的目标，进一步优化流域内造船产业布局，提高自主创新能力，加快推进产品升级，建立完备高效的现代制造业体系。强化流域内造船产业基础和优势，加快推进船舶制造特色产业基地建设。依托淮滨县现有的淮河流域最大滩涂造船基地，充分发挥在中小型货船制造领域的优势，打造淮河流域最大、技术最先进的中小型船舶制造中心和全国中小型船舶制造基地。

运筹帷幄，把高水平的经营管理和科技人才融入传统产业。支持企业培养、引进具有国内外一流经营管理水平的企业家和具有产业前沿水平的学科带头人，增强企业的发展动力。因为企业发展单靠劳动力成本低的优势是不会长久的，支撑企业长久发展的力量是人才、技术和效率。通过人才集聚、科技集聚、政策集聚构建与之相适应的创新引导体系和人才支撑体系；加大队伍建设力度，保证创新驱动的源泉不断，打造传统产业发展新引擎，从产业需求出发集聚创新人才；鼓励引进海外高层次人才加入先进制造业中来；完善人才激励体系；营造创新氛围，为创新驱动构建环境，全方位、大力促进创新，对创新成果加以推广应用，完善创新体系。围绕产业需求，建立多层次人才培养体系。选拔重点企业的经营管理人员到发达国家和地区考察学习，掌握传统产业发展的最新动向，培养一批国际战略眼光高、开拓创新意识强、经营管理水平高的顶尖级企业家。利用经济带高校资源，加大高校传统产业学科建设和人才培养力度，多渠道培养能够满足产业发展需求的创新型高级人才；大力支持和发展中高等职业教育和企业职工的职业培训，为传统产业的改造培养一大批高素质的生产一线技术人才；加强企业与高校、研究机构、著名跨国公司的合作，培养重点产业领域的复合型、高技能人才。

二、制定现代产业发展路径

现代产业关系到国民经济社会发展和产业结构优化升级，具有全局性、长远性、导向性和动态性特征的产业，与传统产业相比，具有高技术含量、高附加值、资源集约等特点，也是促使国民经济和企业发展走上创新驱动、内生增长轨道的根本途径。在以政府为主导、充分发挥市场作用的要求下，关于如何选择对现代产业进行政策扶持的问题，从市场的角度来说，怎样解决当前市场需求不足的问题，是保证现代产业发展壮大所必须要跨越的障碍；

从政府的角度来说，在经济增长、民生保障等都要求以政府的财政能力为保障的基础上，仅凭现有的财政状况，抽出较大数额资金为现代产业保持高水平的财政投入是难以实现的。因此，要实现现代产业的长远发展，就要明确思路，致力于在这两个约束下解决产业发展过程中存在的问题。确定各地区优先发展的产业及扶持顺序。对于淮河流域来讲，在当前财政约束与需求约束下，很难同时加大对所有类别现代产业发展的财政扶持力度，因此，在众多类别现代产业中，科学制定现代产业的发展路径非常重要，只有合理规划了最适合经济带发展的路径，才能实现跨越式发展，否则就可能贻误最佳的发展时机。

立足于现代科技，将企业创新作为现代产业发展的主线。现代产业发展与传统产业发展的最大区别在于前者是现代科技前沿成果与产业的融合，后者是既有成熟技术与产业的融合。现代产业的实质是现代科技，没有科技创新就没有现代产业，每一项新技术都会催生一个新的产业。长期以来，政府在鼓励企业创新方面始终发挥着至关重要的作用，尽管企业应成为技术创新活动的主体的口号早已提出，但始终得不到真正落实。要使这种现状得到改观，经济带应加快推动科研体制改革，完善产、学、研合作机制，引导科研力量更多地流向企业，用密切合作的渠道和机制，推动产业发展主体与科技资源研发主体的结合，促进产业链与创新链有效对接，在关键技术、共性技术等领域进行协同创新，着力突破产业发展的技术瓶颈。政府制定的产业总体规划应突出方向性和指导性，着力发挥企业的创新想象空间。鼓励并支持大型企业建立技术中心等研发机构，发挥大型企业的研究优势，鼓励其瞄准产业前沿水平来培育核心技术能力；鼓励中小型企业积极进行应用性创新，作为核心技术的补充。着力形成大中小企业优势互补、协调发展的产业创新体系。

立足于资源禀赋，坚持走特色新型工业化道路。因地制宜，充分利用淮河流域丰富的盐卤、天然碱、钼矿、铁精矿、凹土、石英石、新能源等重要经济资源以及区域性成品油、天然气、煤炭中转储配基地，围绕国民经济和社会发展的重大需求，逐步形成万亿元级国家重要现代化工与新材料基地。一是主要以煤炭、碱、盐为主导，以煤盐碱化工深加工、综合利用和配套产业为补充，建设相对集中、互为补充、协调发展的新型化工产业体系，形成中国特色非石油路线的烯烃产业集群，打造国家重要新型煤盐碱化工产业基地。不断壮大煤盐碱化工支柱产业发展，推动产业结构优化升级，增强产业持续发展能力。大力促进煤化工、盐化工、碱化工的融合发展以及上下游产业的一体化进程，积极发展高端石化产品，加快构建现代化工产业集群，在淮滨、淮南、定远、蚌埠、淮安、滨海、响水打造我国首个非石油路线烯烃产业集群。二是大力发展金属新材料、化工新材料、凹土新材料、硅基新材料，建设具有特色的先进制造业基地。开拓发展新型功能材料、先进结构材料、共性基础材料，重点发展淮安、霍邱金属新材料产业集群，淮安、淮南、信阳、桐柏的化工新材料产业集群，盱眙、明光凹土新材料产业集群，蚌埠、凤阳硅基新材料产业集群，打造若干个万亿元级、千亿元级特色新材料产业基地。三是加快盐城千万千瓦级风电产业基地建设。把风电产业列入国家现代产业区域集聚发展试点，加快"风电水""风光气""风电车"综合开发利用步伐，积极探索建设 2000 万 ~4000 万千瓦大规模海上风电，为淮河流域发展中国特色非石油路线的烯烃产业集群、打造国家重要新型绿色煤盐碱化工产业基地发挥重要作用。四是依托淮河流域丰富的生物资源优势，加快生物质能利用，建设并形成国家级生物质能利用示范区。把生物质能利用和环境保护、新农村建设结合起来，有序推进秸秆资源化利用，在城镇积极推广秸秆焚烧发电项目，加快固始、潢川、涟水、淮阴、盱眙、霍邱、寿县等地生物质发电项目建设，进一步扩大生物质发电规模。开展生物质固体成形燃料应用示范点建设，促进纤维乙醇、生物柴油等生物质能源的规模化发展，加快实施中粮生化 10 万吨秸秆乙醇规模化生产项目、金寨 30 万吨生物质柴油项目。五是利用万佛湖、瘦西湖、嵖岈山、尧山等国家 5A 级自然景区，促进旅游业联动发展。成立旅游发展战略联盟，合作开发特色旅游产品，共同推出若干精品旅游线路，进一步提升淮河旅游的知名度和影响力。完善旅游服务设施，提升旅游接待服务、组织管理水平。以企业为主体，以"互联网 +"为重要手段，积极发展生态旅游、文化旅游、红色旅游、工业旅游、休闲体验旅游、乡村旅游，支持旅游业与文化创意、体育健康、美食购物、休闲娱乐等业态融合发展。大力推动旅游产品和服务的信息化、数字化，共同搭建旅游信息服务平台和电子商务平台，促进信息共享、营销合作、客源互送，构建无障碍旅游环境。鼓励具备条件的地区积极创建全域旅游示范区、旅游业改革创新先行区，建设全国重要旅游目的地。

立足于市场需求，确定产业发展顺序。从全流域来看，对新能源、节能环保、新能源汽车等重点产业的选择，就是秉承着"产品要有稳定并有发展前景的市场需求、要有良好的经济技术效益、要能带动一批产业的兴起"原则进行的。但对地方而言，由于经济带发展不均衡，各个地区之间资源禀赋、发展水平、产业结构都具有较大差距，所以，各地区在现代产业中选择优先发展领域并不能千篇一律，更要结合不同地区的具体情况，赋予地方较大的自主权，以部署符合地区长远利益的发展战略。具体来说，一是充分利用区域比较优势，如皖北地区具有装备制造业基础雄厚的优势，所以应将高端装备制造业作为发展重点，而生物多样化的地区则应侧重发展生物技术；二是产业应具有长期稳定而又广阔的国内外市场需求或前景；三是产业关联准则，即重点发展的产业要具有很强的带动性，能够带动一批相关及配套产业。基于上述几点发展原则，才能从诸多现代产业中选择应优先扶持的产业，并确定产业发展顺序。从长期来看，单靠政府投资是不足以支撑现代产业长久发展的，任何一个成熟产业都必须以市场需求为基础。所以，政府不仅应从产业政策上引导相关产业做大做强，同时还需要注重这些产业新产品的市场培育。更进一步地，还需在地方具有较大自主权的基础上，完善市场培育的激励机制。根据市场供需状况，优先保障生产要素供给，支持优势现代产业集群发展。为了充分发挥现代产业有效促进转型升级的积极作用，经济带内各省城要优先保障现代产业重点企业发展用地、生产用电等生产要素的供给。集中统筹使用财政资金，分阶段、分层次集中突破这些制约产业发展的关键技术和薄弱环节。

立足于长远发展，科学确立发展方向。现代产业发展不仅对短期经济增长具有明显促进作用，同时在市场、产品、技术、就业、效率等方面具有巨大的增长潜力，而且这种潜力对于经济社会发展的贡献是长期的、可持续的。目前，经济带现代产业多处于发展的起步阶段，虽然市场潜力巨大，但其成果的转化、对经济的直接带动仍需时日。因此，在产业逐渐发展壮大期间，仍要注重经济的平稳增长，这就要求从宏观上不仅要保证总需求的稳定，还需维持整个经济体的均衡运行。

简言之，即立足于可持续发展的产业政策并不能忽略短期经济发展的要求。在产业结构调整过程中，这种政策思路一方面体现在现代产业发展顺序与主导产业选择上，应根据发展潜力与成果转化时间合理安排产业发展的优先级。着力发展具有较强自主创新能力的先导产业，培育一批具有较强市场竞争力的品牌产品，打造一批经营能力强的龙头企业，形成一批现代产业集群，才能在产业结构转型期间继续保持经济发展的良好态势。另一方面，它还体现在现代产业与传统产业的关系上，即使现代产业具有良好的发展前景，也不能忽略了对传统产业的投入和支持。各地区都应把握好政府扶持资金在现代产业与传统产业之间的合理分配，并形成长期合理的统筹规划。从实际出发确立现代产业发展目标培育和发展现代产业应注重的两个着眼点：一是要以生态经济和知识经济为着眼点，应用创新技术、创新创意与创新机制，通过新的经济模式与产业模式，实现经济的可持续发展；二是要以就业经济为着眼点，以创新带动劳动者广泛就业，让技术进步和科学发展带来的成果惠及人民群众，从而促进整体经济社会水平的提高。

发展现代产业可以起步于某些传统加工业，但不能停留在原有产业的加工生产环节。要利用自己的产业优势、资源优势，把产业的内涵外延做深、做透。加快产业链向高端延伸，向外延伸，向服务延伸，逐步确立产业高端上的国际竞争优势；准确把握国际产业发展趋势，坚持有所为有所不为，科学选择体现地方特色、具有率先突破优势的领域作为重点来推进；注重当前与长远目标的结合。按照有利于当前巩固经济回升基础、长远实现可持续发展的要求，科学确定好近期、中期、远期发展目标和重点领域，避免同质化竞争和重复投资。要加强顶层设计，围绕经济带一盘棋进行现代产业的科学布局。各地区可以结合自己的产业基础、自然资源、科技实力、人文环境和发展优势等，扬长避短，因地制宜地部署现代产业发展的重点。

三、促进传统产业与现代产业协调发展

回顾西方发达国家的产业发展历程我们可以发现，现代产业的培育发展

与传统产业的转型升级是相辅相成的。现代产业的培育发展必须依赖于传统产业的基础支撑，传统产业的转型升级也需要现代产业的辐射带动，促进两类产业的互动协调发展是实现产业升级的务实选择。在积极培育发展现代产业的同时，必须处理好现代产业与传统产业之间的关系。为促进两者关联发展，必须以传统产业为基础规划现代产业，积极利用新一代信息技术优化产业结构，促进关联产业的集聚发展，多角度促进两类产业互动关联，大力发展生产性服务业，为产业转型升级提供支撑。为提升两类产业的协调耦合度，应当淘汰传统产业落后产能，积极对接现代产业；建立健全产业创新体系，提升产业整体创新水平；加强专业技术人才培养；完善基础设施建设；深化开放合作；改善政策支持环境，完善产业发展体制。

淮河生态经济带现代产业起步较晚，使得现代产业与传统产业的关联程度仍较低。发展现代产业不能脱离现有产业，而应利用技术、产业链和市场角度促进与传统产业的互动关联，改造和提升传统产业。以现代产业的现代技术作为助推传统产业转型升级的引擎，加大新技术、新材料、新装备、新工艺在传统产业领域的示范推广力度。对于那些能够促进现代技术应用的传统产业改造项目应给予大力支持，鼓励传统企业在生产过程中使用新能源、节能环保、新一代信息技术等相关先进技术和产品。在推广应用方面可以考虑使用贴息贷款、税收优惠或者是直接财政补贴的方式。充分利用现代产业的强关联效应，提高传统产业的技术创新能力，带动传统产业的发展。有些现代产业和传统产业可能处于同一个产业链上，相互支撑、相互影响，只有两者共同发展，才能建立起竞争优势。此外，应鼓励传统优势企业延伸产业链进入现代产业，例如，化工企业由生产传统化工材料升级为生产高附加值的新材料，汽车企业由传统汽车向新能源汽车方向发展等。此外，传统企业要努力成为现代产业的重要供应商，经过多年的发展，传统产业已经形成了成熟的市场营销渠道，现代产业的新技术、新产品要积极借助传统产业这一优势为其开拓市场空间。很多现代产业的产品是对传统产业产品的一种改进、替代或互补，有共同的消费市场。

把握传统产业转移趋势，实现错位发展。科学理性地承接传统产业转移，赶走"坏"的企业，主要是要淘汰不符合"科技含量高、经济效益好、资源消耗低、环境污染少"的新型工业化要求的设备、生产工艺和产品。淘汰落后产能对于提高产业集中度、产业生产效率、产业的整体技术水平和优化产业组织结构具有积极的意义。

当前，经济带多数传统产业存在产能过剩的现象，钢铁、水泥、有色、纺织等行业尤为突出。淘汰落后产能和治理产能过剩将深入影响上述这些传统产业的结构调整方向，优化这些产业的组织结构，提高这些产业的生产效率，为发展先进产能腾出空间。为此，传统产业要积极对接现代产业，以此拓展价值增值的新路径。传统产业应积极探索对接现代产业的最佳方式，用新技术、新设备、新工艺、新材料改造产品开发、工艺流程、市场营销和企业管理等环节，从而挤进价值链高端领域。请进"好"的企业，从而带来资本，完善本地区产业配套能力，促进本地区产业结构升级，是承接传统产业转移的主要目的，而并不是将发达地区高能耗、高排放、高污染的传统企业或技术落后、遭淘汰的企业不分"好坏"地容纳。对于这些"好"的传统企业，政府要在信息方面做好摸底工作，要为当地企业做好参谋，给这些企业提供最好的优惠政策。

此外，现代服务业的发展能够提供传统产业的产品销售渠道，提升产品的售后服务，减少传统产业的后顾之忧，应支持加快发展现代服务业，推动产业结构向高端、高效、高附加值转变；鼓励河南省推进"数字河南产业"、安徽省落实"'皖'美创新"，加快发展高新技术产业和先进制造业，推动发展生产性服务业；引导各省中小城市完善基础设施，通过承接产业转移发展与其资源环境承载力相适应的劳动密集型产业。

现代产业的发展离不开传统产业在技术积累、制造能力、产业组织等方面的支撑，脱离了这些传统产业的支撑，现代产业将会成为无源之水、无本之木。自经济带将新能源等六大产业确定为重点扶持的现代产业以来，在政策鼓励下，各地政府纷纷抢先布局现代产业，加大招商引资的优惠力度，打造现代产业基地。经济带在发展现代产业时，应在主体功能区规划的基础上，根据不同区域的要素禀赋特点，统筹规划现代产业的产业布局、结构调整、发展规模和建设时序，严禁各地以发展现代产业为名搞低水平重复建设，从而能够优化产品结构，缓解产能结构性过剩压力。

各地应在明确现代产业的发展目标、产业布局和指导思想的基础上，构建差别化的发展战略，结合当地的经济发展特色与基础，对现代产业继续深化和细化，找准优先和重点发展领域，避免产业趋同、重复建设和恶性竞争等现象的出现。其中，淮安、信阳、蚌埠作为经济带的核心区域，应考虑在现有基础上，重点培育几个技术先进、具有国际竞争力的现代产业基地。

相比之下，部分地区经济发展水平较低，短期之内并不具备大规模发展现代产业的条件，盲目上马现代产业项目只会造成低端化、产能过剩和资源环境破坏。这些地区的发展重点应是根据自身的要素禀赋优势承接东部地区产业转移，做大做强现有产业，推动产业转型升级。尤其是一些具有资源优势的地区，其产业体系往往是建立在资源优势的基础上，应重点考虑引进先进技术设备，提高资源的利用效率，减少对生态环境的破坏。

四、完善现代产业配套支撑体系

目前淮河生态经济带各地产业之间的关系是竞争大于合作，无序大于有序，各方都有自身的利益诉求、不同的发展策略和产业路径，要实现不同区域产业发展目标的高度协调一致，从根本上来讲就是要打破当前的行政区划和体制机制的障碍，充分发挥市场和政府的双重驱动作用，完善现代产业配套支撑体系。强化宏观指导，适时科学制订产业发展规划和指导意见并动态调整，依据产业结构、产业优势和资源优势，进行资产有效合理配置，促进生态网、产业链的形成和产业融合，使经济带上各市成为相互联系和互动的整体。

改善经济发展环境，为现代产业发展提供良好的基础设施。投资的硬环境包括能源、交通、通信等基础设施，它们不仅是经济发展中不可缺少的外部条件，对现代产业的发展也起到不可忽视的作用。基础设施投资能为现代产业和传统产业的发展创造稳定的市场需求和提供完善的配套服务，从而促进其增强自主发展能力。现代产业在其成长初期会面临市场需求不足或不稳定的问题，合理安排现代产业项目建设的进度，大力提高基础设施建设项目的技术水平，是解决这个问题的有效途径之一。

要保证财政支持资金向农村地区倾斜，缩小地区经济发展差距，改善地区结构和城乡结构。地方政府也要大幅增加促进产业发展的基础设施投资，同时也要吸引更多的社会资本进入基础设施建设领域，达到减轻政府财政负担和规避财政风险的目的。要发挥好社会资本参与基础设施建设的作用，可以从以下几方面着手：将政府投资范围主要限定在社会公益性和非营利性基础设施领域，而经营性和营利性基础设施项目则要向社会资金开放，让企业拥有更多的投资自主权；尽快研究制定社会资本参与基础设施建设的实施细则；进一步拓宽参与基础设施建设的民营企业的融资渠道，允许参与基础设施建设和运营的民营企业发行中长期企业债券和短期融资券，在担保、资产抵押等方面为其创造更好的融资环境。此外，基础设施建设投资也要在加快推进产业结构调整、推进自主创新等方面发挥积极作用。在大型基础设施建设的设备采购中，优先采购那些具有自主知识产权的产品，为其创造良好的市场环境。

进一步拓宽融资渠道。积极争取政策性银行对经济带新兴产业的支持，发挥国家开发银行各省分行的作用，利用政策性信贷资金周期长、利率低的优势，对重大技术创新项目、重大科技专项计划、重点投资、科技型中小企业技术创新等项目给予信贷支持。建立完善政府与商业银行的信息交流平台，加强银企沟通，协调商业银行积极支持新兴产业发展。驻鲁各银行机构要积极争取各总行直接贷款和切块信贷规模，将更多的信贷资源投向新兴产业；积极争取总行放宽信贷审批和业务创新权限，优先审批新兴产业和重点建设项目的融资申请，保障重点产业和项目的信贷需求。

同时，各银行机构要积极发展表外融资业务，综合开展银行承兑汇票、信用证、保函、委托贷款、信托贷款等表外融资业务，不断扩大表外融资规模。积极引导企业利用主板、中小板、创业板及境外资本市场上市融资和再融资；支持符合条件的企业发行企业债、公司债。抓住江苏作为全国首批区域集优债务融资试点省份的机遇，积极推动新兴产业企业发行短期融资券、中期票据和中小企业集合票据，优先开展区域集优债务融资试点，利用银行间市场进行融资。积极吸引民间资本，在规范民间资本健康发展的基础上，引导、鼓励民间资金通过信托、产业基金等渠道参与重大基础设施、重点产业项目和优势产业建设；支持民间资本入股地方金融机构和小额贷款公司、融资性担保公司等地方金融组织，拓宽民间资本投资渠道。

加快推进现代产业基地建设，提升产业信息化、标准化水平。充分发挥创新集聚区在引领现代产业发展，支撑地方经济增长中的集聚、辐射和带动作用，促进现代产业集群发展。瞄准现代产业的技术需求，在有条件的高新区或产业集聚区布局建设一批科技研发平台和产业化基地，大规模布点建设一批科技平台，包括一大批支持现代产业的工程技术研究中心、实验室、技术创新服务平台以及产学研技术创新战略联盟。

在二、三产业中，针对行业发展特征，采用信息化手段和技术，如建立专业性的网站，提供全面充分的消费者信息等。在标准化建设方面，从各行业入手，通过行业协会政府和大型企业合作，制定既有利于行业规范发展，又有利于保护消费者权益的标准，扩大产业的发展市场；大力推动专业数据库共享、信息服务、咨询顾问、技术协作、交叉对接知识设备共享等公共服务平台建设。促进地方政府和高校、科研院所、企业及投资机构共同参与技术创新合作平台建设，服务现代产业企业的共性需求。在建立现代统计制度方面，目前的重点是要建立起高端装备制造业、医疗医药制造、现代物流业、文化产业等重点行业的统计制度。

引导企业加强知识产权保护意识，培育创新文化。及时建立并颁布实施配套法律法规，为经济带的快速发展提供制度保障。国内外经济社会发展变化步伐加快，淮河流域各省城应审时度势，在对五年规划实施进行及时（年度）评估基础上，结合经济社会发展环境变化，及时进行调整并发布，引导行业健康发展。强化知识产权保护意识，注重遵守国际贸易规则知识产权保护是现代产业新技术生长的基础。示范区要加强引导中小企业提升知识产权保护意识，加大专利管理投入，推进专利标准化管理，设立知识产权管理机构。

建立完善的知识产权管理制度。鼓励企业发挥各类创新人才的基础支撑作用，在注重培养技术研发人才的同时，培育使用好一批既熟悉产业政策工具运用，又了解国际贸易规则和相关法律的综合性复合人才，从而使示范区内具有国际竞争优势的企业在国际竞争中减少贸易摩擦。提升企业适应和开拓国际市场的能力，精准开拓和有效利用国际市场。引导企业形成激发创新和包容创新失败的文化，在发展现代产业过程中，形成创新氛围和核心竞争能力。

产业创新是技术创新与商业模式创新的有机结合，示范区要注重支持和鼓励企业创造符合现代技术发展规律的商业模式、盈利模式和组织运营模式。特别是区内已经具有一定规模，受国际市场影响较大的光伏产业、装备制造业等领域要积极探索新的商业模式以满足客户需求，适应需求结构的变化。同时，商业模式创新还可以创造新的市场需求，为技术创新提供引领和发展空间，从而有效扩展示范区现代产业的市场空间，带动示范区现代产业良性发展。

完善政绩考评机制，克服地方政府的短期行为。各地政府制定的产业发展规划中出现的不同地区对同一产业重复建设、将部分传统产业"改头换面"之后列入现代产业等问题，折射出地方政府在发展现代产业过程中存在"急功近利"的短期行为，而产生这些现象的一个重要原因是当前政绩考核评价机制过分强调以 GDP 为基础的经济增长速度等硬性指标。

自 1985 年以来，我国用 GDP 指标取代国民生产总值，并作为衡量经济发展的指标之后，GDP 的增长率逐步成为考核任用干部的重要尺度。GDP 指标的引入使得数量化指标成为政绩考核的重要方面，对于促进各级政府官员做好工作、实现经济增长具有积极的意义。但由于 GDP 指标代表的是经济发展数量，无法体现经济增长的质量和效益，也使得我国出现了"高投入、高污染、低产出"的粗放型经济增长模式，并且延续下来，至今仍未完全摆脱这种发展模式。

在发展现代产业过程中，要在建立和完善对现代产业的统计评价体系和制度的基础上，逐步将现代产业发展情况引入到地方政府政绩考核过程中，实现政绩考核评价机制的转型，降低 GDP 增长在干部政绩考核中的比重，要结合现代产业的发展和以人为本、建设和谐社会的发展理念，制定体现科学发展观要求的新评价指标体系，结合经济发展与环境保护、经济发展与促进民生、经济发展与社会管理等方面的情况，引导领导干部树立正确的政绩观，实现现代产业的持续健康发展，有力推动地方经济的发展方式的转变。

第四节　促进农业发展政策

农业政策是指政府为了支持本国农业的发展而采取的以财政补贴为主要手段的政策措施，主要包括农产品的价格支持、贸易支持、基础设施投入，农业保险制度，农林科技教育、服务支出等。伴随着科技水平的快速发展，农业发展也逐步迈入现代化生产运作方式。现代农业以现代科学技术为基础，充分利用了现代工业的成果。现代农业区别于传统农业的关键是有农业科技的参与，而农业科技的提高需要以强大的知识储备作为支撑。

当前我国农业发展取得了举世瞩目的成就，但是从整体水平上看，我国农业发展的科技水平还不高，经营效率还很低，没有从根本上摆脱传统农业的经营模式。由于传统农业向现代农业转变的政策体系严重滞后于现代农业发展的要求，严重制约了现代农业经济的发展，要实现其快速健康发展，就必须依赖政策体系的支撑，构建一个科学、合理、高效的现代农业政策体系，这对于建设现代农业、促进农业发展方式的转变具有重要意义。

近年来，淮河流域粮食主产区在我国的地位不断提升，粮食产量对全国粮食增产的贡献率常年保持在40%以上，粮食生产能力逐步增强。截至2018年，淮河流域的耕地和播种面积占全国的15%左右，粮食总产量占全国的18%，有力地支持了中国现代农业的建设，为国家粮食安全提供了强有力的保障。淮河流域小麦产量常年占全国总产的50%以上，油料、棉花、水稻、大豆、玉米、薯类、肉类、水产等重要农产品产量常年占全国的10%以上。可见，农业在这一地区占有相当重要的位置，农业的现代化和农村的可持续发展是该地区可持续发展战略实施的根本保证和优先领域，同时，对整个地区的社会、经济、环境的协调发展具有重要的战略意义。

然而，随着东北和中部地区粮食产量逐渐占据全国主要市场，同时自身农业基础建设不完善，淮河流域农业发展陷入困境，要全面推行现代化农业生产运作模式，拉动粮食产量快速增长，还存在诸多障碍。首先，该地区农业发展的模式依然没有彻底摆脱封闭的、相对单一的、粗放落后的传统生产方式的束缚，农民的生活水平相对低下，农业发展的巨大潜力也未充分发挥出来。主要表现如下：一方面，农业生产规模小，经营分散，经济结构不合理，不利于农业的现代化和产业化发展，更无法适应基于实力的激烈的市场竞争；另一方面，缺乏对市场的足够了解，市场应变能力差，农副产品的品种和质量往往不能满足市场的需要，流动不畅的现象经常发生，如农副产品的买卖难现象依然存在。此外，农业生产和加工中的科技含量低，加工深度不够，生产方式粗放，生产效益低下，资源利用率不高，加上劳动者和管理者素质较差，使得产品市场竞争力不强，生命周期短。第二，频繁的水旱灾害和日益严重的水污染严重破坏了农业资源和环境，甚至造成了该地区水资源的极度匮乏。第三，土地生产率和农田利用效率不足。一方面，农田产率在国内处于较低水平，中低产田比重高；另一方面，淮河流域的整体土地利用率低下，农田水利工程老化失修严重，流域现有灌溉工程田间排水工程较少，田间灌溉系统建设严重滞后，桥、涵、闸等建筑物配套不全。第四，工业化程度低，导致现代农业发展进程落后。长期以来，沿淮地区工业基础一直比较薄弱，战略性新兴产业、高新技术产业、现代服务业发展相对滞后。

总体而言，淮河流域长期以来拥有较好的农业基础，农业生产潜力巨大，却缺少投入与开发。淮河流域的现代农业发展应坚持围绕增收调结构、突出特色闯市场、依靠科技增效益的原则，加快推进农业产业化进程，促进农村经济又好又快发展。针对以上几点现状，淮河生态经济带可制定相应的现代农业发展政策，转变农业发展方式，夯实农业生产能力基础，发展高产、优质、高效、生态、安全农业，构建具有淮河流域特色的现代农业产业体系，建设全国新型农业现代化先行区，夯实"四化"（工业化、信息化、城镇化、农业现代化）协调发展的基础。

一、推动粮食生产核心区建设，巩固农业生产能力基础

基础设施是践行农业现代化的关键保证。淮河流域农业生产的自然条件优越，光照充足，水资源丰富，倘若能在基础设施上有较大的改善，农业综合生产能力就会有显著的提升。鉴于沿淮地区农业发展在个别地区仍采用落后封闭的传统生产方式，农业基础设施薄弱，严重影响了粮食产量和农业生产效率，难以带动区域经济发展和人均收入水平。因此，沿淮地区亟须加快

建立粮食生产核心区，通过专项资金扶持来促成基础设施的完善巩固，以现代农业装备及生产体系来夯实农业生产能力基础。建议地方政府扶持淮河流域农田基础设施建设、高效农业建设，大力发展钢架大棚、智能温室、喷滴灌等现代农业装备设施，扩大设施农业规模，提升设施农业水平。

淮河流域是我国粮食主产区，有进一步提高的潜力。未来应继续把发展粮食生产放在突出位置，通过流域国土整治、改造中低产田，建设稳产高产田 2000 万亩以上，建成全国粮食生产核心区。重点依托大型水利工程，加快高标准农田建设和中低产田改造，大幅提高吨粮田比重，建设全国粮食生产核心区。优先鼓励和引导粮食生产核心区形成多种形式的土地承包经营权流转，发展适度规模化经营、种粮大户和家庭农场，加快农业技术推广，提高技术成果转化率，扶持壮大龙头企业，健全农业服务体系，推进农业产业化经营与企业化管理、标准化生产、集约化经营，提高农业现代化水平。适度增加核心区主产省粮食风险基金规模，加大中央财政对核心区转移支付力度，建立产销区利益补偿机制，农田水利等基础设施修建补贴重点向粮食核心产区倾斜，提升粮食的综合生产能力。加大强农惠农富农政策支持力度，加大水利基础设施建设、中低产田改造、高标准基本农田建设、土地整理和复垦开发项目的中央补助力度。

在政策层面，为深入实施"藏粮于地、藏粮于技"战略，大力推进高标准农田建设，全力打造全国重要粮食生产核心区，沿淮地区需时刻围绕构建"1+N"农田建设政策制度体系、省级层面多项规章制度，实现全省农田建设投资标准、技术路线、建设模式、项目实施、建设规范的"五统一"。严守耕地红线，提高国家粮食安全保障能力。依托粮食生产核心区，完善农田灌排体系，推进中低产田和低丘岗地改造，加快高标准农田建设，打造一批粮食生产能力超 5 亿千克的粮食生产大县，因地制宜建设区域性粮食良种繁育基地。加快实施大中型灌区续建配套和现代化改造，发展规模化高效节水灌溉。全面落实永久基本农田特殊保护制度，着力加强粮食生产功能区和重要农产品生产保护区建设，确保稻谷、小麦等口粮种植面积基本稳定。完善粮食主产区利益补偿机制，巩固国家商品粮生产基地地位，提高粮食生产效益。深化粮食收储制度改革，让收储价格更好反映市场需求，支持轮作休耕制度试点。加快农田防护林体系建设，构建高标准粮田生态屏障。适度恢复和发展棉花等经济作物种植。实施明清黄河故道及沿线的深度整治和综合开发。

二、构建现代农业产业体系、生产体系、经营体系

淮河流域农业生产规模小，经营分散，经济结构不合理，不利于农业的现代化和产业化发展，更无法适应激烈的市场竞争。针对淮河流域农业产业化经营水平不高的现状，建议围绕优势主导产业，进一步加大对农业的扶持力度，提升农业产业化经营水平。通过税收优惠和补贴吸引社会资本投资淮河流域农业产业，提高农业生产效率，促进沿淮地区农业产业链发展。实施食品安全战略，加强农业投入品和农产品质量安全，加快农业产业体系建设。大力开发农业多种功能，实施农产品加工业提升行动，创新发展基于互联网的新型农业产业模式，积极推动农村一二三产业融合发展。大力发展数字农业，推进物联网试验示范和遥感技术应用。发展乡村共享经济、创意农业、特色文化产业。积极支持农业走出去，实施特色优势农产品出口提升行动，扩大高附加值农产品出口。统筹兼顾培育新型农业经营主体和扶持小农户，促进小农户和现代农业发展有机衔接。

沿淮设置的蓄洪区、滞洪区占了大片农田，既影响了村镇建设，也影响着农村经济发展。发展现代化高效农业，通过优化行蓄洪区布局，采取退堤、合并等措施，根据淮河生态经济带防洪规划调减蓄洪区，扩大河道行洪能力，提高保留的行蓄洪区启用标准。此外，据项目区的有关部门测算，沿淮流域地区存在大面积的滩涂洼地，若能将它们利用起来，加上淮三角地区大量待开发的滩涂地，可以新增稳产高产粮田1000万~3000万亩。针对土地利用效率低、土地滩涂淤泥含量高的地区，科学开发滩涂资源，支持大丰、东台、射阳、响水等地滩涂围垦。

按照淮河流域各省对中低产田标准进行测算，淮河流域中低产田比重达48.5%。农田现代化水平低，2010年，淮河流域节水灌溉面积仅为39140平方千米，其中微喷灌面积为3493平方千米，分别占总灌溉面积的33%和2.9%，节水灌溉面积占总灌溉面积的比重低于全国8个百分点。

基于此，需加强农业科技服务，建设一批农作物改良中心、基因库、质量检验检测中心、灌溉试验站。推进优质畜产品生产基地、生态茶叶基地、优质水产品基地和特色高效农业示范基地、有机农业示范基地建设，支持建设农村产业融合发展试点示范县、农业可持续发展试验示范区。

农业生产和加工中的科技含量低，加工深度不够，生产方式粗放，生产效益低下，资源利用率不高，加上劳动者和管理者素质较差，使得产品市场竞争力不强，生命周期短。推进农业供给侧结构性改革，深入推进农业绿色化、优质化、特色化、品牌化，调整优化农业生产力布局，推动农业生产由增产导向转向提质导向。立足农业优势资源，推进特色农产品优势区建设，加大生态原产地产品保护认定工作力度，推进生态原产地产品保护示范区建设。大力实施产业兴村强县行动，推进标准化生产，培育农产品品牌，保护地理标志农产品，打造一村一品、一县一业发展新格局。加快发展现代高效林业，发展壮大花卉苗木、木本粮油、特色经济林、林下经济等产业。

构建现代农业经营体系的过程中，由于缺乏对市场的足够了解，市场应变能力差，农副产品的品种和质量往往不能满足市场的需要，流动不畅的现象经常发生，如农副产品的买卖难现象依然存在。针对这一现象，应加快产业结构调整，实施区域种植，规模经营，调整种、养、加、农、工、副的结构比例。大力发展生长期短的蔬菜生产，避开行蓄洪季节；大力发展水产养殖和畜禽养殖，发展湿地经济，适应行洪、蓄洪及湖泊洼地的环境条件；大力发展以农副产品加工为主体的农村工业，实施农业产业化；加快林业发展，营造沿淮的防护林，根据行蓄洪区及湖泊洼地的特点，适地适树，大力发展林业产业。

三、构建特色农业示范区

流域内湖泊众多，水面广阔，生物资源丰富，为发展水产养殖业和畜牧业等提供了理想条件。而近些年来，水患未除，污染问题又日趋严重，由于工业的发展和人口的增加，工业污染和生活污水的大量排放已严重地破坏了耕地和水资源，并危及沿淮人民的生活用水，农业生产、水产养殖等也受到极大制约。现阶段，我国应以淮河全面治理开发千万亩良田为契机，进行淮河流域标准示范现代农业建设，推动农业结构调整和科技进步，支持农民持续增收。

建立特色有机生态农业发展示范区，必须立足于区域资源优势和产业特色。依托高起点、高标准建设一批规模化、机械化、标准化和产业化程度较高的新型现代农业样板区，形成引领区域现代农业发展的强大力量。实行产学研结合，提升和强化农业示范区引进、集成、运用、示范推广新品种、新技术和新装备功能，建设一批先进适用农业科技成果的密集应用区和辐射源，加速农业科技成果转化应用，推动农业技术进步、产业结构优化和组织管理创新，大幅度提高土地的产出率、资源利用率和劳动生产率，提升农业发展的质量和效益。推进农产品加工基地建设，积极培育特色品牌农产品，进一步延伸拉长、拓展产业链条。加快现代畜牧业的发展，建设全国优质安全畜禽产品生产基地，建设全国重要的特色农产品、有机食品生产加工基地。

特色农业示范区的发展离不开公共服务的支撑，为此应不断强化公共服务能力建设，并将重点放在农技推广、人才引进、病虫害防控等方面。第一，在各乡镇设立服务站，逐步完善服务功能，加强当地农业配套基础设施建设，配备相应的设备设施，将示范区打造成集多种功能于一身的农业平台。各乡镇的服务站应肩负起组织管理和推广的职能，定期开展农业技术培训活动，组织农民参与，让广大农民能够从培训中学到先进的农业知识和种植管理技术，确保实现优质农业种植、高产目标。同时，服务站收集整理相关信息，如农技信息、农产品价格、农业生产资料等，使广大农民群众及时了解农业市场的变动。当农民在农业生产中遇到无法解决的难题时，服务站应想方设法帮助农民解决问题。

第二，现代特色农业示范区的发展需要农业人才的支撑。示范区应不断加强农业科技创新型人才队伍建设，制定科学合理、切实可行的人才培训方案，建立公共服务人才专业培训体系。示范区应积极推进以科研技术骨干、专业人才为主体的农技创新队伍建设，培养出一批综合素质高、专业能力强的人才。示范区可与当地的农业科研机构、高等院校进行合作，吸引农业复合型人才加入，给整个团队注入新鲜活力，提高人才的档次。

第三，建设农技推广服务体系。病虫害是农业生产的主要威胁，一旦发生就会大面积减产，所以必须加强病虫害防控。示范区应成立病虫害防控中心，加大农作物病虫害的监控力度，设立服务电话，发生病虫害后，进行及时有效的处理，从而将损失降至最低。工作人员应定期到示范区内的农业生产基地进行走访，宣传病虫害的防治措施，如农业防治、物理防治、生物防治、药剂防治等，在防治时要减少化学农药的用量，减轻对自然生态环境的污染和破坏。当示范区发生病虫害之后，应运用绿色防控措施，如诱捕和使用防虫网、杀虫灯、生物菌等。

只有进一步加大投入和开发力度，方可建成稳产高产、集约化、现代化的农业示范区。建议对淮河生态高效农业示范带建设进一步加大财政支持力度，推进农业结构立体调整，做大做强优势特色支柱产业，形成生态高效农业示范带独特的发展模式和辐射效应。要在流域内设立若干国家农业科技园区和高新技术产业示范区，加快农业科技创新与示范推广。探索以地方政府财政专项资金作为引导资金，吸收社会资本参与，大力发展风险投资，为基础研究项目和高新技术开发项目提供支持，促进高新技术产业化。

四、建立健全农业现代化服务体系

淮河流域是我国传统典型的农村农业区域，农村问题十分突出。淮河流域的战略性开发面临的最难解决的问题是农村问题，其中包括农业问题和农民问题。农村问题也是目前我国的核心问题，它不仅仅单指经济问题。所以淮河流域的战略性综合开发，必须要与农村问题的彻底解决这一制约我国发展的核心课题相结合。能否彻底解决严重的农村问题，并建立健全农业现代化服务体系是淮河流域战略性开发能否成功的关键。

农业社会化服务体系的构建涉及很多方面，需要多措并举、多方发力，才能切实提升农业社会化服务的水平，适应农业农村优先发展的要求。各类服务主体的发展水平和能力是新型农业社会化服务体系的基础。相关部门应该做好顶层制度设计，引导各类服务主体按照法律法规要求完善内部制度，制定出有力的政策进行多方扶持。不同专业合作组织是农业服务体系中最具有活力的主体，要在技术、资金、人才方面给予倾斜扶持，加强其在社会化服务体系中的基础地位，为农民提供更多的信息、资金和培训服务，真正成为组织农民、引领农民的现代经营组织。各类龙头企业是构建新型农业服务体系、提升农业现代化水平的关键，要把发展龙头企业作为支持服务主体的重点，采取有力措施，切实扶持龙头企业的发展，发挥其辐射带动作用，为企业在融资需求、组织建设、市场发展等方面提供有力的支持帮扶。

提升各类基础性服务机构水平。要加大财政投入力度，为那些短期效益不明显、初始投入大、技术难度高、外部性强的农业生产经营环节提供服务供给。发挥政府在农业技术服务供给的基础作用，完善技术服务平台。提升农村基层农业服务的供给能力，设立类型功能不同的农业服务网点，让农民能够方便及时地获得各类服务。充分利用"互联网+"的优势为农民提供各类农业信息服务，提升农业信息化服务供给的能力。切实提升农产品质量监管的水平和能力，形成有效的监管体系和网络，制定农业社会化服务的标准化体系，完善服务效果监督体制。

着力构建有利于新体系构建和发展的环境。各级部门要从战略高度充分认识到新型农业社会化服务体系对于实现乡村振兴的意义，必须把构建新型农业社会化服务体系列入议题。在遵循市场规律的前提下，强化部门之间的合作与分工，制定农业社会化服务的规划方案和支持措施。要广泛宣传，形成有效的社会氛围，切实构建关心、扶持新型农业社会化服务建设的良好环境。动员社会各界力量广泛参与社会化服务体系建设，把社会力量引入农村，把现代服务业引入农村。通过财政扶持、信贷支持等措施，重点解决融资难、用地难等问题。鼓励农机人员以入股、兼职、创业等方式提供服务，推进各级部门真正为农民办事、为农业服务。

积极探索服务主体与服务对象之间的利益联结机制。要在尊重农民意愿、确保农民利益的前提下，构建合理有效的市场机制，建立有效的利益分配细则，积极引导农民多方面、多形式进行要素投入，不断提高服务的质量。要引导农民树立市场意识，通过市场途径购买所需要的技术和信息，借助农业服务达到增收增效的结果。同时，必须尊重农民的主体地位，让他们有更多的选择权，由农民自主选择农业服务的模式和范围，从而让更多的农民享受到多样性、针对性的优质服务，实现农业资源高效合理配置。

创新服务模式。按照发展农业全产业链的内在要求，构建相应的服务体系，提升服务能力水平。打破农业服务的"公"与"民"的界限，通过整合资源、优化配置，发挥各自优势，形成规模效益，打造模式多样、机制灵活、覆盖全面的社会化服务的全新道路，进而构建以基本公共服务机构为基础、新型农业经营主体为依托、多种形式共同发展的格局。重视农业产业链的延长，加快推进服务体系向信息、营销、生态等领域拓展。按照现代农业发展的新需求，大力支持农村各种新型组织开展多种形式的科技服务，使农业科技成果转化到农业生产经营的各个环节中。在重点农业服务的环节和领域创新资金投放机制，确保农业服务体系建设的资金支持。

完善留住人才、吸引人才的环境和机制。按照循序渐进、尊重市场的原则，加大对各类服务主体的培训和扶持，抓好种养大户、家庭农场主、合作社理事长的培养。构建农业专家、农技人员和农民有机联系、沟通直接的新型信息传播网络，打造一批实训基地，全力培养有文化、懂技术、会经营的新型农民。进一步加大农村一线基层人员和技术人员的培训力度，提升他们的服务能力。提升新型职业农民的农业科技水平、经营管理水平、驾驭市场水平。制定优惠政策，吸引农林相关方面的优秀人才到农村第一线，营造一个有活力、有吸引力、可持续的创新创业环境，打造素质业务良好的农业服务队伍。

第五节　促进流域对外开放政策

对外开放政策是我国改革开放以来长期坚持的基本国策。改革开放后，我国的区域经济发展采取了非均衡的对外开放区域发展战略，而这种非均衡的对外开放战略与区域政策就体现出了明显的区域性特征，即我国区域发展中的递推式的区域开放模式。随着改革开放的不断深入，对外开放领域已由工业、农业扩大到旅游、交通、金融等服务业。加入 WTO 以后，我国的对外开放向宽领域纵深度发展，直接投资和跨国并购也在不断增长。直至目前，我国对外开放形式的多样性表现在经济特区、沿海沿江沿边开放开发区、经济技术开发区、综合保税区、自由贸易区等多种形式并存，共同推动对外开放的进一步深入。

我国改革开放 40 多年的实践证明，区域开放与区域发展直接相关，区域开放是促进区域发展的重要动力之一。开放程度高的区域，其发展水平一般都比较高，反之亦然。当前，在我国推动形成全方位对外开放新格局的趋势下，区域开放与区域发展面临着新形势、新挑战。如何在对外开放新格局中优化区域开放布局，提升区域发展水平和质量，发挥不同区域在开放中的不同角色，既是我国扩大开放的时间意义，又是推动区域协调发展的根本动力。

我国地区开放的紧迫性，不仅来自地区发展的客观需求，也来自区域一体化的客观需求，这就需要把推进区域一体化进程与地区开放的突破有机融合在一起。就淮河生态经济带而言，其对外开放，主要受限于以下两个方面：一方面，沿淮地区外向型经济比重小，整体开放层次低。淮河流域处在河南、安徽、江苏三省的边缘地区，长期缺乏流域统筹规划，得天独厚的资源禀赋和区位优势未得到充分发挥，经济社会发展水平处于落后。由于没有自己的出海港口，沿淮省份的内陆输运受到限制，无法直接从省内出口至海外，企业生产的货物只能向上运载至渤海湾港口地区，向下运载至长三角港口地区，经由其他省份形成出口，需要承担高昂的运输成本和管理费用，因此当地企业宁愿在本土完成生产销售活动的全过程，市场空间十分有限，经济发展局限于淮河地区的内部循环。另一方面，流域缺乏发展总体规划，各部门缺乏统筹考虑。流域流经诸多省级行政区的交界地带，这些区域不仅在省级层面相互独立，各县市之间也各自为政，少有商业沟通和贸易往来。这主要是因为三省产业发展和交通运输自成体系，使沿河至今没有便捷的陆路通道，没有交通通道自然就没有了贸易往来，于是人为地割裂了上、中、下游之间的经济内在联系，使得沿淮地区的农业、工业以及运输服务业难以形成一个有序的整体，由此产生的经济效应十分有限。

基于此，为解决淮河经济带与我国南方沿海城市经济发展的巨大不平衡，通过建设淮河生态经济带，制定相应的流域对外开放政策，与中原经济区、皖江经济带和苏南地区形成相互的支撑，将对促进豫、皖、苏三省区域协调发展起到重要作用。打破部门和行政区划界限，尽快制定一个全流域的总体综合开发利用发展规划，统筹协调全流域经济、社会发展，补上中东部地区这块发展的"短板"，实现我国区域经济的协调发展，已成为当务之急。经济带应抢抓机遇，加快对外开放建设的步伐，突破现有经济发展局限，为经济发展注入强劲动力。为此，通过系统研究经济带对外开放发展规律，得出具有理论和现实指导意义的结论，并给出以下几点对策与建议。

一、吸引大宗商品交易，提升国际竞争力

对于经济带煤炭、化工、船舶等传统行业，应加快引进国内外大型流通企业和国内各大石油、煤炭企业，吸引大宗商品交易商落户，做大商流物流。借鉴新加坡和天津滨海新区经验，做实交易商品类目，按照国际通用模式开展多种交易。支持一定比例储备物资进行加工增值和交易。争取国家发改委国家物资储备局、海关总署等部门支持，以港口、堆场等物流中转基地为依托，将综保区、示范区作为石油、煤炭等大宗商品国家级重要战略储备基地，批准建立石油、煤炭保税库。争取国家在重大战略性项目布局上向经济带倾斜，放宽船舶及海洋产业在高新技术、绿色环保等领域的外商投资占比不超过 50% 的限制。研究确定船舶及海工等产业优先发展产业指导目录，并减免征收企业所得税。支持发展船舶修理国际服务业务。围绕服务上海国际航运中心集装箱物流和新区大宗商品进口物流所引致的国内外船舶修理业务需求。积极发展国际船舶远洋修理业务。

对于关系到经济带经济发展质量和效率的关键技术创新领域，政府要强化对外开放的针对性，加快对外开放政策的精准投放，积极参与国际市场的竞争，利用外来资本提升自身经济的竞争力。从经济发展中的产业发展的角度来看，新一轮的开放要求经济带必须进一步融入全球要素分工体系，不断提升在产业分工当中的价值链等级。产业发展要依托高级要素的培育和国际先进要素的引进，不断提升企业整合全球要素进行创新活动和全球化经营的能力，从而促进产业进一步发展和转型升级。当前经济带现代农业基础仍然十分薄弱，工业尤其是高新技术产业创新能力不足，第三产业发展层次有待进一步提升，特别是高端金融服务业发展能力相对落后。未来的对外开放过程中，应当加大第一产业对农产品领域的进出口贸易和外商投资的优惠力度；加快高新技术产业的市场开放力度，转变第二产业对于外商投资的吸收策略；积极深入参与全球高新技术的研发与合作，降低第三产业对于外商投资的进

入壁垒。这些政策的实施都需要政府加快对外开放政策的针对性和实施过程中政策的精准投放，才能进一步释放改革开放红利，更好地服务经济转型升级。

二、加强招商引资执行力，完善政策配套体系

加强招商引资政策的执行力，从而确保政策实施具有一定的稳定性和可持续性。淮河生态经济带在制定促进投资开发区政策时，要从促进当地经济的可持续健康发展出发。有关部门制定的政策还必须具备科学性和连续性两个特点，从而改善本地人民的生活水平，实现沿淮地区经济的健康、长期发展。在制定相关政策时，淮河生态经济带负责部门需要对各个方面的因素进行考察，然后将考察的结果移交汇总，由各个行业的专家进行全面决策，并且只有在得到各方的肯定后才能正式实施。对于淮河生态经济带的负责人员而言，在制定政策时更是需要从长远出发，不能只着眼于眼前的利益，不能政策一定了之，不管后续效果反馈，要及时纠正实施过程中的不足，尽可能地制定可持续实施政策。并且，在实施政策时需要从本质切入，促进经济的稳定高效发展。招商引资不仅会促进经济开发区经济建设，还会间接影响当地人民的生活条件和自然环境。吸引外资的主要原因是为了促进淮河生态经济带的健康发展，为当地提供更多就业机会，所以应综合考虑吸引投资的其他实体的利益，重点关注整体利益。对投资者而言，实施长期的优惠政策也是必要的，以鼓励个人在促进经济开发区发展的过程中发挥作用。通过这种方式，不仅可以提高当地人民参加的积极性，同时还可以确保政策实施的公平性，实现稳定发展，最终全面促进投资活动的深入发展，为地方经济注入新的活力，可以提高当地居民的就业率，改善其生活水平。

同时，在建设淮河生态经济带的过程中，需要坚持"建设可持续发展生态环境示范区"的要求，逐步消除投资过程中淮河生态经济带高耗能、重污染的项目，从而提高清洁生产等优势产业的发展。目前，淮河生态经济带实施的投资促进政策中，优惠政策缺乏一定的针对性，其中大多数是基础广泛的包容性政策，对于一些特殊行业而言，这类优惠政策缺乏吸引力。所以，在现阶段，淮河生态经济带需要结合自身的实际情况，提高优惠政策的合理

性，从而提高对投资者的吸引力。从企业的角度来看，由于淮河生态经济带在吸引投资过程中没有与一些基层企业充分沟通，这就导致经济开发区负责部门无法了解企业的需求。所以，政府在制定相关政策时，不仅要考虑本地经济的发展，还要满足企业的实际需求。因此，在制定和完善政策时，有关部门要加强和经济开发区企业的交流，满足各个企业的发展情况和要求，从而提高投资促进政策的有效性。

此外，完善招商引资政策配套体系，优化资本市场环境，加强工商部门的监管力度。逐步摒弃通过比拼劳动力廉价程度、政策优惠水平等恶性竞争的方式进行招商引资，将提升服务质量、优化政务环境等手段作为承接产业转移的主要抓手，完善支持淮河生态经济带承接的产业、财政、对外和人才引进等政策体系，形成积极承接产业转移的合力。深化行政审批制度改革，简化投资审批、核准和备案程序，优化工业项目落地审化流程，建立和完善产业承接重大项目跟踪制度、报告制度、协调制度、监管制度和回避制度。严厉制止乱摊派、乱收费行为。

三、持续优化开放发展环境

优化开放发展环境包含多个层次的内涵，总体来说，重点需要解决政务环境、市场环境、基础设施建设、人才引进等方面的发展矛盾问题。政务环境的优化依赖于各种工作制度的改革创新，首要任务是打造全面高效的政务运行机制，除了需要有一套合适的创新理论指导，更重要的是创造良好的改错、纠错氛围，要能针对工作实际问题做出快速、积极的评价响应，并给出优化方案和措施，而不只是被动地吸收建议。传统上，政务环境的优化定性地描述为针对人的强化管理和运行方式的改善。为了增加工作效率，给企业投资运营带来便利，相关部门通常会减少、简化项目申报、审批等一列手续和中间环节，同时设立多级政务服务中心。在处理个别重大特殊项目的过程中还会开通个性化的"绿色通道"，确保企业能够以最便捷的方式解决现实问题。在对待重大产业项目时，还会实行联席审批制，主要由项目负责人牵头，免费为企业提供各种便捷的代理服务，大大缩减企业在项目申报过程中面临的一系列烦琐事情。

随着社会的进步发展，在政务环境的优化思路上不应该只是局限于通过特定运行机制发挥人的最大潜能。处在科技带动世界快速运转的时代，任何高效运作体系、系统都离不开各子系统的协同，高效的决策更是需要统筹全局，要有快速响应、纠错容错机制。因此，要突破政务环境走向更高标准的发展道路，必须软硬兼施，合理开发利用现代计算机、大数据、智能化的科技手段，打造体系化的政务系统，积极引进专业技术人才，有了良好的政务环境，也就具备了高效的市场运作基本条件。市场环境对于市场的成长乃至变革都有着巨大的影响，对外开放新时期的经济健康稳定发展需要有一个良性的市场环境，作为市场建设的参与者和维护者，政府更应该积极维护市场经济秩序，研究探索市场运行机制，完善市场监管体系，并要努力构建市场经济的信用体系，为企业融资创造便利条件，充分发挥市场的资源配置作用。

基础建设方面，经济带需加快建设现代化综合交通体系步伐，加大交通基础设施投资力度，完善淮河生态经济带交通圈；加快经济带高速铁路、城际铁路的建设，加大高速公路投资力度，打造综合型交通枢纽，增加物流配送能力。构建城市群现代基础设施系统。推进智慧城市群建设，统筹规划城市电网、给水排水网络、宽带信息网、能源运输管道网等体系，提升城市群对商业生产及居民生活的保障能力。完善信息基础设施建设。深入推进"数字化淮河"建设，建设覆盖环淮河生态经济带全区域的高效信息高速公路。振兴发展信息产业。以信息技术应用和管理创新为着力点，依托国家软件产业基地等高新科技园区，加快先进电子信息产品制造引进和生产，加强软件服务及网络应用，推进淮河流域重大信息化项目建设，打造信息产业集群。加速发展信息咨询服务业。大力培育商业咨询产业，政府部门建立专门的信息搜集、处理、项目评估机构，明确环长株潭城市群现代产业体系发展方向，提升对拟转入产业进行鉴别的能力和可行性论证能力，积极承接资源节约型、环境友好型项目。

吸引各优秀人才，积极探索高校合作新机制。利用淮河生态经济带国内外知名普通高等院校资源密集的优势，支持与国内外著名高校和研究机构开展合作办学、异地共建活动，推进人才交流和协同创新。发展现代职业教育。依靠各省的职业教育科技园，规划建设环长株潭城市群人力资源综合服务产业园，围绕重点发展的产业领域，深化产教融合、校企合作，合作培养技术技能型人才。引进高端型人才，加大财政资金倾斜力度。

四、促进大区域协同对外开放发展

中国经济已经步入全球化发展的行列，区域经济一体化将成为中国经济发展新常态，推动淮河流域与周边省份紧密联合，加快部署经济带同沿海地区展开全面的经济合作，对于整合经济带省要素资源、发挥区位优势、打开同省份其他地区以及其他省份的合作大门、建立有效发展机制、实现经济平稳增长具有重要意义。在对外开放过程中，地区还需重点加强与长三角、珠三角地区的经济往来，深化合作关系，推动经济带优势产业急速转型。同时，统筹各地区基础交通设施的建设，推动国际间大交通网络的无缝对接全面实现，提升交通业务水平，优化升级管理模式，打造现代化高效运输系统；以淮河生态经济带为出发点，联合"长珠闽"等经济高速发展区域，共同搭建技术转移平台，发挥高科技在对外开放经济建设中的作用，实现各地区之间技术成果共享，优势互补；积极学习上海、福建、广东等地自贸区的发展经验，加强经济带的经济与自贸区实现高度对接，加强与港澳台以及东南亚地区的合作，时刻关注经济热点区域，创新经济带的监管制度，完善自贸区法律法规的建设，营造良好的贸易投资环境，将经济带的建设任务加速推进落实，实现对外开放新升级。另外，在大力发展经济的同时也要注重生态环境的建设，走可持续的绿色发展之路，推动经济带建设全国先进生态文明示范区的发展。最终，围绕国家"一带一路"发展战略，打开开放型经济发展的新局面，促成与国际市场接轨。

明确淮河生态经济带建设的国家战略定位，编制淮河生态经济带产业发展规划。淮河生态经济带所面临的众多问题，显然是单个城市或单个省份无力解决的，因此需要纳入到国家层面。建议国务院或国家相关部门尽快将淮河生态经济带建设上升为国家战略层面，并协同江苏省、安徽省和河南省加强前期调研和规划研究，尽快制定和实施包括淮河生态经济产业发展规划在内的一揽子规划。从根本上说，实现区域协同发展的基本思路是：根据各地区域优势和产业特色，设计不同的目标任务，使得落地政策更具针对性和可操作性，实现错位发展。综合各个省份的经验，根据区域经济发展规律，今后值得关注的促进大区域协同发展的重要举措集中于以下几个方面：一是增强口岸服务辐射功能建设。加快内陆港口布局，完善多式联运体系，强化信息互换、监管互认、执法互助，建设专属物流园区，实现国际贸易通关和检验检疫一体化等。二是畅通国际开放通道。重点疏通外向型物资集输系统和构建多式联运体系，积极整合中欧班列运输方式，建立货物中转枢纽。大力发展临港、临空、临路经济，积极探索建立与其他国家涉贸领域的合作新机制等。三是促进区域产业转型升级。构建区域间快捷互联互通运输体系，推进产业合作和兼并重组，建立统一高效要素市场等。四是构筑服务区域发展的科技创新和人才高地。建立区域联动发展机制，加快区域性创新平台建设，促进科技金融发展，制定吸引人才和促进科技转化的优惠政策，建设国际人才特区等。

五、创新开放模式，促进经济自由化

创新贸易方式，扩大服务贸易发展，推动市场多元化，寻找新的贸易增长点。各地应该进一步加大服务贸易领域开放力度。积极有序地扩大服务业市场准入，推动服务业"引进来"与"走出去"相结合，促进重点行业服务贸易发展，加强对外合作，积极推动服务贸易全面发展。地区应充分发挥处于京津冀城市群和长三角城市群中间地带的地理优势，促进与上下两头的开发开放。发挥淮河这一黄金水道的独特优势，推动贫困地区脱贫致富，缩小地区间经济差距，打造新的经济支撑带和具有全球影响力的开放合作新平台。在推进综合立体交通走廊建设中，要特别注重发展与环境相结合，切实加强和改善淮河生态环境保护治理；改革创新区域协调发展体制机制，打破行政区划"门户"，立足全局、统筹"落子"；通过基础设施共建共享，促进形成统一开放市场体系，带动淮河流域经济和人民生活齐步腾飞。

创新监管模式，实施积极的进口促进战略。进一步改革、创新海关监管模式，实行"一地注册，全国申报"模式，稳步推进区域内通关一体化模式；参照国际经验，取消报关企业行政许可，改为备案制，企业注册登记将纳入准入的"单一窗口"。促进货物进出口通关的效率。促成进出口贸易平衡，推进技术模仿借鉴与自我创新结合，改善民生。实施积极的进口促进战略，主要从以下方面入手：一是鼓励扩大先进技术设备和关键零部件进口，调整《鼓励进口技术和产品目录》，支持金融和融资租赁企业开展进口设备融资租赁业务，完善科教和科技开发用品进口税收政策，助力企业创新，推动产业升级。二是扩大研发设计、节能环保、环境服务等高端生产性服务进口。三是稳定经济带需要的资源进口，合理增加且平衡发展，提升开放合作水平，增加有效供给满足多样性计划，设立多种基金账户发展特色农业，创立自身独有的品牌，对农业新技术的应用与推广给予奖励。

向国家申请自由贸易区促进经济带改革，提高对外开放力度，提升经济自由化的水平，增强国际合作与交流。服务业开放是自贸区试点的重要内容，也是我国实施新一轮对外开放，加大开放力度，提高对外开放水平的重要领域和关键举措。服务业开放，又以金融业开放为核心，并以此为重心，延伸金融服务对外贸易和链接国内外两个市场，实现更多行业和领域的对外开放。服务业其他开放领域集中于航运业、租赁业务和汽车类产品开放。重点鼓励航运企业开展中转捎货业务，允许中资非五星旗船开展沿海捎带业务，并提高通关效率；鼓励发展与海运业务相关的保理、货代、船舶管理和国际航运经纪业务；允许符合条件的金融租赁公司和融资租赁公司设立专业子公司，并开展境内外大型设备、成套设备等融资租赁业务；允许开展汽车平行进口试点。总体而言，经济带应做好以下三个方面：一是推动改革开放向纵深发展，通过加快自由贸易区建设，形成破除体制机制障碍的倒挂机制，以竞争带动产业健康发展。二是拓宽经济发展空间，通过自由贸易区这个开放的市场，更好地承接国际产业转移，并推动企业加快走出去。三是改善国际环境，保障资源安全。自由贸易区可增强经济带的市场吸引力和国际影响力，为区域发展创造更好的外部环境，保障资源多元稳定供求渠道。

第五章　构建流域发展的保障体系

第一节　政府服务保障

一、协同推进规划实施

《淮河流域生态经济带发展规划》建议，"十四五"期间，江苏、山东、安徽、河南、湖北五省应根据省情，完善省际联动工作会议制度。各省要把淮河生态经济带的经济建设和管理纳入省政府年度重点工作，加强对目标企业的监督检查和考核，努力确保国务院批准的战略定位、空间设计布局、产业组织结构、重大技术开发和教育目标得到落实。鼓励各城市在淮河文化生态旅游经济区开展企业合作，建立一个县级会议管理机制，本着互补互利、合作共赢的原则，开展进行全方位、多角度、宽领域的合作。

加强顶层设计，统筹管理和规划淮河生态经济带经济建设是我国发展所必须的。淮河生态经济带各省市由于发展基础和发展水平不同，战略目标和发展任务也不同。因此，要形成一个发展的共识，从全局、全面、长远的高度加强淮河生态经济带顶层设计，制定总体质量管理工作方案，研究不同区域市场经济联动发展。从流域合作大局出发，破除制约合作发展的障碍，共商重大问题，努力落实淮河生态经济带发展规划中明确的重点任务和政策措施。

淮河流域经济带不同地区的城市发展水平是不平衡的。江苏、山东两省综合经济质量总体上要好于安徽、河南两省。即使在同一个省内部，不同城市也存在着较大的差异，比如江苏省的盐城与淮安两市，虽然盐城市综合分析评价指标得分高于淮安，但由于地理空间位置、综合发展素质和经济社会辐射技术能力等因素，淮安市的经济环境辐射能力要好于盐城市。

要改善淮河生态经济带目前城市发展不平衡的状况，需要淮河生态经济带的各省市严格按照《淮河生态经济带发展规划》的要求，协同实施发展规划，互补发展，实现绿色技术创新、低能耗带动经济发展，弥补自身能力不足，强化节点城市管理功能，优化产业结构，加强动能转化，加强绿色创新，实现节能发展，增强淮河生态经济带综合实力，共同实现新时代淮河流域的跨越式发展。

二、共同改善生态环境

坚持绿色发展、生态环境优先的理念，致力于将淮河生态经济带建设成为华东和华中绿色发展的先导区，探索产业资源共享型服务业发展新模式，打造淮河生态经济带产业协调发展示范区。

第一，严格环境准入标准，促进产业绿色发展。淮河生态经济带的建设，是构建一个流域社会经济发展高质量崛起的新模式。近年来，随着《淮河生态经济带发展规划》等文件的出台，化工、医药等污染密集型行业进一步受限制，化工等高污染行业面临大规模结构调整和关停。淮河生态经济带各省制定了严格的环境准入标准，加强了环境影响评价和节能评价，严禁承接高耗能、高排放、高污染行业，避免低水平重复建设。

第二，重点建设流域生态文明示范带。深入实施生态优先发展战略，建立一个健全跨区域生态文明城市规划建设与环境问题分析数据的联动机制，协调上中下游开发环保项目工程建设，保护国家生态经济，实施最严格的水资源管理和环境保护体系。加强淮河治理，组建检查队伍，推进淮河航道整治，修堤筑坝，提高淮河水位，提高淮河航运发展能力，合理有效地促进沿淮港口经济发展，积极培育淮河航运企业市场，加快淮河生态经济带高速公路和农村社会公路建设。

第三，分区绿色建设，融入生态经济带发展。在淮河生态经济带区域，要充分发挥区域优势，加大改革开放力度，引进优质外资和先进的产业，利用国外先进的生产设备、技术和经验。同时，提高企业污染排放标准，加强监管，促进企业减排，实施清洁生产，提高绿色环境效益。由于淮河生态经济带总体上工业化程度较高，必须及时调整经济结构和产业结构，发展一些高效率、低污染的高新技术产业。

另外，通过政策手段淘汰技术含量低、能耗高、环境污染严重、市场开发竞争力不足的企业，提高经济增长的质量。同时，提高淮河生态经济带中小企业发展清洁生产经营和管理技术创新能力，控制生活环境污染物排放，提高区域绿色经济效益。

中西部地区在保持良好社会环境条件的同时，要促进企业经济的可持续发展。例如，周口、信阳等经济发达程度低、经济效益高的地区，应充分发挥区域资源禀赋优势，确保我国中小企业绿色金融服务产品市场经济稳步发展。在平顶山、淮南等资源型城市，要注重引进先进的采矿生产技术，科学合理地开发利用信息资源，提高绿色社会经济工作的效率。与此同时，中西部正在向内陆进一步推进，要采取相应的预防控制措施，减少产业转移的负面影响，实现中国区域特色社会、经济和生态的进步。对于徐州、临沂等大中城市，要统筹规划，调整城镇化建设发展研究路径，稳步推进优质新型农村企业城镇化，把新型城镇化作新的经济增长点。

第四，建立非官方组织推进落地。淮河生态经济带29个市联合成立了淮河生态经济带生态环保联防联治专委会，联防联管淮河生态经济带建设生态、经济、人居环境管理核算委员会。"专委会"是盐城市发起的非正式跨省合作组织，不隶属于任何部门或社会组织，它由29个市的生态环境管理的相关部门组成。

三、携手构建基础设施网络

交通管理系统是区域经济和社会发展的基础。经济带以淮河流域为依托，但不同省区的淮河航道水平之间存在一定程度的差异，不利于提高淮河生态经济带区域联动企业的发展。按照均衡发展、适度推进的原则，加快流域内整体资源合理配置，不断完善功能需求，建设绿色环保、安全高效的设施管理体制。协调经济发展道路交通、水利、信息等基础知识教育教学设施，尽快建成一个畅通高效的淮河航道工程，建设内河航道网络，打通淮河航道。

（一）完善水利交通基础设施建设

当前，淮河生态经济带现有水利基础设施和供水系统管理能力不足，水运网络信息服务设施建设不完善，特别是淮河上游，水流状况恶化，威胁淮河沿线居民生命财产安全。要进一步加强水利交通管理基础设施建设，第一，制定科学的淮河上游综合治理和航道建设发展规划。第二，筹集资金，推进淮河生态经济带大型水利交通系统水库建设。尽可能筹集资金，制定重大水利交通服务质量管理规划，推进国家重大工程项目建设。针对淮河生态经济带综合整治、淮河供水系统工程、沿淮公路建设等重大项目，开展项目规划论证、项目前期建议书等工作。做好建设项目技术储备，保证一旦资金投入，项目尽快落实。第三，构建淮河生态经济带现代综合运输服务体系。连接西部内陆崛起地区与东部江湖海联动地区的交通走廊，积极开展城市发展轨道交通线网信息资源管理核算系统与节点的对接，提高对我国企业社会交通系统的研究效率。完善农村交通信息网络改造，促进区域市场经济发展。第四，改善淮河生态经济带水利工程基础设施。修复现有危险河道，改善灌溉站，扩大井灌区，加强抵御自然环境灾害的能力。同时，大力推广节水技术，提高水资源利用率，保障沿淮居民正常生活、工作和学习。

（二）提升淮河通航能力

淮河水系可通航道 2892 千米，其中水深 1 米以上的有 1670 千米，淮河干流正阳关以下可通 1000 吨级船舶，经苏北大运河直通长江，从总体来看，淮河航道的状况是良好的，运输潜力很大，具有很大的开展利用价值。但是，当前淮河（含支流航道，下同）全线的水上运输发展不平衡，管理工作滞后，对于已经出台的各项"法规""办法""条例"等没有运用好、贯彻好，以致产生多处渔网碍航、航道中挖砂以及船舶建造无序等问题，都是法有明文，至今尚未依法查禁。内河码头已由一家建发展到多家建，即由航运专业部门一家建发展到非航运专业部门、企业、单位、农民、个体多家建的繁荣而庞杂的形势，但是至今尚未制定港口管理办法，规范港口码头建设、使用、管理等问题。还有闸坝、电缆、桥梁三大碍航设施没有得到根本改善，过船设施的建设和管理也存在着不相适应的问题。

1.解决好水资源综合利用

新中国成立后，水利为航运提供了较多较好的通航条件，淮河水系除了少数河道外，大部分河道都先后实现了梯级渠化，改变了以往艰难航行的困境，为水运增加了新的通航里程。但在水资源综合利用方面，还存在一些问题。解决好水资源综合利用问题，在航运方面，最重要的是解决水源的调控，保证通航水位。这个问题可先由地方交通航运部门与水利部门进行协商，签订控水协议（或合同），保障通航水位。

2.加快水运基础建设

建议沿淮港航管理部门与相关市县把需要水上建设的项目一一排出，由港航管理部门做出时序决定。为了抓好港口建设，建议在没有足够资金的情况下，可以在河边修建栈桥式的简易泊位，散布在河旁两侧，形成"泊位群"，花钱少，收效大，积累丰富时再进行改造提高。因为内河航运不像江海港口那样稳定，货源集散和货物流向以及航道情况等变化因素较多，不能轻易搞一些永久性的、高规格的码头泊位，更不能盲目追求大而全和高规格。泊位建成以后，有的闲置不用，形成无效投资；有的开工率和投资回报率都很低，这些教训应该引以为戒。还可以借鉴修建公路的经验，采取"货款建设，收费还贷"的办法，有的地方也可以采取"挖砂、开山破石还贷"。

3.统一政策，统一规划，统一管理

淮河水系很多河道两岸出现农民、工矿、企业、个体户等兴建码头的形势。异军突起对加快航运发展提供一支辅助力量，这是一个好的势头，要将"独家建、一家管"变为"一家管、多家建"。在港航管理部门统一管理、统一规划、统一政策的前提下，因势利导的放手让非航管专业部门和个体自建，在航管部门统一管理的前提下实行"谁建、谁有、谁受益"。这是形势的需要，也是发展的需要。

无论是疏浚航道还是修建码头，都要增加科技含量，都要精打细算，减少和杜绝浪费现象，把有限的资金用到刀刃上，要大力压缩非生产性建设，大力增扩生产性建设。

4.政策倾斜扶持航运业

航运是社会效益较高、自身经济效益较低的公益事业，又是利国利民的一种运输方式，因为它利用河川"借水行舟"，不占土地，载重大，节约能源，污染少，运价低。航运在运输一些体大重件和建材等物资时要优于其他运输方式，"水无尽头，船无尽头"，在今后的长远经济建设中，应当摆上重要位置，发挥其应有作用。为此，必须加以扶持。

（三）丰富港口基础设施投资模式

1.政府投资模式

合港口建设类似于准经营性项目，由于自身的财务不具备可持续性，对以营利为主要目的的社会资本吸引力不大，一般需要政府给一定的投资补助或运营补贴资金支持，应以政府所属的投融资平台公司和公共服务类国有企业（或公益类国有企业）的投资为主，以PPP模式为辅。可主要采取"政府投融资平台公司或公益性国企共同出具项目资本金＋债券融资＋银行贷款"的投融资模式，部分项目可审慎运用PPP模式，政府根据需要给予适当的运营补贴。对于非经营性项目，由政府（所属有关部门）作为投资主体，投资建设资金主要通过"一般公共预算资金或政府性基金＋政府债券资金"的渠道筹集。

2.私营企业全额投资模式

港口项目投资周期长，投资资金大，审批程序复杂，涉及规划、港口、航道、水利、河道、环境保护和发改委。政府始终坚持在港口投资计划方面不监控、不参与，不管是航道设施还是港口设备，国家都不参与投资，港口所有的项目都通过企业自筹资金来解决，港口营运完全采取了自负盈亏的管理方式。这种港口投融资模式的优点在于其经济效益较高，大多数港口均可实现盈利，缺点在于建设中没有对港口的投融资特性进行充分考虑，很多经济效益较差的港口建设动力不足，仅仅依靠私营企业和民间游资对港口的持续发展也存在一定制约。

3.国有企业投资模式

主要为淮河流域的国有企业建造专用企业码头进行生产经营，并为临近河流的企业提供水运服务。根据港口基础设施的不同特点，建立健全港口建设投融资管理体制。对于泊位、装卸设备、仓储设施等港口经营设施，可以通过政府引导和政策支持吸引社会资本和民间资本投资。此类项目可以通过不断分析投资、建设、租赁等方式解决投资问题，并有权使用各类装卸专用设备。还可以提供装卸、转运、仓储等生产服务，直接向客户收费。这种模式有明确的盈利模式，对社会资本有吸引力，政府一般不参与这类项目的投融资活动。

（四）发展港口经济

发展港口经济，推进"港城一体化""产城一体化"发展。依托港口资源优势，引进沿淮农产品等资源性产品企业入驻，发展港口加工业，吸引国内外投资者投资建厂，促进当地加工制造业结构优化和产业升级，有效承接沿海产业转移，扩大外向型经济，并通过交通枢纽建设现代物流。

完善经济利益分配机制，促进区域间长期互动关系，不断提高创新能力发展，实现共赢。利益分配是互动发展的核心，港口优势资源与横向经济腹地之间存在差异，港口以其开放性，聚集各方信息系统资源，引进更多与港口相关的数据技术产业，利用腹地资源形成自己的港口产业链。在利益协调等方面，通过与港口相关部门、产业合作，促进区域政府间经济的不断发展和战略合作，降低政府与社会各方重复博弈的成本，促进沿海港口与淮河生态经济带的长期互动，实现互利共赢。

（五）完善综合运输通道和交通枢纽节点布局

交通运输作为国民经济的基础性、先导性、战略性产业和重要的服务性行业，结合淮河生态经济带发展实际，统筹推进区域交通、综合交通、城乡交通"三个一体化"，打造全国性综合交通枢纽。加快融入长三角一体化发展大局，深入推进淮河生态经济带城市协同发展，紧抓全面提升与合肥都市圈、南京都市圈融合发展水平的战略机遇。以深化供给侧结构性改革为主线，补齐交通运输基础设施短板，提升总体有效供给能力，推进交通基础设施数字化，培育交通运输新技术、新业态、新模式，加快构建完善现代化综合交通运输体系。

在具体的实施路径上，首先要大力推进区域交通一体化，谋划和建设城际铁路、高速公路、干线一级公路等地面快速交通体系，提升沿淮各城市水运能力，加快建设和开通民航机场，积极对接经济发达地区，建成以主要城市为中心，辐射淮河流域的综合交通网络。

在综合交通一体化方面，在现有运输方式的基础上，要进一步完善综合交通运输大通道，打造一体化综合交通枢纽场站和物流中心，通过配套建设专用公路、铁路专用线、城市公交枢纽站场，优化运输结构，实现一体化运输。

在实现城乡交通一体化进程中，通过不断完善城乡交通基础设施，出台有关政策支持，力争全市城乡交通一体化发展取得重要突破，城乡道路客运发展更加协调、网络衔接更加顺畅、政策保障更加到位，服务广度和深度逐步提升，服务质量显著改善，可持续发展能力明显增强。

四、加强产业合作对接

区域产业合作是三个层次的合作。在微观层次方面，区域产业合作是区域内企业的合作，区域产业合作最终是由企业来实施和完成的。现在一些国外的产业经济学著作常常把企业理论称为产业组织理论，其中心是研究企业在国内和国际市场中怎样开展竞争与合作。在中观层次方面，区域产业合作是区域内不同国家和地区之间三大产业的合作，其实质是通过区域内各国政府和企业的共同努力，形成合理的区域产业结构，并实现产业的优化和升级。在宏观层次方面，区域产业合作是各国政府之间在产业政策、贸易政策、投资政策、金融政策等方面的合作。这三个层次又是紧密联系在一起的，其中企业合作是基础，政府合作是主导，三大产业的合作是区域产业合作的中心内容。

淮河生态经济带区域产业的合作必须在市场主导下，政府应该持续不懈、分层次、有重点地推进淮河生态经济带区域产业整合。产业整合应坚持差异性，按一体化、多层次、分步骤、利益均沾的原则进行，明确区域产业的水平和垂直两大层次整合，选择适合淮河生态经济带发展水平，适应地区经济发展需要，有利于淮河生态经济带区域长期发展，切实提升淮河生态经济带区域产业整体竞争力的合作模式。改变目前单一省区进行产业分析状况，将淮河生态经济带作为一个整体进行产业分析。

地区产业规划应有全局观念，以淮河生态经济带区域发展为出发点，着眼于淮河生态经济带资源供给整体能力，以市场一体化为基础，从产业转移角度出发，进行地区产业发展的动态规划，以产业协调发展、产业有序转移要求为准则，明确各省区之间的产业转移方向和转移速度，在保持各地区经济持续稳定发展的同时，逐步实现产业的优化分工，形成淮河生态经济带区域内的产业体系。强调以资金、技术、资源、市场需求等因素进行比较优势分析，统筹淮河生态经济带经济区域合作圈内产业布局。

在加强和完善淮河生态经济带区域统一市场建设的同时，进行区域内部资金、技术、资源和市场需求的比较优势分析，结合国际市场之间的关系，统筹区域内部与区域外部的产业发展趋势，合理选择区域增长点，明确区域增长点产业发展方向，在积极利用现有资源基础上，进行区域间产业布局均衡，形成各省区间分工合作，主导产业互补，产业链完整的多核心发展模式。

成立区域产业调整基金，有重点地扶持各地区产业发展。根据产业链加工判断，以产品对外销售额为基数，提取产业调整基金，成立产业基金管理委员会，以一定的标准确定各地区产业状态，综合判断各地区衰退产业、产业结构情况，新的产业布局应强调产业发展的延续性，逐步过渡，重点扶持区域产业规划中的各地区重点产业发展，促进产业体系布局的合理性。在淮河生态经济带产业发展总体规划下，根据地区产业发展特点，根据淮河生态经济带整体产业发展和地区发展情况，有选择扶持各地区衰退产业，调整不合理产业结构，以实现淮河生态经济带整体产业优化。

五、推动城乡统筹发展

构建大中小城市与小城镇协调经济发展的城市格局，增强淮河生态经济带区域中心城市综合实力，促进大中小城市、特色小城镇和乡村协调发展，积极推进新型城镇化综合试点，引导农村向城镇转移人口，完善城市基础设施，提高政府公共服务供给能力，促进城乡居民基本公共服务一体化，全面提高城镇化水平和质量。

（一）建立中东部合作发展先行区

通过对淮河上、中、下游区域活动的分析和比较，充分发挥淮河水道的作用和淮河地跨东部和中部的优势，探索建立区域市场经济社会协调发展新机制，推进淮河生态经济带建设，大力推进供给侧结构不断改革，促进绿色技术产业发展，改善淮河流域生态系统环境。

当前，当务之急是打破政府部门与行政区域主体的界限，按照国务院发布的《淮河生态经济带发展规划》的要求，统筹淮河流域经济建设发展，充分挖掘淮河流域发展潜力。加快中心城市经济建设，使其成为一个制度创新中心、市场中心和服务中心，提高中心城市辐射力。加强区域社会经济发展协调配合，建立淮河流域协调协商机制，整合流域政策，逐步建立科学合理的法律法规体系，保障工作机制，营造公开、公平、公正、透明的市场竞争，实现数据和技术服务人员、物流、信息流、资金流快速互动，优化资源配置。实现流域互利共赢，加快市场经济体制建设，实行统一的市场准入制度和标准，推进区域互联互通，加快形成统一、透明、有序、规范的市场竞争环境，全面提高资源配置效率。

形成以城市为节点的综合交通体系，通过多种交通信息系统实现体系的服务联动、协同创新、功能齐全，促进区域市场经济一体化协调能力不断增强。加快信息化管理技术发展，建设完善的基础设施，通过网络搭建信息互动平台，实现全区各类文化旅游资源共享。加强社会公共服务平台建设，建立区域统一管理体系平台和公共服务平台。全面有序推进新型城镇化建设，推进流动人口市民化，与跨区域城市群对接，促进要素在流域内外流动，不断优化流域内空间分工结构。

（二）实施乡村振兴战略

引导特色小城镇和小城镇健康发展，形成城乡一体化格局。需要充分考虑淮河生态经济带内的产业空间布局，逐步发展一些集文化旅游、商贸物流、资源加工、区域枢纽、生态宜居等特色的小城镇，打造创新创业平台，创建新型城镇化载体。选择一批区位条件优越、基础好、潜力大的小城镇，通过基础设施和公共系统，完善城市服务设施。优化城镇布局，突出地方特色，传承历史文化遗产，加快道路、供水、供气、环保、电网、物流、信息、广播电视等基础设施建设。

在实施乡村振兴战略的背景下，科技创新是乡村振兴战略实施的关键。当前，我国仍处在新型城镇化的快速发展期，亟须拓展农业发展模式，夯实产业发展根基，以科技创新为支撑，提升农业全要素生产率，进而推动乡村振兴战略的稳健实施。最有效的途径就是将大数据与乡村振兴进行深度融合，发挥大数据的"助推器"作用，推动农业生产智能化、农业经营管理高效化、农业信息便捷化，从而为推进乡村振兴战略的实施提供全方位的有力支撑。科技的进步与创新打通了城乡发展的数字化壁垒，使得乡村在数字经济领域有了更大的建设空间和可能性，为数字乡村战略落实开启一片新蓝海。

淮河流域大部分县份属农业地区，是粮食主产区，是国家的粮仓。但是光种粮食行不行？种粮食与发展其他产业矛盾吗？何逢阳说，一点不矛盾。淮河流域有大量的农业人口，但"三农"问题光靠种粮食是不能解决的。因此，淮河流域一定要有自己的主导产业，或者要鼓励各个地方有自己的主导产业。要破除在淮河流域只能发展劳动密集型产业的错误认知。未来国家应在布局上给予倾斜，支持想发展的地区加快发展，谁干得好支持谁。在市场经济十分活跃的当下，有的人骨子里还在用计划经济的思维指导发展，这也是固化的认知。所以，在淮河流域搞产业发展，要激发其内生动力，不能坐等国家来布局、来支持。

淮河流域大多是人口流出的重点区域。淮河流域的乡村振兴一定要实现留住人、留住钱。乡村振兴的前提是要振兴金融，金融的问题不解决，就谈不上人才、要素、土地、产业，没有金融支撑，淮河流域的发展可能就会发展缓慢。

六、促进公共服务共建共享

在公务服务方面，淮河生态经济带各省市不断优化公共信用信息共享服务平台，扎实推进农民工返乡创业国家试点。目前，已有多个地方入选国家信用建设示范城市，大力推动社会领域公共服务补短板强弱项提质量，引进国内高水平医院建设区域医疗中心。"十四五"期间，淮河流域省际协作的主要任务之一就是巩固脱贫攻坚成果，加大对沂蒙、六安、大别山、皖北等革命老区的扶持力度。通过建立重大传染病和突发公共卫生事件联合防控机制，支持大型医疗保险机构为金融机构提供服务，开展省际医学创新合作，推动建立省际卫生应急互助机制，促进淮河生态经济带资源共享，完善淮河流域农村医疗救助水平。

淮河生态经济带还应大力发展沿边经济，推动毗邻地区城际公交和城际通勤班车开通，加快交通同城一体化进程，推动省际交界地区联动发展。围绕生态共保、产业联动、通道对接、城乡统筹、服务共享等方面，健全完善省际和市际合作机制，促进深度合作，打造省际协同合作示范样板。

七、深化全方位交流合作

目前，淮河生态经济带大部分地区发展水平远远低于各自所在省的其他地区。加快淮河生态经济带建设，促进沿淮流域各地社会经济发展，这对沿淮城市来说，既是机遇，也是挑战。如何在市场经济中抓住发展机遇，迎接挑战，首先要不断创新发展思路、理念和方法，进行长远规划，制定和实施不同区域经济发展政策，加强与沿淮省市协调机制，建立和完善管理体制，平衡各方利益，探索促进协调发展的经验。

要加快发展、实现共赢，最重要的是要更加重视区域间的联系，在淮河生态经济带范围内充分利用和配置人力资源，将具有区域优势和资源要素结合起来。同时，促进区域进行合理分工，避免资源配置重复和恶性市场竞争，构建比较优势，提高综合竞争力和综合开发能力。

完善沿淮城市之间协调机制，推进城市合作，全面深化市场化改革，提高资源配置效率，促进重大基础设施互联互通、农村振兴和公共服务体系建设，搭建跨区域产业合作与发展平台，进一步形成多学科、多专业、多层次的促进机制，不断增强淮河生态经济带的综合实力和影响力。

（一）逐步打破城市界限，加强区域联动协同发展

虽然目前已经公布了淮河生态经济带的总体规划。但由于各城市之间、市场经济、资源成本管理的差异，各省财政支持水平也差异较大，发展目标、环保要求等也不尽相同。若不打破城市界限，加强区域联动协同，未来淮河生态经济带内的区域差距极有可能进一步扩大。因此，要完善流域内经济协调发展机制，打破阻碍社会发展的行政壁垒，完善跨区域进行生态补偿和贸易合作的规章制度。

（二）各层级政府要加强对淮河生态经济带建设专项规划的统筹

在完善淮河生态经济带总体实施意见的同时，指导各市县做好重要专项规划工作。目前，淮河生态经济带迫切需要解决生态建设与修复专项规划、路网提升专项规划、航道建设专项规划、特色产业发展专项规划、沿淮文化及生态旅游发展规划等各项规划的制定和完善，充分发挥规划的主导作用。

解决淮河生态经济带生态环境恢复和建设中的突出问题。尽快启动主河

道修复工作，借鉴信阳、蚌埠的发展经验，成立淮河开发有限责任公司，搞好河道疏通工程，修复河沙资源，利用好淮河流域的自然资源。制定发展规划，开发建设堵水利水、涵养水源、提高城市地下水位的工程。二是淮河支流的坑塘堰坝等的综合治理，从根本上解决淮河水质和生态环境脆弱、经济发展不平衡等问题。尽快修复现有灌溉设施，将高标准的农田建设和沿淮农田水利建设相结合，使沿淮地区有效提高灌溉效率。三是加强淮河流域农业污染源控制。无牧区和畜禽养殖企业发展必须达到排放标准，有效消除白色污染、农药和化肥污染，有效提高管理手段。四是解决沿淮农村公共卫生服务设施发展不足的问题。五是做好生态旅游走廊整治和提升维护工作。六是启动流域内露天矿、废弃矿山以及山区的生态保护环境的恢复工作。七是抓好淮河湿地生态园城市经济建设。

第二节　土地政策保障

淮河生态经济带是我国重点发展地区之一，具有区位优势和资源禀赋，但基础设施建设和整体发展相对落后。在《淮河生态经济带发展规划》中，国家明确提出淮河生态经济带城市土地指标要根据实际情况中可以通过利用的指标，促进城市土地资源的合理开发、利用。淮河生态经济带是我国利用国土资源的一次新探索，研究淮河生态经济带城市土地利用效率，对于构建国土空间开发保护制度、科学协调生态与城市空间整体规划具有积极意义。

一、严格用地指标管理的政策

（一）细化指标分配要求，加强指标使用考核

淮河生态经济带增量土地利用政策应该加强对用地指标分配的管理和使用情况的检查。在用地指标的分配上，一要控制指标倾斜总量，即根据淮河生态经济带发展规划，确定新增建设用地指标总量，对新增建设用地规模进行控制。二要制定指标倾斜标准，例如根据产业质量优先、集约利用优先、功能聚合优先、保护耕地等原则，对用地指标的申请制定具体申请条件，在产业性质、项目前期进展情况、投资要求、功能打造、特色打造、高端要素

集聚等方面设定一定的门槛限制，将有限的指标用在真正有需要的地方，实现差别化管理。三要明确指标分配顺序，按照项目优先序的不同，对重点项目进行优先保障。

另外，要加强对土地利用计划执行情况的评估考核和检查，通过半年度或年度考核对各地土地利用计划执行情况进行检查，掌握各地的用地指标使用情况。并根据土地利用年度计划执行情况的考核结果，对各地下一年度的用地指标分配进行调整，对土地利用年度计划执行不力的地区适当扣除下一年度的用地指标，并控制下一年度用地指标分配数量，对执行情况较好的地区则可给予一定奖励。

（二）支持实施土地差别化供应

淮河生态经济带增量土地利用政策应该鼓励各地对工业用地实施差别化供应，具体来说包括以下三方面。首先，在土地供应结构上，需要根据淮河生态经济带的产业定位和国家产业政策以及《产业结构调整指导目录》，制定适用于淮河生态经济带的产业和项目目录。在此基础上，根据"有保有压、区别对待"的原则，实行差别化的土地供应，通过调整土地供应结构来促进产业结构的转型升级。具体来说，对符合淮河生态经济带产业结构调整方向和产业链发展要求的项目用地予以支持，适当地降低供地门槛；对投资过度、不符合淮河生态经济带主导产业类型或处于主导产业类型中低端产业链的项目，在供地上应进行必要的控制；对限制性项目则要通过提高供地门槛来促使落后产能的淘汰；对于禁止性项目则坚决不予供地。这样可使得符合淮河生态经济带主导产业类型和产业发展方向的企业在淮河生态经济带集聚，在发挥集聚效益和规模效益的同时，也以企业为主体推动淮河生态经济带的发展壮大。

其次，在土地供应方式上，为了适应淮河生态经济带新兴产业的发展特点，可以采取弹性的土地供应方式。一是可实行先出租后出让的供地方式，一方面可以降低企业初期的一次性投入成本，方便企业取得土地，并提升企业的竞争力；另一方面，也可以通过调节租金来对企业的引入和退出进行调控，在保证小镇企业活力的同时，也提高土地的使用效益。二是可以基于企业生命周期弹性确定土地出让年期，由此既可以降低企业的成本负担，也便于在企业生命周期结束后盘活土地，避免土地资源的浪费，提高土地的利用效率。

最后，在土地供应价格方面，也可以发挥地价杠杆在节约集约用地、产业转型升级中的作用。例如，对符合淮河生态经济带产业导向的，属于优先发展且用地集约的工业用地项目，可按不低于所在地土地等别对应工业用地出让最低限价标准的 70% 确定土地出让起价，由此发挥地价杠杆对产业发展的引导和调控作用。

（三）强调合理设置土地供应结构和比例

淮河生态经济带的增量土地利用政策在土地供应环节需要强调各类用地供应比例的平衡，促进土地的混合使用。为促进产城融合，满足产业人群对商业配套、公共服务配套以及优美环境的要求，淮河生态经济带的居住用地、商业用地、公共管理用地、公共服务用地以及绿地的供地比重相较于传统开发区应适当提高。另外，也要注重各类用地的比例适当以促进其产生协同效应，既不能因为供地不足而影响小镇功能的发挥，也不能因为供地过剩而造成土地资源的粗放利用。

其中，为了促进职住平衡，居住用地的布局必不可少，然而其供应比例还需精准把握，不能因为比例过少而导致大部分产业人群的居住需求难以得到满足，甚至造成房价的攀升，也不能因为比例过多而成为变相的房地产开发项目，偏离了最原始的推动产业转型升级的目标。同时，由于未来的发展与需求也在不断变化，因此需要制定弹性的土地供应计划，逐步调整用地结构，促进其合理协调。在发展产业的同时，也逐步配套居住功能和生活性服务设施，促进生产、生活、生态功能的比例协调，实现土地利用的经济、社会和生态环境收益。

二、积极推进生态农业发展

淮河生态经济带的产业发展结构对其绿色经济发展具有重要影响。因此，在加强生态环境有效保护的前提下，在产业技术研究和各地比较优势的基础上，因地制宜，发展优势明显的产业，积极调整产业结构，构建现代产业体系。淮河生态经济带作为粮食生产核心区和棉花、果蔬主产区，积极推进农业企业生产绿化，发展特色生态农业，减少对化肥、农药等高污染原料的依赖，切实减少污染源。

当前，应积极推动淮河生态经济带产业结构转型。一方面，可以有效促进淮河生态经济带清洁生产技术发展，实行严格的生态保护环境监管机制，坚决淘汰污染问题严重的落后生产能力，为企业清洁生产提供信息化支撑。另一方面，淮河生态经济带应积极发展低能耗、低污染、高效益的第三产业，通过建立和完善金融市场管理体系，努力发展生产性服务业。通过促进淮河流域生态旅游业的健康发展，发展农村特色服务业。

淮河生态经济带通过"互联网＋农业"发展，推动主要农产品重要的生态链条建设，构建合作共赢、互信互责、平等互利的生态农业科技金融服务平台，进一步提高淮河流域传统特色农产品产量，增加农民收入，实现市场经济效率与生态的共同发展。在制定"互联网＋生态"农业生产企业发展战略时，要结合淮河生态经济带不同地区的环境差异进行战略定位。淮河生态经济带涉及江苏、安徽、山东、河南、湖北5省，面积达28万平方千米，人口约1.8亿，内部各地区在经济、社会、文化等方面均存在巨大的差异，在制定相关产业的发展战略时，必须考虑地区之间的差异。

三、完善土地监管政策

（一）完善用地指标奖惩机制

针对用地指标奖励的标准不明确的问题，需进一步细化淮河生态经济带的指标奖励办法，明确淮河生态经济带指标奖励的适用条件、奖励原则、奖励额度，以发挥指标奖励对于淮河生态经济带建设的引导与激励作用。针对指标惩罚措施不明确的问题，也需进一步出台细则和执行办法，明确实施机制，为惩罚措施的落实做好准备。具体来说，在扣除的指标来源上，可规定惩罚的指标会从各地来年的土地利用年度计划中的新增建设用地计划指标中扣除。在适用条件上，当前指标惩罚的适用条件还很模糊，需要对其进行量化以便更好地明确惩罚措施在何种情况下该落实，制定淮河生态经济带指标倒扣标准体系。

需要注意的是，因为淮河生态经济带不同地区主导产业各不相同，因此在惩罚措施的适用条件和惩罚力度的制定上也应因业制宜，根据本地产业特性、产业发展周期等来制定标准。针对惩罚措施对本届政府约束力不强的问题，则可以设计惩罚措施追溯至具体负责人的规定，通过责任到人加强政策的约束作用。另外，对于达到惩罚条件的地区，要严格执行惩罚措施，避免政策虚置，发挥指标惩罚措施的警示作用。

（二）构建淮河生态经济带专属用地评价体系

为掌握淮河生态经济带土地利用情况，提高淮河生态经济带土地利用效率，促进淮河生态经济带土地的节约集约利用，需要构建适用于淮河生态经济带的用地评价体系。当前的节约集约用地评价指标体系一般包括投资强度、地均纳税额、容积率、土地产出率、产值能耗等指标。结合不同地区产业特点对传统的节约集约用地评价指标体系进行改进，例如可将产业发展周期、企业成长性纳入评价体系以更准确地评价该地区的用地情况。在节约集约用地评价的基础上，还需要建立产业用地退出机制，对土地长期低效使用或长期闲置的企业要进行清理和处置，对其土地则可采用转让、收购储备、协商收回等方式进行处理，从而促进淮河生态经济带土地的高效使用。

（三）实施全过程监管，加大查处力度

淮河生态经济带土地监管政策要强调对淮河生态经济带的土地管理和利用进行全过程监管，并且加大查处力度。所谓全过程监督管理，是指通过对流域内土地进行批前、批中、批后的管理，来加强对地方政府和企业执行土地管理法律、法规情况的监督，避免土地违法行为的发生。具体来说，在批前管理上，土地管理部门要参与用地项目的定点选址，提出选址意见，使用地选址要科学合理，避免将永久基本农田和限制性建设区圈入项目范围内。在批中管理上，土地管理部门应参与重大业务的集体会审，掌握业务运行情况。在批后监管上，要对已批准的用地项目进行跟踪监控，防止出现批少占多、变更用途、非法转让等违法违规现象。另外，也要加大违法案件查处力度，强化法律责任，提高违法成本，运用法律、经济、行政三大手段对违法行为进行严格处理。因此，既要通过实施全过程监管，加强事前防范来尽可能地做到防患于未然；又要加大查处力度，对土地违法违规行为进行严格惩治，从而确保土地的合理高效利用，促进淮河生态经济带的健康持续发展。

四、推进流域一体化战略

积极推进淮河生态经济带一体化建设。同时，要把"区域合作"纳入党政领导干部的考核体系，发挥"接力棒"作用，促进区域一体化，最大限度地发挥区域一体化在促进城市土地绿色利用中的作用，实现土地资源利用的绿色发展转型。从各类土地生态经济和环境的价值分析来看，水田、旱地、草原和森林生态系统的市场开发价值在逐渐降低，而水华控制和气候调节的价值最高，占生态系统服务总价值的50%以上。

深化区域交流，通过"一体化"促进淮河生态经济带协调经济发展。淮河生态经济带城市间、区域间差异较大，东部沿海城市除了土地资源利用效率不断提高外，服务水平和聚集效应也较高，但经济带北部和中西部城市土地利用效率的聚集和辐射现象并不显著，特别是中西部地区交界处，土地资源可利用效率较低，影响了淮河生态经济带土地利用整体效率的提高，不符合当前经济协调发展的政策取向。对此，要打破淮河生态经济带城市之间传统的信息壁垒，促进资金、土地、劳动力的跨区域流动，实现"一体化"管理，促进淮河流域可持续发展。

第三节　人才开发保障

一、推进人才管理体制改革

（一）加快转变政府人才管理职能

更好地发挥政府的管理作用，充分尊重市场在人才资源配置中的决定性作用，各级政府要在理顺体制、完善机制、制定政策、创优环境、建设服务体系、强化市场监管等方面深化改革、大胆创新。加强法规制度建设，建立权力、责任清单，清理和规范人才招聘、评价、流动、使用等各环节的行政审批事项。

（二）健全管理服务体系

加快建立统一、开放的人力资源市场体系，大力发展行业性人才市场，放宽人才服务业准入条件，鼓励发展高端人才猎头等专业化服务机构，重点培育一批有核心产品、成长性好、竞争力强的人力资源服务企业。鼓励支持社会服务组织积极承接政府转移下放的有关人才培养、评价、流动等服务职能。建立完善人才诚信激励体系和失信惩戒机制。

（三）全面落实用人主体自主权

优化调整机关事业单位人才结构，真正落实用人主体的用人自主权。取消机关事业单位"控编进人卡"和"进人计划卡"制度，变指令性计划为指导性计划，变具体性前置管理为总量性后置监管。改革机关事业单位处级干部职数备案和干部调动审批制度，继续完善公务员招录工作机制，全面落实国有企业、高校、科研院所等企事业单位和社会组织在人才培养、引进、使用、评价和激励等方面的自主权。

（四）改革事业单位编制和人事管理模式

进一步完善机关事业单位公开招考（聘）制度，实现用人单位自主权与社会服务密切配合的良性工作机制。试行高校和公立医院等事业单位编制备案管理，选择部分公益类事业单位进行取消行政级别、实行法人治理结构管理模式改革试点。

二、健全人才培养机制

（一）深化教育改革

重点支持流域内高校按照国家"双一流"建设要求率先发展，和国内知名高校建立联合培养机制，积极推动有条件的本科院校和独立学院向应用型发展转变。紧紧围绕淮河流域创新驱动发展和经济转型升级，着力培养一批创新创业领军人才和具有"工匠精神"的高技能人才。

（二）创优成长环境

打造人才干事创业的平台和载体，为人才提供施展才华的舞台，最大限度发挥人才作用，用政策激励人才，用事业吸引人才，用感情打动人才。积极落实高端人才生活和工作待遇，努力营造人才安心创新创业的小环境。遵循人才成长规律，探索建立鼓励创新、合理容错机制。完善知识产权保护制度，依法保护企业家财产权和创新收益。鼓励支持各类人才广泛参加国内外学术技术交流合作。

（三）建立多元投入新机制

淮河流域内各级政府要确保人才发展资金投入力度到位、优先可持续增长。设立专项资金，引导社会资本投入人才发展战略，加快形成政府扶持、金融支持和社会资本共同参与的人才发展多元投入机制。鼓励金融机构推出支持科技创新的新产品新服务，支持企事业单位和社会组织设立人才基金。加大对青年科技研究基金投入力度，对新入职的优秀博士毕业生一次性给予不低于5万元的科研项目经费支持。加大对院士工作站、博士后科研流动（工作）站和技能大师工作室的经费支持力度。

三、创新人才引进保障机制

（一）创新引进政策

流域内各省进一步完善引进海内外高层次人才政策，着力扩大高层次人才引进规模，优化人才结构。从尊重爱护、关心照顾、物质奖励、精神激励等诸多方面，吸引更多海内外高层次人才及其团队来流域内创新创造创业。企业和事业等用人单位是引进人才的市场主体，鼓励其设立人才发展专项资金，通过市场竞争引进高层次人才。企业引才所需费用可全额列入经营成本；事业单位引才费用可从事业经费中列支。

（二）创新引进方式

努力探索评审式、目录式、举荐式、合作式等多样化的人才引进方式。探索建立人才引进与项目开发相结合的引才机制。采取联建重点实验室（研发中心）或工程研究中心（工程实验室）、联合办学等方式，加强与海内外优秀企业、研发机构和知名高校的合作，积极引进其核心研发团队。鼓励国内外高层次人才通过顾问指导、短期兼职、项目合作、技术咨询等方式来流域内各省创新创业。

（三）创建信息平台

建立淮河流域人才需求信息数据库，定期发布全流域高层次人才需求信息，构建基于云计算和大数据技术的人才信息系统。积极加强与流域外高层次人才的联络沟通。

四、强化人才激励机制

（一）改革薪酬制度

实行以增加知识价值为导向的分配政策，在保障基本工资水平正常增长的基础上，逐步提高科研人员基础性绩效工资水平，建立绩效工资稳定增长机制。对高等院校、高级技校专职教学人员，适当提高基础性绩效工资比重。制定技术技能人才薪酬激励办法。选择部分试点，探索高层次人才协议工资、项目工资和年薪制等灵活多样的分配方式。

（二）促进成果转化

落实高校、科研院所科技成果使用权、处置权和收益权，相关主管部门原则上不再审批备案。支持科技成果通过协议定价、市场挂牌、公开拍卖等转让转化方式实现收益。高校、科研院所科技成果转让转化所得净收益，按不低于70%的比例奖励课题负责人、骨干技术人员和研发团队。鼓励各类企事业单位通过股权、期权、分红等方式，有效调动科研人员创新创造创业积极性。

（三）实施表彰奖励

健全以政府奖励为导向、用人单位和社会力量奖励为主体的人才表彰奖励体系。流域内各地市设立"优秀人才突出贡献奖"，定期对为经济社会发展做出突出贡献的优秀人才和团队进行表彰奖励。鼓励企事业单位对为经济社会发展做出突出贡献的优秀人才给予物质和精神奖励。设立"人才工作贡献奖"，重点对积极落实人才政策，在人才培养、引进、开发、使用等工作中成绩突出的地方和企事业单位等给予奖励。

第六章　完善水资源和生态环境保护政策

第一节　加强水资源开发治理与保护

一、细化水资源的整体规划

水资源规划一般来说包含水资源综合规划和水资源专业规划。水资源综合规划指的是我国根据社会经济发展需求和现状对水资源开发利用情况进行编撰的开发、利用、节约、保护自然资源及有效防治各类水害总体宏观规划。相较于综合规划，水资源专业规划则是指防洪、治涝、灌溉、航运、供水、水力发电、水资源保护、水土保持、防沙治沙、节约用水等涉及具体专门事项的规划。全流域综合性的规划是流域治理与开发的战略部署和主要依据，专业规划应服务于总体规划。新中国成立以来，为了科学有序地指导治淮工作，根据国务院部署，在水利部的领导下，先后制定了数个淮河流域综合规划。每次制定治淮规划，从中央各有关部委、科研单位，到流域四省水利及其他有关部门，都有众多重要政府官员和权威专家、知名学者参与研究和编制工作。

但是一个总体规划如果想要真正做到行之有效，并能够付诸实施，首先编制规划报告本身就需要有统一性、科学性、前瞻性。

统一性。在我国立法统一性问题还没有得到很好解决的情况下，行政法规和地方性法规、部门法规和地方性法规以及部门法规之间、地方性法规之间偶尔会发生冲突和不一致的情况。规划制定的机构不同，因而依据也不同，如果不注意协调各方的具体情况，进而保持规划目标和措施的一致性就可能导致规划的可实施性的极大降低，或给规划实施者造成重复和不必要的负担，或导致上有政策、下有对策的不执行情况。

科学性。水资源规划制定本身要有严格的科学依据，不能凭空想象。水资源管理和保护目标的制定要符合一定的客观规律和可达性，目标定得过于宏伟而无法达到的规划是不切实际的。

前瞻性。水资源规划的制定要充分考虑科技经济条件的变化趋势，具备足够的前瞻性。

一个规划想要真正落地并最终实施，不仅仅需要完成综合性规划的设计与构建，更需要细分为大量的专业性规划，让整体规划真正符合社会发展实际需求和运行理念。水资源专业规划的涉及面广，我国流域水资源专业规划按照大类划分则可以主要划分为以下几类：

水资源规划制度。水资源规划是开发、利用、节约、保护水资源和防治水害的重要依据，是水资源配置、保护、管理和开发利用的基础。广义的水资源规划制度是指涵盖编制全国水资源开发利用近期和中长期规划、流域综合规划和水资源规划、水中长期供求规划、水资源配置方案、水功能区划、河流水量分配方案、旱情紧急情况下的水量调度预案的管理制度等一系列政策和法规的统称，《中华人民共和国水法》第十四条、第十五条、第十七条对此作了相关规定。水利部多次要求流域各省、相关部门及各流域机构务必要高度重视水资源规划制度的建立，进一步加强对流域水资源短缺和水污染、节水和治污、提高水资源承载能力、水资源优化配置和多种水资源综合利用等研究；对水资源承载能力不足的地区，要认真研究对策和措施，对经济社会发展规模、布局或结构等提出建议。

流域水资源保护规划。规划的目的主要是为了加强流域水资源的保护和管理，以加强水资源的可持续利用，促进流域片区经济社会的可持续发展。水资源保护规划制度的建立和相关规划文件的编制可以应对流域日趋严重的水资源匮乏问题和水环境污染给社会、经济的可持续发展构成的威胁，从而切实实现水资源的高效利用和有效保护的制度。水资源保护规划的建立是实现水资源有效保护的重要前提。

水质监测规划。水质监测是水资源管理与保护的重要基础。由于我国水资源紧缺、水污染严重，水质监测提供的水质信息显得尤为重要。加上新《水法》的颁布实施，对水质监测工作提出了明确的、更高的要求。因此，加强水资源管理与保护工作需要水质监测超前发展，而水质监测规划是推进水质监测事业持续发展的依据，通过对水质监测站网、能力建设、技术体系等方面的规划来优化布局。

水污染防治规划制度。防治水污染应当按流域或者按区域进行统一规划，经批准的水污染防治规划是防治水污染的基本依据。《中华人民共和国水污染防治法》第十五条、《中华人民共和国环境保护法》第二十七条作了相关规定。要强化规划实施的目标责任制，加强对规划实施进展的监督检查，按部门、按市县、按进度、按任务指标、按责任人抓好落实。

水利开发规划制度。《水法》中规定：由水利部负责和监督全国的水资源保护和合理开发利用工作，由水利部建立水土保持监测预报系统。在水资源的保护和合理利用中，水质和水量是密不可分的。在水资源保护的规划中包括两个有机组成部分：水质保护规划和水量保护规划。前者以实现水体功能为目标，是水资源保护规划的基础；后者强调水资源的合理利用，应以满足社会、经济和环境的和谐发展为宗旨。无论是有质无量的水，还是有量无质的水，都不能成为具有使用价值的水资源。而水质的保护以及对水资源信息的掌握是环保部门的本职工作，在实现上述两个水资源保护目标的过程中，环保部门具有不可推卸的义务来参与保护和监督工作，并且有获得相关水质、水量信息的权利，但这些都没有在法律中加以明确。这种规定容易造成整个管理体系的分割和管理过程的混乱。因而在完善整个管理体系的过程中，应明确环保部门在水质监督管理过程对应的权利和义务。

淮河流域的各部门及流域管理机构应深刻理解综合规划和专业规划的统领和配合的地位，进一步根据实际情况编制、设计合理的流域水资源综合规划，并且辅之统一的、科学的、前瞻的专业规划，进一步细化水资源的整体规划。

二、完善全流域一体化管理

完善全流域的一体化管理，实施全流域水资源统筹开发和统一调度，是《水法》确立的水资源管理的重要制度，是落实严格水资源管理制度、合理配置和有效保护水资源、加强水生态文明建设的关键措施。管理体制变化的总体目标是建立比较完善的流域管理与行政区域管理相结合并且具有权威、高效、协调等特征的水资源管理体制。在流域层面上，着重解决流域水资源的开发、利用、节约和保护等痛点难点，理顺流域管理与区域管理的关系，强化流域管理机构对水资源统一规划、统一管理、统一调度的职能，建立高度统一、高度民主、高度集中的流域水资源管理体制；在区域层面上，强调逐步实现区域涉水事务的交叉互动，最终能够达到一体化管理。

流域与区域相结合的管理体制符合公共管理理论中政府间关系的演变方向。在公共管理理论中，一国的中央政府与地方政府间之间的关系并非总是一成不变的，它总是伴随着历史进程的发展而不断改变。参考西方多国的中央或者联邦政府与地方政府之间的关系，从整体上看，大致经历了从集权走向分权，再由分权走向集权，又由集权走向分权的更替起伏过程。根据公共管理理论的进一步发展研究，当前，西方政府间关系发展的新趋势是：中央与地方政府间关系的等级制色彩弱化，地方政府之间圈子化的特征逐渐加强，地方政府之间的横向联系逐渐加强；中央与地方政府逐渐出现分权倾向，政府间关系朝着增加地方自主性逐渐加强的方向发展，政府间资源的分配更趋平衡，彼此相互间依赖程度提高；地方政府在公共事务中的合作逐渐频繁，进而在许多领域开展了广泛的合作。作为政府一项基础的管理职权，在水资源管理方面，流域化和区域化管理反映了地方政府的自主权，而流域间管理的一体化加强了地方政府间的合作，更多地体现了地方政府在水资源管理上的依赖性与合作性，二者相结合的管理体制正是公共管理理论中中央与地方政府间关系发展的新趋势的体现。

与西方国家政府间关系演变趋势相吻合，我国政府间关系也经历了这种变化。改革开放前，我国在总体上依旧实行的是中央高度集权的计划经济体制，各级政府尤其是中央和地方间的关系是一种自上而下的高度一体化的等级控制模式，中央地方之间的关系与官僚之间的科层制结构相互匹配，组成了权力由上自下的树状结构，此时政府间关系的特征是：结构关系上的层级隶属关系、权力分配上的中央高度集权、政府间横向关系上阻隔多而联系少。但改革开放后，中央与地方政府间的关系出现了较大的变化：等级制结构变化，整体层级减少；经济关系调整，财政权力逐步上收中央；地方分权改革，权力逐步下放，地方扩权；地方政府间的横向联系也逐渐进行了大幅度的扩展。这些变化在水资源的分配与管理上的具体表现为：形式上，中央政府主导的流域统一管理与地方政府主导的区域管理相结合；实质上，中央集权与地方分权的相结合，体现了地方政府间联系加强的新趋势，符合我国中央和地方、地方和地方之间关系调整和发展的总体趋势。

淮河流域横跨鄂豫皖苏鲁 5 省 40 市，虽然我国地方政府之间的联系与合作关系逐渐加强，但彼此之间仍然存在着错综复杂的利益关系和权衡考虑，因而即使我国已经出台了一系列水资源管控与治理法律，仍然不能对淮河流域的水资源进行很好的一体化管理。要真正做到流域区间内水资源的节约、开发、利用、保护的一体化管理，则要求更加具体的、更加法制化、更加科学可行的全流域水资源管理体系。管理体系应建立在中央的领导下，各省之间、上下游和左右岸之间要有合理的水资源合作开发、协调管理机制和协作体系，要协调区域之间的行政区划和流域区划之间的关系，加强流域内省与省之间水资源的计划统筹和监察督导。水利部门也应督促指导流域管理机构完成协作方案编制并统筹安排水资源调度与分配工作，推动淮河流域管理机构完善与地方水利行政主管部门之间的水资源协调管理机制，推动水资源管理工作在纵向上的一体化和横向上的精细化。

三、强化水资源的节约再利用

淮河流域区间人均占有的水资源量只有全国平均占有量的 1/5，因而流域内本身便存在十分严重的水资源短缺问题。目前，淮河流域内水资源浪费现象较为严重，水资源管理较为薄弱。农业用水存在大排大灌、渠系利用率低等现象；工业用水存在生产设备陈旧过时、生产工艺和管理无法跟上、水资源重复利用率低等现象；生活用水存在着水资源节约意识低、城市水道管网长流水、管网跑冒滴漏严重等现象。这些现象造成水资源严重浪费，因此科学地设立节水目标，明确流域水资源节约再利用的具体原则将会对水资源的保护工作产生巨大影响。考虑到淮河流域的环境现状和发展情况，具体原则又可以被归纳以下几点：

第一，充分考虑现有社会经济布局特点，已形成的经济发展区域，技术、经济优势，以及社会经济发展惯性等，在此基础上结合未来地区发展规划、现有产业结构调整、新增产业结构布局和新城镇增长点，充分调整水资源利用保护和经济发展之间的关系。

第二，对出现水资源严重缺乏的区域，由于新增供水设施难度较大、设备投资整体高，应促使产业结构布局调整，合理控制发展规模，严格限制高耗水企业和项目建设，减少供水损失，以利于社会经济发展与水资源供给增长相适应。

第三，提倡开源与节流并行，设立以当地水循环为主、外域调水为辅的用水策略。以社会、经济、环境、生态为系统，以水资源可持续利用为基础，以支撑社会经济可持续发展为目标，充分发挥水资源保障作用。

第四，水资源的配置要体现公平原则。区域、人均相对均衡，统筹长远、兼顾现状，统一规划、效益优先。

第五，认识到自然条件下水资源保障程度是有限的，例如遇到特殊干旱年份，要根据需水部门的重要程度，确保城镇和农村居民生活饮用水，适当减少农业、工业、生态环境用水。

在贯彻落实水资源节约再利用的前提下，水利部门和流域机构也应对流域内水资源的情况进行持续的统计和分析，其内部也要从思想意识上真正意识到水资源节约再利用的重要性，并从居民、工业、农业三个方面树立节水意识，联动多部门多举措并行进行管理。

节水意识的落地和普及需要对居民部门、工业部门和农业部门均提出相应要求。对于居民部门，首先需要在思想上构建良好的宣传和引导政策，从主观意识上减少日常水资源浪费行为的产生，降低生活中不必要的用水频次，积极地对大众进行节水教育，鼓励人们珍惜水资源，倡导人们积极主动节约用水，形成一种以节约水资源为核心、保护环境为理念的思想大纲。在具体措施上，可以通过调整水价实现价格阶梯机制，利用经济杠杆让居民能够自发地从利己角度去节约水资源；节水型器具的推广同样将会对生活用水的节约产生重要作用，通过器具的升级和换代，能够达到用更少的水做到同样的事。

其次，对于工业部门，则需要相关部门严格执行有关法律要求的工业用水标准和限额，针对淮河流域内各地特点，在充分论证的前提下设立适宜的地方标准，对于企业超额超标用水要实施罚款、减少用水配额等惩罚性措施并严格执行。此外，除了从惩戒角度进行考虑，也应充分考虑实际情况制定合理的政策对企业的节水行为进行主动引导，政策上除了可以对企业进行财税方面的补助和减免之外，更可以考虑对企业保护水资源的行为进行报道和宣扬，进而不但可以彰显中央和地方保护水资源的决心和行动力，更可以在帮助企业在建立正面社会形象的同时进行节水意识的普及和宣传。

最后，作为用水大户的农业部门，仅仅在节水意识上进行宣传和普及是远远不够的，应该持续地推进农业的现代化、集约化和机械化的进程，科学地改进农业劳动生产技术，其中又以大幅度提高灌溉和生产效率为重中之重，为此在国家层面应该从顶层结构设计层面率先出台相关的政策以推动国家整体农业现代化的快速发展，同时引导和鼓励相关产业的发展和壮大。而从淮河流域和地方行政区等区域范围层面来说，除了进行区域层面政策的制定和细化以便更好更快地推进当地农业现代化进程之外，流域内彼此之间也应进行协作以避免不同区域之间的政策冲突影响实际的政策效果。在学界和企业层面，各地农业、农机协会也应联合企业设立相应的技术委员会，经常性地进行新型灌溉技术、新型生产工艺之间的交流和合作，并对国内和国际干旱缺水地区进行考察和调研，广泛汲取其技术优势和优良经验，达到促进新技术、新工艺的发展的目的。进一步完善奖励和激励体系，以企业资金为主、财政税收减免为辅等措施设立专项科技奖励或者财政专项资金，对新型节水技术的发明和新型节水技术的应用予以奖励和支持。

节约水资源更加经济的方式是建立水资源的循环再利用模式，而建立水资源循环再利用模式则要求政府能够介入其中，政府部门不光应在意识和宣传上积极倡导水资源的再生利用，更应该为居民、工业和农业部门制定对应的废水处理标准和水资源循环机制。在政策执行上也必须采取软硬结合的态度，对于大量耗用水资源且不积极参与循环水资源利用的企业，根据法律法规进行处罚甚至强制关停。同时，对积极参与水资源循环利用和污染整治的企业进行大力扶持和财政激励。

而从关注产业结构的角度上说，一、二产业应该更加注重水资源本身的循环和再利用方面的政策建设，促使相关产业形成规模化、集群化特征，提高水资源的循环再利用程度。对于第三产业，则应该更专注于对污水治理和再利用的管理工作进行有效落实，三者结合才能让各产业内及整个社会的水资源循环效率提升。

除了在产业结构上实施一定的政府调控，要想实现全方位循环用水，则应同步引入市场的调节机制：如设定工业直接用水的累进水价和收取水资源费或水资源税等，水费和水资源税的征收可以显示出水作为稀缺资源的市场属性，以达到促使人们节约用水的目的。其次，宣传和激励运用再生水资源的有效方法是大幅降低公共再生水的价格，同时对企业内部水资源再生和循环利用予以引导。最后对于废水排放费用的征收，也需要按流域特点因地制宜地进行论证，从市场机制的负反馈角度合理地促进水资源的循环再利用。

四、加强水资源的污染防治

水污染防治行动的实施有赖于各种有效的管理手段和体制建设，《中华人民共和国水污染防治法》从国家法律层面上明确授权国务院环境保护部门负责制定国家水环境质量标准和国家污染物排放标准，县级以上地方政府负责实施，同时《中华人民共和国水污染防治法》也明确规定地方政府对水质负责，但跨地区跨地域的流域管理在实践上存在着许多矛盾和困难。以淮河流域为例，直到明确的淮河流域水污染防治暂行条例的颁布，才从国家层面上明确了淮河流域治理的管理体制和监督机制，以及有关环境管理部门的相关职责，把污染防治工作以法规条文的形式固定下来，最终为淮河流域污染治理规划和污染防治指明了方向。除了发展方向上的体制建设，管理手段更是处理水污染问题的重要载体，因而实施科学的管理手段也同样对水污染处理起到关键作用。目前水污染防治的管理手段形式和类型繁多，大体上可以分为以下几类：

（一）行政控制

1.水环境影响评价制度

评价制度要求规划和建设项目必须进行环境影响评价，并由当事方和管理者双方通过签订责任书的形式来具体地落实地方各级人民政府和排污单位对环境质量负责的行政管理制度。制度同样规定了：县级以上地方人民政府环保主管部门批准向水体排放污染物的建设项目的环境影响报告书时，不得突破本行政区域总量控制指标。这一制度明确了一个区域、一个部门及至一个单位环境保护的主要责任者和责任范围，理顺了各级政府和各个部门在环境保护方面的关系，从而使环保任务和环保责任能够得到层层落实。

2.排污许可制度和排污申报登记制度

排污许可制度是指由环境主管部门及行政机关以颁布许可证或其他证件形式，允许排污单位进行排污并规定排污的目标总量，未经许可进行排污的行为即为违法。排污申报登记制度是指排污单位应当就其所拥有的污染物排放设施、处理设施和在正常作业条件下排放的污染物的种类、数量和浓度，以及与防治此种污染的有关技术资料，向所在地环境保护行政主管部门申报，并由所在地环境保护行政主管部门进行审查、登记的制度。

3.重点水污染物排放总量控制制度

重点水污染物排放总量控制制度是指在特定的时期内，综合考虑排放地及上下游经济、技术、社会等条件的实际情况，采取通过向排污源进行水污染物排放量发放配额的形式，将一定空间范围内排污源产生的水污染物的数量控制在水环境容许限度内而实行的污染控制方式及其管理规范的总称。这种控制方法是针对水污染物浓度控制存在的缺陷，在污染源密集情况下无法保证水环境质量的控制和改善提出来的，它比浓度控制方法更能满足环境质量的要求，对水污染的综合防治、协调经济与环境的持续发展具有积极、有效的作用。《中华人民共和国水污染防治法》第十八条对如何削减和控制行政区域内的重点水污染物排放总量进行目标的层层分解作了相关规定。

4.排污收费制度

排污收费制度是从水质保护方面考虑的一种水资源补偿制度，这是环境管理中最主要也是最普遍的经济手段。根据《中华人民共和国水污染防治法》第二十四条、《中华人民共和国环境保护法》第二十八条、国务院《中华人民共和国环境保护税法实施条例》规定，直接向环境排放污染物的企业和个体工商户，应当向县级以上地方人民政府环境保护行政主管部门申报排放污染物的种类、数量，由县级以上地方人民政府环保主管部门根据规定的核定权限进行核定，排污者应当按照规定缴纳排污费。排污收费是"污染者负担"原则的具体体现，是使水环境问题外部性内部化的有效方法，县级以上环保主管部门未征收或少征收排污费的，上级主管部门有权责令其限期改正，或直接催促排污者补缴排污费。环保部门、财政部门、价格主管部门的工作人员如果违反规定批准减、免、缓缴排污费，或截留、挤占、挪用环保专项资金，或不按规定履行监管职责的，依法追究刑事责任或给予行政处分。

5.调整水价

价格是影响水资源配置尤其是工业用水的重要因素，而工业水污染往往是水污染的重要来源之一，通过水价改革，制造经济杠杆来促进水资源的合理配置。淮河流域五省应按规定协调进行水费核定，出台地方甚至全流域征收管理办法，但就目前而言，流域整体平均供水价格仍然很低，并且地区之间还存在较大的差异，导致水资源作为稀缺资源的特性无法体现。

6.减免税费

减免税费是为了鼓励企业节约资源和对资源实行综合循环利用，通过综合循环利用减少中间产物或者尽可能利用中间产物，尽可能减少环境污染而实行的。可建议按照企业对水资源的综合利用程度及排污当量对企业的计征的税费进行减免，如免除无排放企业的城镇土地使用税或减半征收企业所得税等措施。

7.提供贷款贴息或优惠

对于企业按照政策要求达到国家或者地方标准进行废物综合利用或整体降低企业水体污染水平，可参照惠农贷款等由地方政府出台相关政策按规定向银行申请优惠利率甚至贴息贷款。

（二）产业引导

1.污水集中处理

各省市可根据当地实际情况，确定污水处理费征收标准。加大对企业违法偷排的查处力度，同时，要加强污水处理企业的管理，建立现代管理制度，实行独立核算、自主经营、自负盈亏，政府作为监督者应切实监督企业认真履行集中处理污水的职责，做到达标排放。

2.清洁生产

清洁生产的实质是贯彻污染预防原则，从生产设计、能源与原材料选用、工艺技术与服务源头减少资源的浪费，促进资源的循环利用，控制污染的产生，实现经济效益和环境效益的统一。

（三）社会监督

1.环境数据公示

参照阳光政务公示要求以及环境噪音、PM 指数等一系列环境指标的公示要求和实际实施方法，对流域水质情况甚至周边环境污染情况进行公示，以便社会群众对管理部门进行及时的监督，督促相关部门对污染问题快速、彻底地进行解决和处理。

2.设立群众举报和投诉热线

充分利用社会和群众的力量来加大对污染的防治，鼓励群众积极主动参与环境监督，对群众举报的重点和投诉的热点环境问题进行检查，对于有环境违法行为的单位和个人坚决依法处理。

管理手段的应用和搭配则具体考验着地方政府的施政理念和执政水平，如何根据实际情况应用最适合于流域的管理手段，将对水污染的预防和治理起到决定性作用。而在污染物性质上，淮河流域结构性污染突出，造纸、化工等传统工业是污染的主要来源，水利部门要落实水资源污染防治工作，首先需要重视水资源污染防治工作，在一定程度上加大对水环境治理的工作力度，有效解决水体污染和富营养化、难以降解的有机污染物等水资源污染的问题。国家水利部门应联合流域管理委员会构建一个流域整体的、统一的污染防治规划设计，同时针对流域内不同区域水资源污染的具体情况的不同进行合理有效的治理。其次在治理过程中也应充分利用水体的自净功能，综合考虑以降低水体污染防治过程中的总体成本。再次，相关工作人员需要对工业废水的排放进行有效的控制和管理，严格执行入河排污口排放水体的排放标准，严禁水污染物超标排放，从源头上降低水体污染的程度。最后，在产业结构上，大刀阔斧地进行产业结构改革，加快落后产能的关停、整合，促进工业部门的规模化，加快产业科技的发展，从产业结构上进一步优化污染的排放当量，合理降低自然负担。

五、调整水资源开发工程建设

人们通过修筑大坝或水库等工程建设的手段，人为地改变了流域的自然流动性和整体性，这一方面增强了人类对抗干旱洪涝灾害的能力，提高了流域水资源的利用效率；另一方面盲目建设和不合理的水资源利用方式也改变了流域原有的生态平衡，带来了部分负面影响。

水利工程的开发建设和工程管理是水利部门的基本职能。这些工程的建成，固然对有效保护流域水资源、合理利用水资源发挥着重要的作用，但淮河流域地处气候交界带，在降水上存在十分鲜明的时空特征，同时在空间上也呈现南北分明的特征。流域全年降水量由西北向东南逐次递增，在时间上呈现周期性聚集的特征，在局部地区的丰水季的降水量甚至达到了全年降水量的 70% 以上，导致干旱和洪涝两种问题在流域内并存的现象。流域内过多的闸坝使得水资源利用程度远超国际公认的合理利用水平，大量闸坝的修建也大幅度地改变了原生水系的径流，导致了多样的生态问题。

随着经济社会快速发展，水资源需求不断增加，水资源供需矛盾日渐突出，水环境恶化势头未得到根本遏制，这加剧了水资源日益紧缺的形势，导致更多的水利工程建设和原有水利工程运行维护费用的激增。水利工程管理方面存在的问题也日益突出：水利工程运行管理和维修养护经费严重不足；水利工程公益性耗费补偿尚未建立稳定的资金渠道；供水价格形成机制不合理；水管单位人员结构不合理，人员素质较低、能力较差等。对于工程项目的管理，还存在各类建设标准、验收程序不完善等问题。

针对水利工程建设和管理过程中存在的管理权限不清、管理不完善等问题，建议成立以中央为主、地方为辅的流域管委会制度，管委会原则上应直接隶属于国家有关部门。流域管委会负责指导流域内河流、湖泊及河口、海岸滩涂的治理和开发；负责授权范围内的河段、河道、堤防、岸线及重要水工程的管理、保护和河道管理范围内建设项目的审查许可；指导流域内水利设施的安全监管。按照规定或授权负责具有流域控制性的水利项目、跨省（自治区、直辖市）重要水利项目等中央水利项目的建设与管理，组建项目法人；负责对中央投资的水利工程的建设和除险加固进行检查监督，监管水利建筑市场；设立以中央专项资金为主，地方专项资金为辅的淮河流域水利专项资金，由流域管委会负责流域内中央水利项目资金的具体使用，由中央负责资金和项目审批和稽查，由地方政府和社会公众负责监督；在职责权限上进一步明确中央和地方的事权和责任划分，由中央牵头，地方配合，流域管委会主导合理统筹建设淮河流域大型水资源配置和利用综合工程，从流域水资源工程管理、水资源调度工程、生态补水等专项水资源调度工程入手，着力解决水资源管理权限、调度程序和机制、协调统筹、工程事前事后监管等面临的一些监督和管理的难题。从水利建设工程前后期评估等方面加强行政监管，建议管委会联合国家和流域水利部门适时出台水资源建设工程和调度管理的指导意见，进一步细化水利工程建设和水资源调度的管理要求，推动水资源开发工程管理进一步规范化和标准化。从合理调整现存的水利工程结构出发，合理降低局部水资源利用程度，以提升流域整体水资源利用效果和降低生态影响为目标，对在建的水利工程以及流域内现存的大量闸坝进行科学合理的再评估，根据评估结果对相关水利工程的运行方式做出调整，甚至对其做出改建或者拆除的举措。

第二节　推进矿山生态恢复治理

一、矿山生态恢复治理现状

矿产资源恢复治理是一项需要大量资金参与的环境整治项目，而现阶段矿山生态恢复治理发展的理念和方向主要是生态补偿。矿山或者矿产资源开发生态补偿是指因矿山企业开采利用矿产资源的行为给矿区周围的自然资源造成破坏、给生态环境造成污染、让矿业城市丧失可持续发展机会后而进行的治理、恢复、校正所给予的资金扶持、财政补贴、税收减免及政策优惠等一系列活动的总称。具体包括四个方面：

（1）因矿产资源的合法开采而给矿产资源造成不可再生的利用过程，由矿山企业对国家做的补偿。

（2）因矿产资源的合法开采给周围环境造成的污染破坏，由矿山企业对矿区居民做的补偿。

（3）因矿产资源的过度开采而给矿产资源造成无法继续开采或者难以承担的修复损失，由矿山企业对"后代人"做出的补偿。

（4）因矿产资源的不合理定价而给矿业城市造成成本投入损失，由其他工业城市对矿业城市做出的补偿。

我国目前建立的矿产资源开发补偿的相关制度主要包括矿产资源税，矿产资源补偿费，探矿权、采矿权使用费，采矿权价款等。虽然建立了这些相关的制度，但与真正意义上的矿山生态资源补偿制度体系还有相当距离，且不说制度体系本身并未从生态补偿的角度进行全面的考虑和建设，主要是偏重于补偿资源自身的经济价值，没有考虑到补偿环境价值和公平价值。而且，即使是单对矿产资源经济价值的补偿也不充分，不足以体现矿产资源的实际价值。2009 年 3 月，国土资源部出台了《矿山地质环境保护规定》，明确提出"矿山地质环境保护，坚持预防为主、防治结合，'谁开发、谁保护，谁破坏、谁治理，谁投资、谁受益'的原则"。这一主张的提出逐渐丰富了矿山生态补偿的内含，其中第十七条规定："开采矿产资源造成矿山地质环境破坏的，由采矿权人负责治理恢复，治理恢复费用列入生产成本。矿山地质环境治理恢复责任人灭失的，由矿山所在地的市、县国土资源行政主管部门，使用经市、县人民政府批准设立的政府专项资金进行治理恢复。国土资源部，省、自治区、直辖市国土资源行政主管部门依据矿山地质环境保护规划，按照矿山地质环境治理工程项目管理制度的要求，对市、县国土资源行政主管部门给予资金补助。"

二、明确新旧矿山分治原则

新旧矿山分治原则是西方国家在矿山生态治理中普遍遵循的一个原则，旧矿山往往因为历史经济发展的局限因素而存在着较多的历史遗留问题，这些问题往往因为历史原因难以明确责任主体和责任人，最终导致生态资源开发所产生的负外部性由全社会承担，实际由国家政府进行买单，而此类废弃矿山的治理原则应侧重考虑如何更好更快地进行矿山生态恢复治理以及如何降低矿山治理综合成本。

总体而言，对于淮河流域内确实存在历史遗留问题的废弃矿山，且遗留问题存在较大的解决困难或解决成本得不偿失的前提下，应按照是否可以进行复垦进行科学分类，对于可以进行复垦的老旧废弃矿山，科学地进行复垦计划的制定，在复垦实施中利用生物技术，可以在土壤中加入氮磷钾等化肥或者农家肥，提高土壤的肥力，从而给植物生长提供更加全面的营养元素，提高植被生长速度，更加快速地完成废弃矿区的复垦工作；在选择复垦植被时，应尽可能考虑种植植被的多样性，从而进一步提高植被的成活率。此外，对于重金属污染较为严重的地方则应严格遵循先进行重金属污染的治理后复垦的原则进行生态恢复治理，在对重金属污染土壤进行过初步治理后，要选择能够吸附有害重金属元素的特殊植被，防止土壤污染范围扩大，避免危及其他生态系统，进一步降低重金属元素对生态环境的破坏力度，而对于部分无法进行复垦也无法进行农业继续利用的集中连片塌陷区，可以考虑结合水利设施建设为水库或者生态湿地及矿山公园等特殊模式，兼顾环境治理和环境开发两种模式，尽可能多地平衡环境治理的成本。

而对于流域内的新建矿山而言，一般情况下均应按照法律和政策要求成立明确的法人制公司结构，进行开采矿山者，一般即为造成生态环境破坏成本的承担者，进而从法律和法规上能够清晰地明确和界定矿山的使用权和产权主体，明确生态责任主体、生态补偿主体，明确资源开采的利益获得者为矿山生态恢复责任的承担者。对于法律法规体系的不同各方，则应恪守职责，做好自己分内的事情。建议中央进一步完善整体的环境保护法律法规体系，并考虑引入市场机制、保险机制、保证金机制等一系列措施保障法律法规的有效运行。政府作为管理机构，则应按照法律法规和政策要求，对企业的开采行为和事后整治进行严格监管，对违法行为进行严格查处，但不必对企业经营行为本身做过多干涉。而作为企业本身则应更加侧重于对矿山开发所带来的污染的预防和控制，预防开采过程中可能造成的环境破坏和植被破坏，降低开采对环境的损害，控制污染物的排放，减少对环境尤其是对水资源的污染。

三、完善矿山生态环境保护政策

淮河流域矿产资源丰富、品种繁多、分布广泛、储量丰富。矿产资源在流域经济发展中起到了不可或缺的作用，但同时矿产资源的开发开采对流域生态破坏影响较为严重，直接采取停止资源的开采和关停矿产企业的方式不符合经济发展的基本规律，然而由此带来的环境整治和生态恢复工程一般会面临较高的资金投入和较长的整治时间的压力，被破坏的环境也往往需要经历漫长的时间才能恢复，因此必须探索矿产资源开发和生态环境保护的平衡模式，在矿产资源开发前和开发后进行政策引导、人为干预，现有的矿产资源补偿费用往往较低，对矿山生态保护的积极性也不高，因而重新评估矿产资源补偿费的补偿标准，加强建立科学的补偿标准体系，改变以往以矿产资源开发补偿为单一导向的方式，建立涵盖资源补偿、环境治理和生态恢复的综合补偿体系。

一直以来，在政绩考核长期以经济建设尤其是唯 GDP 论思想的指导下，地方政府没有足够的积极性和能力满足流域内矿山地质环境治理和生态恢复的需求。如何更好地进行生态环境的保护，这要求国家和地方持续地对现有的矿山环境保护政策体系进行完善，具体则体现为两个层面：从国家层面来说，需要进一步推进矿山环境保护法的立法进程，进一步匹配法律保障体系的建设与生态环境保护的需求，进一步细化重要法律制度建设满足环境保护的实践需要，从法律法规体系结构底层为法制化管理搭建基础，明确矿山企业及相关部门在矿山环境恢复治理中的责任与义务。而从地方层面来说，一是要在遵循法律法规体系下坚持因地制宜地制定地方政策，对矿山资源的开发和管理进行本土化；二是要坚持依法依规严格执行《环境保护法》等一系列环保法律政策及矿山环境影响评价制度；三是建立矿山生态恢复与环境治理地方政府责任背书制度；四是完善矿山联合监督检查制度，建议国家建立由淮河流域管理委员会为主，联合国家和流域水利部门、环境保护部门和国土部门的联合监督检查制度，在省级层面由地方政府和流域管理会共同出面指派或委任监督专员，细化矿产资源监督管理至目标末梢，并且明确监督专员的监督责任和监督权利，并授予与之相匹配的行政管理权限。自然资源、环境保护等相关部门也要加大对流域内矿山企业的生产经营的监督管理力度。

四、拓宽矿山环境恢复治理资金渠道

新中国成立以来，由于经济发展等客观需要和因素存在，大多数存在历史遗留问题的废弃矿山的生态修复和补偿行为等历史欠账只能由政府通过多渠道筹集废弃矿山环境恢复治理资金来解决，一般来说，资金的筹集渠道主要包含以下几个方面：

（1）矿区地方政府的财政支出。由于矿业对当地经济增长的贡献值一般较为突出，往往使矿区经济优于其他地区。随着矿区财政收入的逐年增加，应当按收入比例增加生态补偿资金，生态补偿资金主要来源于矿区政府采矿权出让所得的部分资金、矿山生态环境治理的新增土地收费中的部分资金、政府有关部门及事业单位涉矿行政事业收益中的部分资金和同级财政补贴的资金。此外，对资金也需要进行严格管理，严防被挤占和挪用，废弃矿山环境恢复治理基金应按照财政专项资金进行管理。

（2）中央政府矿产资源补偿费的转移支付。目前矿产资源补偿费是用于矿产资源勘查，用于资源和环境保护方面的比例很少，且补偿费用返还到资源所在地的比例也非常小。应当从国家层面的政策上明确规定矿产资源补偿费应按一定比例用于生态环境治理，使生态治理费用合法化；进一步调整中央和地方关于矿产资源补偿费的分成比例，使得更多的补偿费留给资源所在地，体现对环境污染和地区生态破坏补偿的原则。

（3）矿产资源输入地区的转移支付。根据矿产资源的流量，对矿产资源销售价格进行按比例提取废弃矿山补偿资金，通过输入地政府向输出地政府财政转移的支付方式来实现，也可由矿产资源富集区政府根据矿产资源输出情况，按照比例统一征收废弃矿山环境恢复治理基金。

（4）捐赠收入。包括国际资助和国内民间个人、企业、协会、团体、基金会提供的资金捐助或修复技术资助等，以及捐助资金用于投资所获取的利润和基金利息等。

因而如何将淮河流域的整治资金的筹集渠道拓宽则成为政策的设计主要

考虑事项，目前就原有的资金的筹集渠道，较为合适的方式主要有：第一，加强流域各地政府对于废弃矿山治理的默契和沟通，使得费用不仅仅是由治理地来承担，受益地区也应同样进行分担。第二，从国家层面加大对于环境治理尤其是废弃矿山治理的资金支持，在每年分拨的环境保护和环境治理资金中可以划出一部分专门用于废弃矿山的治理，并按照专项资金的要求进行管理和使用。第三，科学合理地在矿产资源流转过程中增加一定的税费，使得矿产资源开发所造成的环境负外部性能够由矿产流域上的各方进行分担。第四，积极呼吁社会参与到废弃矿山的治理中来，积极宣传环境治理的最终受益者是社会本身，进而呼吁社会各方出人出财出力。

五、构建科学的矿山生态治理技术流程和分工体系

淮河流域矿山地区的生态恢复不仅仅涉及土地整治的问题，还牵涉到水质污染和植被破坏等多方面的问题，这就要求中央政府在继续加大流域综合整治的资金投入的同时，建立一套科学合理的矿山生态治理技术流程，进一步完善我国矿山环境治理与生态恢复的技术和质量标准。建议中央督促环境保护部门、林业部门、国土资源部门、水利部门等行政管理部门协作起草相关技术章程和质量控制标准。同时，矿山恢复治理的方式也应推陈出新，综合考虑矿山治理的投入成本与环境产出，治理方向上可以借鉴矿山公园、文化创意园的结合方式，矿山环境治理和生态恢复的具体措施可以从水体修复、土壤恢复、植被复植三个角度来综合考虑对应的修复技术和标准，对新开发矿山可以根据实际情况考虑应用"边开发、边修复"的模式，对开采部分进行模块划分，按模块划分进行有计划的开采，开采完成后及时进行回填和植被复植等恢复作业，上述措施不仅可以避免在开采过程中堆积大量的土方等环境废物，而且降低了处理开采过程中的运输成本，最主要的是可以极大幅度地降低矿山周边环境的恢复周期。

矿山的生态恢复治理往往是一个综合性工程，而在实际整治和操作中往往是会牵扯到环保、水利、国土、自然资源等多方、多部门之间的分工与协作。责任划分不清往往会导致各部门之间的推诿扯皮与不尽责，各方也会由于趋利避害的本能在行为上趋向于宁可少一事不愿多一事，因此需要进一步明确

各部门的部门职责与权力，对流域矿山资源的开发管理和监督工作进行模块化分工，从矿山开采的许可证颁发、环境影响评价、开采监管等各个环节建立清晰明确的工作流程图以及对应的责任部门，并最终落实到具体的个人，真正做到问题落实到岗这一目标。对新设矿山开采的管理机制上严格采取事前评估、事中监督和事后评价机制，在新矿山开采之前就全面将矿山的生态恢复治理与恢复全面纳入行政管理的考虑范围，对于废弃、老旧矿山的历史遗留问题，在治理流程上应按照对环境的影响范围和影响的恶劣程度按优先级进行治理，同时应严肃认真地保持对违纪违法人员的追责，并依法依规进行严肃处理，在行为意识上坚决杜绝矿产资源开发企业和相关人员的侥幸心理。此外，于分工体系本身还应引入企业与社会评价机制，让有切实利害关系的企业与群众对政府流域生态与环境实际管理行为和措施做出评价，进而持续不断对分工体系进行修正和改进，以达到构建科学合理的矿山生态治理技术流程和分工体系的目的。

六、探索矿山生态恢复保证金制度

矿山生态保证金制度是一项科学有效的生态环境保护措施，源自建筑和工程保证金的模式，切实的利益关系能够迫使企业更加自主地对矿山生态恢复和整治做出规划，并且该制度相较企业自行提取生态恢复费用来说具有更高的强制性和更好的事后效果，因而该制度能在很大程度上为新建矿山的未来修复资金提供坚实保障，并从政策层面和市场机制角度让矿产企业主动去承担矿产资源开发所产生的负外部性，将资源开采的外部性内部化。但是与国外相比，我国在这一领域的保证金制度建设还存在一定的滞后性，因而参考外国相关法律法规，进一步加快建设流域矿山生态恢复保证金制度，具有不可或缺的重要意义。

建立健全矿山生态恢复保证金制度，首先应由国家层面提供基础的法律保障，这与前述的完善生态保护政策存在密不可分的关系。其次，应由淮河流域管委会牵头，根据当地的测算结果和实际情况确定淮河流域相关新建矿山生态恢复保证金计算方式和金额，并出台相关政策的实施细则和具体执行方式，为实际执法提供依据。然后保证金缴纳的流程应先于矿产企业的注册、设立，或者根据实际情况至少优先于新项目的开发，企业应先向流域管委会提交保证金项目计划书，同时流域管委会有权根据企业的资源开采项目的变动情况及自然条件的变化在合理范围内对保证金征收范围和征收幅度做出调整。矿山生态恢复保证金原则上应能覆盖矿山生态恢复的所有治理成本，因此一般应高于相关费用，以达到切实保护公众的利益和生态环境的作用，如果项目企业能够按照项目计划书如期地完成或者在合理展期内对已开发矿山进行生态恢复和复垦利用，则可以将保证金返还给所有者，也可以由管委会考虑实际情况，按照实际的恢复进度，分期按阶段返还所有者。如果项目方无法完成复垦计划或者因故最终没有完成矿山的生态治理，则可以由流域管委会按公共资源交易的形式进行招标，聘请第三方对土地进行修复，并且当出现保证金无法覆盖修复费用的情况时，可以由管委会联合地方政府继续对企业进行追索，即使在企业破产的情况下，相关债权也可以进入破产程序，按照法律程序一并进行清算，最终不足部分再由地方政府和中央政府协商进行承担。最后考虑到企业运营时需要拥有足够的流动资金，因此在保证金的实际缴纳形式上可以采取多种方式，如可以引入银行专项低息贷款，也可以考虑采用保函、单位存款证实书或者不可撤销信用证的方式来进行提供。

七、建立健全矿山整治验收制度

除了"要去治理"这一理念需要贯彻落实之外，更重要的是，对已经在治理的废弃矿山或者已经治理好了的废弃矿山的治理效果进行评价。这就要求废弃矿山整治的主体承担单位应详尽按照环境保护部门和水利部门的政策要求和流域管委会的实施细则对矿山生态修复综合整治工作进行实施方法的编写，并向当地有关部门进行报告，按照修复的主体目标和要求对治理进度和治理周期进行详细的罗列，并按照工程周期进行管理。矿山监管各相关部门应加强信息互通，联合执法，对矿山活动实行动态巡查，监督矿山企业执行矿山生态环境恢复治理方案，及时处理执行不当的问题，减少经济损失，不断巩固治理成果。

矿山企业自身也应遵循在开发中保护、在保护中开发的理念，坚持"边开采、边治理"的原则，从源头上控制生态环境的破坏，努力减少已造成的生态环境损失。对矿产资源开发造成的生态破坏和环境污染，通过生物、工程和管理措施及时开展恢复治理。治理过程中也应坚持科学性、前瞻性和实用性相统一的原则，广泛应用新技术、新方法，选择适宜的保护与治理方案，努力提高矿山生态环境保护和恢复治理的成效及水平。

最重要的是，流域管委会也应与时俱进、因地制宜地制定完善的矿山生态环境治理验收制度，按照流域内部不同的自然经济条件，按照不同治理措施制定详尽的验收标准，按流程、分阶段验收。此外，管理部门同样应该加强与企业之间的沟通和交流，对验收中发现的问题及时反馈给企业进行整改，做到边督查边整改，确保矿山生态环境恢复治理的科学性、长效性。

第三节　推进企业绿色转型发展

一、加强完善绿色法律法规体系

企业的绿色转型面临着许多深层次的障碍。虽然我们一直在关注资源环境问题，一直强调以人为本，一直关注人自身的健康，一直关注人与自然的和谐相处，但许多环境问题，甚至是污染问题均没有得到很好的解决，甚至一些问题还有恶化之势，因为往往与经济发展相比，环境问题或者说环境发展目标往往是次之的，这样导致了虽然我国已经颁布了多部与环境保护相关的法律法规，但是仍然不能很好地规范企业的污染行为，因而绿色环保法律体系建设依旧任重道远。

要建设绿色环保法律体系，首先对于法治社会和国家来说，无论是执法还是守法的前提条件便是要求一切的规则都应该要求以法律法规的形式确立下来，并形成逐渐统一逻辑的系统体系，逐步解决建设过程中内部的冲突和矛盾，让执法者和当事人有法可依，这对管理者抑或是被管理对象，政府抑或是企业均提出了较高的要求。此外，由于地方和中央的发展目标并不是完全一致的，地方利益和国家战略之间往往也会存在冲突，因此绿色法律法规体系建设也是对地方如何在顺应中央和国家政策的前提条件下，是否能够与国家进行充分的沟通，是否能够创造适应自身发展的政策环境的一次考验。

其次，对于企业自身来说，完善和健全绿色法律法规体系是企业愿意主动去进行绿色转型的基础条件。国务院、地方政府依法制定政策措施和环保实施标准应从积极提高企业主观能动性和主动性的角度进行考虑，法律法规的建设和政策设计应当从"保护"和"惩戒"两个角度来促使企业自发遵守。

然后，完善的法律法规体系除了督促企业能够自发遵守外部绿色法律制度之外，也应促使企业能够建立一套内部环保规章制度。企业应在经营活动中采取各种有效措施，尽可能降低在生产经营和科学研发过程中产生的基础三废、粉尘、重金属以及工业噪声，从而降低甚至防止它们对经济发展产生负面效益，也防止它们对流域甚至国家的人民产生健康上的危害。

再次，绿色法律法规体系的建设同样还包括了行业标准的设立和更新。政府和行业协会也应加快依法制定产成品标准的进程，及时更新已经淘汰的标准并严格执行新的相关标准。根据法律要求所确定的产成品标准不应伴随着经济周期而震荡，监督者也不应对相关标准睁一只眼闭一只眼，应让其作为一个具体的数值和基准长久地确定下来，让人们对企业产品建立合理的心理预期，在此基础上可以进一步将国内规则因地制宜地趋同发达国家的高标准，同时对于部分企业将较高标准产成品出口而将残次品留于国内市场销售的行为加以严格的政策限制，积极加强对国内市场的产品抽样检查，以促使企业由内自发的绿色转型。对于由于外部输入所造成的污染，包括但不限于进口高污染产品、代工高污染产品、倾销工业生活垃圾等污染输入行为，当地政府应根据企业实际情况予以行政配额，通过由内自发、由外到内两条途径以达到建立产品的环保体系，从而保障地区的绿色经济发展，同时保障人民的健康不受影响。政府应依法维护劳方和资方各自的利益，对于常处强势地位的资方，要以法律和行政手段遏制资本的无序扩张，防止进一步造成流域甚至国家范围内的垄断而对经济发展和人民利益造成负面影响；而对于劳动者，也应在保证基础的市场秩序和社会保障的前提下，有序地对市场加强竞争，以确保整体经济发展的活力。

最后，法律体制的建设同样应该确保政府能够依法制定政策并将公权力置于阳光之下，在公职人员行使公权力时，必须防止公权力的滥用并严惩滥用公权力者，严防官员个人将个人意志凌驾于公权力之上，对于以权谋私甚至官商勾结的行为严惩不贷，让公权力处于内外部的监督之下。

二、企业自主创新推动绿色转型

创新是产业转型升级的动力源泉，这点对于淮河流域的企业也不例外。流域内面临整体产业创新能力较低、自主创新能力不足、自主创新体系不健全等问题，上述问题限制了企业进行转型。

首先，地方政府应将企业自主创新放在重点位置，将加强企业自主创新能力作为政策建设重点，着力构建开放式技术创新体系。一是要建立高效、协同、开放的流域内甚至流域间技术创新体系。企业要努力解决科技资源重复分散的现象，着力加强流域重点实验室、产业中试基地等基础条件平台建设，打造一批一流的科研开发平台，进而促使企业成为创新的主体。企业加大科技投入力度，建立有利于自主创新的内部技术开发机构，广泛开展各种形式的自主创新活动，这能够充分体现企业作为创新主体的地位。此外，企业也应大力打造知识产权结构体系和品牌战略体系，进一步加强自主品牌和知识产权意识，进一步加强企业内部人才培养、团队建设和文化氛围的塑造，力求掌握具有自主知识产权的关键技术，为淮河流域经济社会发展提供高科技成果和专利，进而形成了良好的品牌效应。二是要鼓励流域企业与地方高校、科研院所形成创新合作组织。要发挥高校、科研院所科技引领作用，鼓励企业与高校、科研院所设立合作实验室或研发机构，促进高校、科研院所的技术人才和科技资源优势与企业的资本资源、产业资源和市场资源优势的对接和互补，加快科技创新成果向产业成果的转型，进一步完善产学研结合的技术创新体系，要坚持以企业自主创新为主体，以高校科研机构思想创新为辅，以市场为导向，着力开发具有自主知识产权的新技术、新装备、新产品，推动淮河流域一般制造业，尤其是高污染的一般制造业向高精尖制造业、高附加值制造业发展。

其次，作为经济活动的主体，企业才是进行自主创新的主体，因而必须先激发企业自主创新能力，创新并不意味着发明新产品，也可以是改进现有产品使其更加高效、绿色，且流域内的传统制造业就是创新的良好实验田，在新技术、新工艺、新管理模式的良好刺激之下，企业逐渐就能涌现出很多新的创新。

再次，企业要立足淮河流域协同发展，坚持产业协调融合发展，着力以提高全流域的劳动生产率为目的，同时积极调整企业内部战略结构，对于不符合战略发展规划的部门可以考虑转移或合并，同时借助国家提出的淮河生态经济发展战略研究等战略规划，可以进一步发挥淮河流域城市群功能辐射作用，形成不同类别产业集群，加强企业本身的实力以促进自主创新的能力。

最后，政府应作为引路人，要持续扶持企业自主创新，支持产业优化升级，加快流域产业聚集和升级。自主创新良好环境的形成离不开制定并实施有利于自主创新的投资、财税、金融、技术转移等方面的政策。在进一步完善金融支持方面，地方政府也应引导各类金融机构支持企业自主创新和科技成果的产业化，并为流域内成长型中小企业融资提供良好条件，积极支持高新技术产业、自主创新企业的风险创业投资和发展多层次资本市场，拓宽创业风险投资进入和退出的各种渠道。在拓宽技术转移支持方面，要旗帜鲜明地支持专利中介机构的发展，让市场在资源配置中起到主体作用，促进企业之间、企业与大学和科研院所之间的技术、知识的流动和转移，加快科技成果转移步伐。在加强流域产业协作支持方面，地方政府要互相合作持续引导产业向分工细化、协作紧密方向发展，持续鼓励企业引进新技术、新工艺，同时对企业绿色技术的应用及推广给予积极的奖励和肯定；从政策制定到政策实施上推动校企合作、产教技术的结合与发展，使得前沿科学可以较快地进行实际应用。在政策协作支持方面，淮河流域内的各地方政府应加强在环保政策和高新技术认定方面的联动与互认机制，同步对高污染高排放企业征收较高的税费，倒逼流域内企业进行自主创新和技术转型，在政策认定和税收优惠上可以采取环保政策高新认定加分项或者特殊审批机制，有突出环保贡献的企业还可以灵活地采取一事一议机制。

三、建设政府绿色经济绩效考核制度

明确绿色经济的发展绩效作为考核区域政府或地方政府的指标。从中央层面建立制定宏观的考核准则，淮河流域管委会则负责制定具体的绿色经济实施细则，考核指标可以从经济性、效率性、有效性三个角度进行明确，阶段性验收考核结果，并且同步融入绿色 GDP 概念，将企业环境污染和自然生态破坏的负面分数从实际的经济发展成果中扣除，彻底打破传统考核中只考虑绝对意义上的经济发展指标的做法。

在绩效考核的重点和核心评价指标上，虽然中央已经在政策上明确了部分类似内容，例如生态资产负债表的构成及领导人经济责任审计中的生态责任部分，一定程度上推动了淮河流域绿色经济的发展评价体系。但不同地区的先天发展条件、区域性结构优势和生态环境的实际情况都存在显著差异，因而评价重点应该起到既能推动区域主体功能区规划发挥更加重要的指导作用，同时也能提高生态环境价值核算的精准性和有效性。评价指标的建设应突出区域功能定位，能够科学评估区域生态保护成效和经济发展情况，加快建立差异化绿色绩效考核机制，进而将绩效考核的结果作为纵向转移支付的重要依据和参考，从而达到从财政和政绩两个方面对提高地方政府的积极性起到激励，同时也对其违规行为起到约束作用。

伴随着指标的确定，绩效考核的流程和方式也应做出相应调整。传统的绩效考核方式往往是上级下发文件通知，并且往往会要求地方部门先进行自查，按照上级要求进行指标或者提交自查报告，之后再派遣检查或者绩效考核小组赶往各地，以上报数据为基础进行核验。首先，此种方式下绩效考核将会在中间过程浪费大量的时间；其次，地方政府出于自己利益的考虑，在实际工作汇报时，倾向于隐瞒或者对高污染企业的实际经营情况不进行汇报，转而对绿色转型工作做得较好的少数企业进行报告，考核组由于限于时间和人手等原因，多数情况下无法兼顾未上报企业，转而只对已上报企业进行抽检，再进行实地调研，甚至可能只进行粗略的察看，这种操作模式使得污染企业可轻易逃脱责任。因此，上级在考核程序上也应进行大刀阔斧的改革，降低无意义的多次多部门检查，逐渐转向在不通知、不定时、不定点的情况下进行多部门联合的初步实地考察，减少检查数量，加强检查质量，这样才能真正地对当地的绿色经济发展起到帮助，同时也才能真正地对流域地方政府的政绩做出合理评价。流域地方政府应进一步明确自己在淮河流域企业绿色转型中的引导和宣传环保的角色定位，建立多级环保绩效考评制度，将流域的绿色转型目标与地方政府的政绩目标和发展要求相结合，切实推动政府帮助地方企业绿色转型。

四、提高政府招商引资的质量

扩大开放合作是我国自改革开放以来不断探索的基本方针之一，但是若外部资本的进入极大地阻碍了淮河流域本身的绿色产业和绿色要素的发展，则说明了流域在外资利用上存在一定的问题，招商引资质量有待进一步提高，招商引资的落地存在进一步改进的空间。因此，在流域地方政府扩大外部直接投资额时，应提高外部直接投资利用率。首先，不能盲目鼓励和吸引大型企业进行投资，而应该因地制宜地制定招商引资的标准并守住原则性底线。其次，招商引资部门需要提高对优质投资选择的认识，扩大利用外部投资来实现产业现代化升级，促进淮河流域的企业的绿色转型。作为企业本身也应积极借鉴优秀企业在先进技术和制造能力方面的经验，努力引进创新人才进行技术研发，集中资金和人才技术，专注于发展战略性新兴产业和现代服务业。最后，地方政府和流域科研院所及学院也可以继续扩大与外部资本的合作范围，鼓励优势企业建立研究院、工业园区和技术园区等机构，努力建立跨区域产业集群。

五、促进绿色企业的孵化与培养

流域地方政府可以在原有的孵化与培养模式之上尝试新型绿色孵化模式，鼓励发展绿色众创、众包、众筹等新兴模式，从新企业的创立伊始为企业发展注入绿色发展的基因。

企业孵化模式在形式设置上可以考虑设置创新工场、孵化器、垂直培育等多种企业孵化模式。针对流域各地区的特色，与流域整体核心产业建立紧密联系，组成一个相辅相成的体系，体系的创建和变革同样也应是为了产业集群有更加长远的发展。

完善相关功能场所作为企业孵化的基础功能，为符合标准的绿色初创企业提供办公和运营场所，保证它们能够便利地享受到基础的企业经营环境服务，在保障初创企业可以享受到流域当地政府提供的政务服务的同时，加强整合财务、工商、法律、设计、市场等多种商业服务，真正做到为初创企业进行一条龙服务，为绿色企业成长提供足够的动力支持。

在完善绿色孵化器和创新工坊等设施的同时也应进一步加强与大学院所等科研机构的联系，大学和科研院所是进行前沿科学研究的主要场所，是科技成果和高科技人力资源的直接提供者，处于经济发展价值链的前端。大学和科研院所在企业孵化器发展中始终以人力资源优势独具特色，并可以与企业许多活动协同发展，对企业孵化的主要作用体现在以下几个方面：其一，技术支持功能。技术支持是指大学和科研院所可以利用自身的科研优势为科技企业孵化器中的企业提供科学研究、技术试验与应用化指导等方面的支持。其二，咨询功能。大学和科研院所，特别是流域内的多所一流的综合性大学，学科门类设置齐全，可以为企业孵化提供创业咨询功能，更能综合各类学科的特色，让企业得以发展绿色经济。其三，教育功能。教育功能严格来说也是支持作用的一种，绿色企业孵化过程中离不开业务基础扎实、经营能力优秀等各方面的人才，需要理工、宣传、经管、法律等系列的对口人才，而绝大多数情况下这些人才均由大学和科研院所提供。其四，信息交流功能。大学和科研院所有着良好的创新意识和开放意识，一般来说也是接触学科和技术最前沿的地方，让它们充分参与到企业孵化过程中能够极大地促进新技术、新工艺的应用，进而达到全面促进绿色企业的作用。

绿色企业的孵化和培养需要一套完善的绩效评价机制，其绩效评价应当包括孵化绩效和运营绩效甚至广义上所取得的流域环保效益，评价的意图在于认定企业孵化的整体效益，进而强化企业孵化的价值导向。企业孵化的绩效评价作用同样在于探究和归纳企业孵化过程中的内外原因和存在的问题。具体的绩效评价体系包括绿色企业孵化过程中的基础服务条件评价、综合服务功能评价、技术创新能力评价、绿色经济贡献评价、社会贡献的评价、国际开放程度评价等方面的综合性评价。

流域地方政府除了为绿色初创企业提供合适的孵化场所和条件，在物质上也应给予绿色企业尤其是绿色高新企业适当的财政激励，降低企业对于环保政策和法律法规的抵触心理和成本压力，引导初创企业积极应用绿色环保技术，降低企业的生产经营对环境和生态造成的压力。在企业的培养上除了积极采用行政激励的手段之外，也要积极地引入市场手段来帮助初创企业进行发展，可以借鉴绿色经济概念创建企业绿色利润或者绿色净利润的概念，并且可以合理引导金融机构将其作为机构为企业进行授信的参考指标之一，出台政策文件进一步激励金融机构加大对符合环保标准要求的企业的信贷力度，同步结合降低相关企业的利息标准、延长贷款期限、政府贴息等多种金融、财政手段，切实为初创企业的发展铺平道路，为企业发展提供新思路。

六、产业聚集和资源配置助推流域绿色转型

科学技术的发展和迭代是实现产业绿色发展的关键，淮河流域内部分城市产业的科学技术壁垒严重阻碍了产业绿色转型的步伐，所以应该加强科学技术支持并全面推广其应用。并且科学技术的发展同样也会反作用于加速产业集聚和扩大产业规模，而后两者所带来的集群效应将极大地加强流域内企业的资源配置能力，使得企业能够集中力量去突破关键的技术壁垒。流域内整体减少对高能耗、高污染水平产业的需求，快速促进资源节约和环境友好型产业的发展。还可依靠技术创新提高能效，推广资源循环利用技术、可再生能源技术、高效节能技术等，促进产业结构转型。加强生态农业技术、绿色化肥、农药科学利用等领域的研究，进而实现提高产品质量和加强农业生产废弃物的循环利用。

虽然技术的创新和发展是流域企业绿色转型的原动力，仅依靠技术进步在短期内虽然确实可以获得显著的成效，但从长期来看，缺乏辅助因素确会使产业绿色转型效果大打折扣，甚至出现停滞或衰退的现象。因此在发展科技动力的同时，流域管理机构也应着眼于调整产业结构，进一步优化资源配置，稳步推进企业绿色转型，避免资源高度集中，从而造成利用率过低的问题。

七、进一步加强产业集群和产业平台化建设

流域地方政府应建立政企协作机制，保障产业融合集群发展。协作机制是产业融合集群发展的制度保障。流域地方政府要进一步支持淮河流域产业间战略合作和跨行业、跨行政区兼并重组，提高流域整体产业的规模化、集约化、集团化经营水平，从而培育一批优秀的企业。

流域地方政府要坚持政府引导与市场机制相结合，建立行政倒逼机制和财政激励机制，逐步解决解决市场要素滞后问题，逐步打破区域分割，消除流域内的隐形壁垒，尽快建立能够与本地优势互补、互利共赢的流域产业协同发展机制，确保整体产业发展的顺利实现，进而加强企业进行转移的内在驱动力，解决企业转型的后顾之忧。建立疏解转移有激励、落后关闭有引导、产业对接有支持的政企协作机制。

流域地方政府应要进一步调整淮河流域产业结构，推进产业融合和产业集群发展。产业结构决定流域产业融合的广度，政企对接的顺畅与否则决定了产业融合的深度。进一步完善区域产业结构调整，针对东南部劳动密集型产业迁入，流域内的承接地区应当坚持产业协同发展的原则进行产业承接，同时注重增强产业间生产方式、工艺技术的联动，注重承接产业与原有产业的结构互补，提高区域内产业的整体优势和聚集度。同时，应结合区域产业发展的差异，发挥各自优势，确立龙头产业、主导产业，强化产业内容对接、创新成果对接、创新技术对接、研发人员创新劳动同其利益挂钩对接，进一步打通产业间的联通与联系。地方政府应减少垂直管理所带来的行政过度干预，通过一定程度的简政放权，从而促进产业间的技术融合、工艺模式融合和政策对接，促进产业内部的协调发展。

淮河流域的地方官员和企业同样应深入贯彻落实国家的环保和绿色理念，结合当地特点和国家产业政策，发展特色经济和高新技术产业平台，在流域各省份合作共享的基础上设立产业园区，在互通有无的前提下避免重复投资导致恶性竞争，促进新兴业态的集群化和平台化，搭建企业联盟联合保护平台，探索流域统筹规划的生态产业链，建立从生产、加工到销售的"绿色"链条。提高特色经济在经济结构中的比重，加快新农业、新旅游观光业、新服务业等业态在当地的发展。搭建承接平台，助力产业融合集群发展。平台是产业融合集群发展的有力支撑，归根结底产业融合集群发展是以企业为主导的，政府则应加强自身引导角色的定位，帮助企业推进平台化建设，营造产业融合集群发展的良好环境，搞好产业结构分工与计划衔接。

八、重新塑造消费者的绿色消费观念

消费是经济发展的原动力之一，消费者更是企业的终端客户，消费者的价值取向和观念往往在无形中塑造企业的产品形式和企业的生产方式，因而塑造消费者的绿色消费观念则更有利于促进企业的绿色转型。企业在绿色转型的过程中要积极发挥消费者的作用，通过法律手段对环保底线进行明确和限制，进行环保意识的宣传促使人们进一步提高自身要求，进一步对公众进行教育和知识普及来让消费者自发地选择绿色企业的产品。同时树立消费者自身的环境保护意识，利用淮河流域的现状对激发消费者自身的环保意识，特别是沿河城市群消费者的环保心理。进一步明确消费者自身作为环境受损和生态破坏的直接承担者，明确消费者自身与环境的密切关系，促进消费者由内自发地形成绿色环保意识。

在塑造消费者绿色环保意识的过程中，流域地方政府同样应作为先行者多举措并行地去帮助消费者塑造环保观念，提倡绿色消费理念，通过宣传教育强化公众的绿色意识；引导公众形成功能实用主义的消费观念，宣传绿色合理消费的理念，反对过度消费；进一步加强落实消费者作为社会监督机制的组成的功能机制，积极实现消费者对企业的监督作用，形成对于企业绿色转型的倒逼机制，以合理机制逐步淘汰落后产能和高污染低效益企业，弱化并降低传统高污染企业在经济结构中的占比。

第四节　建立流域生态安全体系

一、建立集成化的智控中心

建立集成化的智控中心，促进淮河流域内企业生产经营和生态环境数据的联动数字化，同步提高政企交流的数字化程度，可以合理地将企业报送的税务数据、经营数据、排污数据以及管理部门的监测指标、水质监测、舆情监测等多方面数据汇总至智控中心，进行单独企业、片区企业、产业群之间的分析，能够做到快速分析企业相关经营数据与排污情况是否相符，监督企业是否可能存在数据造假，通过各个监测点之间的联动，交叉检验相关数据的真实性、有效性，验证企业和各机构报送的相关数据是否属实、是否及时，进而大幅降低监督难度和执法成本。智控中心在管理上的应用也存在很大的提升空间，如通过淮河流域省份之间的协议互换，可以在不同的排污监测站之间获得相关监测数据，对流域各省份之间的排放数据进行交叉对比，可以快速分析流域污染源、污染的具体情况，同时根据流量等相关数据进一步分析处理，可以建立模型对流域内的洪涝、干旱等灾害进行监测，甚至能实行一定程度的预测。在人员管理上，利用电子设备和视频技术对值班人员进行监督检查，可以快速确定值班人员是否在岗，同时也能检查值班人员是否玩忽职守。

集成化的智控中心同样意味实现对淮河流域内的水利设施、排污监测器甚至其他传感器及设备进行物联网化的管理，相关传感器和设施的工作状态及保养记录同样可以及时地传输至智控中心，系统同样会自动记录相关设施的保养记录并进行智能对比，确认保养单位是否按规定期限对设备进行维修保养，这样一旦发生汛情和污染等生态问题，除了能够快速确认设备是否处于正常工作的状态，及时地进行预警、预报、发布等功能，更能够明确地分清工作责任，将责任真正明确到岗位，对流域系统进行一个更加精细化的管理。此外，合理制定信息的权限查询机制，方便信息数据可以在流域政府、企业、社会之间进行流动，实时传输、实时更新，不仅方便有关工作人员掌握和查询信息和数据，同时可以让企业根据需要快速调整自己的生产经营战略，更可以引入社会监管机制，可以让群众对政府无法兼顾、容易产生忽视但易造成深远影响的部分进行合理有效的监督，有效化解监管难、监管不到位等问题。

二、基于大数据推进智慧城市的生态安全化建设

大数据智慧管理技术是智慧城市的智能体现，为城市居民提供居住环境的真实数据并进行自我调节，从而实现管理目标。传统意义上的大数据城市一般是指市域内公共管理数据的大数据化，在实现途径上主要是通过各式设备对公共大环境进行数据统计、分析从而达到城市管理的目标，但这种传统

模式一定程度上缺乏对城市内、环城市及更广泛的区域生态环境和生态安全的综合考虑。而生态智慧城市相较于传统的智慧城市，则主要是对区域内的城市和城市间的环境参数和变量相应地进行了大幅度的扩充，这样的特点使得它十分适合应用在流域内城市间的管理工作上。

通过推进先进信息技术应用与城市生态安全理念的融合，建立一个与流域产业群、管理机构双向沟通的管理系统，并以管理系统为基础，搭建生态安全数据库，广泛获取流域内的生态安全信息，与传统的城市海量大数据交叉对比并进行科学处理，精准地反馈环境变化和生态安全对城市居民和产业发展的影响，切实反映居民对生态环境的需求，帮助城市政府更快、更好地实现从管理到服务、从治理到运营、从局部到协同一体的现代行政服务理念的转变。

在提高流域城市整体健康水平等方面，生态智慧管理系统可以根据城市圈最新的动态环境数据（如微生物参数检测、氮磷化物污染程度、COD 排放量）进行动态监测并交叉对比城市内人口的疾病发生率、重点疾病感染率和突发公共卫生事件，进行静态、动态分析和数据建模，为政府及时对公共卫生突发事件和公共卫生环境变化做出快速反应提供坚实的理论和数据基础，为城市居民的健康生存环境打下坚实的基础。

智慧城市的生态安全化建设以信息技术为核心，以科学发展观为大纲，统筹发展城市内水循环及水资源管理、垃圾分类回收、大数据管理技术、城市及城市间的环境生态安全保护、循环经济和可持续发展经济等各个重要领域，并能够基于客观数据进行统计、分析与决策，能够做到使政府、公众、企业的行为和决策更加符合淮河流域长期生态稳定和安全状态需求，提升了流域一体化程度。通过智能化、交换共享与协议互换，进一步实现城市生态安全运作更安全、更高效、更便捷、更绿色的和谐目标，从根本上改善城市空气、水源质量，实现流域大环境与城市小环境统一，提高居民健康幸福指数，最终构建智慧城市的生态安全体系，实现流域内各参与主体共享与互赢。

三、进一步强化生态环保举措，防范环境风险

流域政府应特别关注生态环保措施，重点加强高污染行业的风险防范，

从污染产生的结构性体系上进行多举措的防范。一是优化产业空间布局，坚守生态"底线"，构建恰当的生态防护距离，确保不对生态环境、敏感群体和人体健康造成危害。二是提高地方环境准入标准。地方政府可以通过制定严于国家排放和污染的地方标准，并且进行流域省际联动，提高引资招商的环保门槛，推动高污染产业向低污染化、科技化、高附加值化发展。三是加强污染治理观念和行动，认识到科学在环境治理方面的重要性，建立合理的科学治污观念，树立更加良好的环保意识，进一步提高产业园区的基础设施水平，同时匹配提高运营单位的运营管理能力和管理效率，提高废水的处理水平和废水回用率，安全处置各类废水；加强危险废物、工业废弃物管理，尤其在设计产业链时，要求从政者不能因短期的经济效益而忽视危险废物管理等法律法规的执行而带来长期的环境污染风险；加强废气治理，采取金属催化、有机物络合等多种方式，从根源上降低废气的产生和排放。四是提高副产品、废弃物综合循环利用和无害化处置水平，要求流域各产业之间及产业链内设计更加合理的生态工艺流程，加强彼此间的分工与协作，研发新的分离提纯工艺、催化剂，在生产流程之间存在中间产品、副产物的环节要进行合作研发，深入沟通探讨，根据彼此需求和痛点，构建新的企业间工艺流程，可以考虑在近距离的不同企业之间建立一整套新的工艺，最大幅度利用中间副产物。同时在废弃物综合利用方面加强交流合作，提高废弃物的综合利用的程度，进一步促进废弃物处理集中化、高效化，加强产业体系整体物质内循环，提高整体的综合产出，降低综合排放，进而做到在合理降低污染排产的同时大幅降低生产成本。五是进一步加强流域企业内部风险防范和控制措施的制定和落实，企业应从宏观战略层面考虑生态安全和由此产生的政策对企业经营产生的影响，进行风险评估和风险控制，增强企业整体风险意识和风险防范控制能力。此外，企业应该从微观角度的内部控制和内部管理上进一步细化制度和管理规定，研究如何在贯彻落实国家的相关政策和生态安全要求的原则上保障企业效益和企业利益，提高企业管理命令的执行效率、执行效果，避免基层在执行上跟管理层理念出现偏离，导致实质性的受损。六是进一步提高淮河流域地方政府行政透明度和公信力建设，地方政府除了出台相应政策外，更应该对政策的细则和内容做出明确解读和释义，避免出现模棱两可的行政命令和行政处理结果，进一步将处理流程、处理结果、处理依据透明化，真正做到有法可依、执法必严、违法必究，使得企业对违规违法成本建立合理预期，提高政策的传达效率、执行效率和预期效果，从而真正提高政府公信力。

四、建立和完善专项生态安全预警机制和预防体系

生态安全预警机制和预防体系的建立的目的是更好地保护居民健康和生态环境。有效的预防所带来的效果要远大于事后去整治，同时良好的预防体系的建设可以大幅度降低环境生态方面的支出。而预防体系的建设则首先要求有可靠的预警信息，并且预警信息应是及时的、有效的，因而就必须坚持设立流域专项生态安全预警机制。

首先，建议从国家层面制定一部与生态预警相关的专门法律，将生态预警和防控的重要性提升到国家法律的层面，整合国内甚至是全球的生态状况及相关文献资料来进行预警机制的设计与制定，在现有生态安全的界定范围内进行拓展，将其应用至国内、区域内、流域内的各个生态安全问题本身，更应用至涉及影响到生态安全的方方面面。要求相关机构应对生态安全问题迅速作出回应，提前针对相应生态危机设计多种防护举措，建立由气象监测体系、防汛抗涝体系、旱情防治体系、动植物检疫检测体系、环境监测体系等构成的综合生态安全预警和防护体系，提高全流域应对生态环境灾害的应急能力，最大限度地维护生态安全，减少灾难的损失。

其次，就区域而言，应充分发挥淮河流域地方政府的行政职能：一是根据现实的生态状况，流域地方政府能够根据机制及时向社会与公众发出信息预报和提前预警，能够迅速有力地调整当前的政策，同时对发生的水体污染、废弃矿山等生态危机及历史遗留问题要引起足够的重视，将生态预警制度作为预防生态危机和减少人员财产损失的一项重要举措予以规定，充分实现政府的行政职能。二是流域生态安全预警机制的建立应作为地方政府政策建设内容的一部分，对没有按照法律法规设置设立相应层级的生态预警机构的地方政府的责任部门进行追责及处理。三是促进学术界对于生态预警研究机制的探讨与研究，从理论和科学角度使其朝着更加全面、完善、科学的层面发展。

最后，要进一步完善处罚和激励措施，根据法律法规制度明确处罚和奖励的依据和力度，适当加强违法行为的处罚力度，大幅度增加违法违规的成本，对于违反生态安全预警的相关规定的各类行为也应进行相应的惩戒，根据其性质、主管因素、客观后果等各方面从法律法规角度做出明确的处罚规定，对于积极建设预警防控体制和有效执行的单位和部门要进行大力激励，并根据有关条例合理设立适应当地水平的激励标准，并严格执行。在激励手段上，除了考虑传统的物质奖励和精神奖励结合的形式，更应在宣传舆论和文化风气上进行建设，让积极参与者自发地形成自豪感。在管理手段上，结合智控中心的建设和信息化管理加强对违反预警机制规定行为的打击力度，对在预警工作中玩忽职守、不负责任的工作人员以及知情不报、只顾自身安危的公民都应做出相应的处分，充分发挥出法律的警示作用，打击违法违规行为。

第五节　完善流域生态环境补偿政策

一、淮河流域生态环境补偿现状

生态补偿是为保护生态环境、促进人与自然和谐发展而采取的措施。自20世纪80年代以来，我国在林业建设、矿产开发等多领域均开展了生态补偿的实践，但生态补偿的称谓直到20世纪90年代才出现。目前，我国已建立了较为完备的资源和环境保护法律体系。有些法规和政策文件对生态补偿有所规定，但对各利益相关者的责任、权利、义务界定及对补偿内容、方式和标准没有明确规定，导致利益相关方无法根据法律界定履行在生态补偿方面的责、权、利。而在生态补偿的学术理论研究上，学术界对生态补偿和生态环境补偿的内涵、外延、理论依据和补偿方法等还存在不同的理解和认识，理论探讨和实际应用还有不少差距。最后，在实践中还存在生态补偿法律基础薄弱、补偿主体和补偿对象难以界定、补偿标准难以确定等问题。

流域生态补偿是生态补偿的重要领域，因流域生态系统的复杂性和水的流动性，其补偿关系更为复杂。流域生态补偿是指以保护流域水资源和水环境、促进人与自然和谐共存为目的，通过调整破坏者、保护者、受益者、受害者四者之间的关系，从而将流域生态环境中的外部性问题内部化，从而调动保护者的积极性，约束破坏者的行为。流域生态补偿主要包括了流域生态补偿和流域水环境保护补偿，即包含了破坏者向受害者的补偿，也包含了受益者向保护者提供的补偿。保护流域水资源的生态建设活动具有良好外部经济性，生态建设活动所产生的效益会使许多人受益。从长远看，流域生态建设地区的生态建设活动不仅改善了当地水资源生态环境，也使下游地区受益。

21世纪以来，淮河流域入河污染物排放总量增加幅度较高，水污染呈加重趋势。水污染的反弹加之水资源短缺，致使流域局部地区呈现水生态环境极度脆弱的状况，甚至部分污染严重的河道水体已丧失水功能。流域水资源危机不断加重，河湖干涸现象常有发生。流域内几大淡水湖常年处于死水位下，流域河口淤积现象常年存在，生态危机越来越突出。与此同时，由于淮河水体污染严重，反而进一步导致了许多地方超采地下水，导致出现地面沉降、海水入侵等严重的生态环境问题。生态补偿制度的缺位更加加重了这种生态环境问题的严重程度，哪里受污染哪里治理哪里承担的传统理念仍旧存在广泛的认同，生态补偿对象不清晰、不明确，治理意愿和治理能力存在严重脱节，而生态受益地区往往秉承事不关己的态度，导致实际生态问题的承担地区因其他地区行为的外部性而承担了过高的治理费用。因此，生态补偿制度的建立有助于改变使用水资源、破坏水资源生态环境而无须付费的观念。就目前而言，流域各地还存在大量无偿使用水资源，无偿利用江、河来排污。流域水资源生态补偿制度的确立最主要是利于促使人们由"谁污染谁治理"的理念向"谁受益谁付费"的理念转变。

建立淮河流域生态环境补偿机制可合理调节流域内各相关主体间生态利益与经济利益的关系，对促进上下游区域协调发展、确保流域水资源可持续利用具有重要的现实意义。从法律体系上，虽然流域内各地针对各自流域内的特点已经出台了一些生态环境补偿的相关政策，但是上位法的缺位对生态补偿的规范化和法制化造成了一定的阻碍；在市场机制上，流域内生态补偿仍旧停留在企业自发进行的基本层面，企业往往因昂贵的修复成本、缺乏必要的监督以及较低的违法成本而不愿进行生态修复，因而地方的生态补偿体系建设仍旧存在较大的困难。如何进一步明确淮河流域的事权划分，清晰明确淮河流域中生态补偿的各角色定位，对于整个生态补偿体系建设具有长远的意义，而要真正达成这个目标，流域地方政府除了需要进一步与国家进行协调之外，在生态补偿政策建设上依旧有很长的路要走。

二、流域生态补偿的政策体系

淮河流域横跨多省，流域横跨的省份存在明显的地域差异和经济发展差异，因此如何建立健全一套行之有效的流域生态补偿的政策，无疑会对淮河流域未来的生态补偿工作起到决定性的走向，但生态补偿条例的起草工作虽然早已被提及，但至今未见实质性文件，生态补偿制度法律体系的建立健全仍然任重而道远。所幸的是，各地仍然基于地区实际情况出台了许多生态补偿暂行办法和地方性政策，对流域机构和企业行为进行了一定程度的约束。

建立健全淮河流域乃至国家的生态补偿政策体系离不开前人的经验，如果借鉴发达国家的经验已经实施的流域生态补偿政策，并对其进行归纳和分析，可以发现绝大多数政策的核心要点和难点是如何去界定补偿主体和受偿客体，解决谁去补偿谁这一核心问题。对此，有许多学者对政策体系进行了分类和探讨，有的研究者认为流域生态补偿政策体系有3种：政府主导型、市场交易型和非政府组织主导型。而有的研究者则认为流域生态补偿模式归纳起来主要有5种：资金补偿、政策补偿、实物补偿、项目补偿、智力技术补偿。

考虑到流域补偿政策的复杂性，为了便于理解和明确分类，本文将目前国内外已经应用的政策按照中间过程是否存在直接的货币流转分为现金补偿政策和非现金补偿政策，具体如下：

（一）现金补偿政策

1.排污权交易机制

淮河流域横跨幅度极大，同时下游地区对跨区域、全流域性污染的防范能力很弱，因此引入市场机制，将排污权交易制度引入环境保护实践中，合理协调上下游排污关系，将对流域整体的长远发展起到至关重要的作用。虽然2014年国务院办公厅颁布了《关于进一步推进排污权有偿使用和交易试点工作的指导意见》，但是从立法层面来说，法制体制建设依旧深受计划经济时代做法的影响，政府更加倾向于采用行政强制措施管理环境问题，目前排污权交易制度并未建立成国家层面的体系的法律制度，而只是在《水污染防治法》《大气污染防治法》中有零星的提及，导致地方政府和流域机构需要根据自己的实际情况，进行交易制度政策的摸索。因而需要持续推动排污权交易制度改革，建立健全权属清晰、权责明确、流转合规、监督有效的排污权交易机制，为进一步实施多元化生态保护提供基础机制，为平衡上下游之间经济发展和生态污染之间的关系打好基础。受限于排污法律制度的不健全，我国的排污权交易市场同样存在不完善不规范的问题，导致流域内一些企业肆意出售或者联合限制其他企业出售排污权，从而导致了无序的竞争行为，部分行为甚至形成了实际意义上的垄断，哄抬了市场价格，扰乱了市场的交易秩序，为此应建立以淮河流域管理委员会为主的流域排污权交易管理机制，同时设立流域排污权管理中心，通过科学论证合理确定流域各地区污染物排放的总量，按照环境的承载能力明确排放指标的种类和排放当量，确定流域初始排污权的分配方案，通过流域排污权管理中心建立排污权交易一级市场，充分利用市场机制解决排污权在企业之间的不平衡问题。排污权交易机制的健全发展同样离不开一套成熟的监督体系，应从法律体制上严格明确排污权从申请、获得到最终使用阶段的各项标准，建立灵活的自主和强制退出机制，加强对排污单位的监督检查，进一步加强对排污单位上报数据的核查，促进排污权交易机制的健康发展，建立健全反映流域污染外部性内部化的价值保护机制，使生态资源受损者能够通过交易市场使其生态情况得到充分保护，提高流域整体的经济发展状况。

2.横向补偿机制

建立横向补偿机制。淮河流域的结构性污染较为严重，丰水期间上游常常会有大量污水下泄，中下游流域相对于上游流域，不可避免地更容易受到水资源污染问题的困扰，同时造成损害的赔偿难以落实，大大增加了中下游地区环保工作的难度，而这些问题同时还会反馈在流域周围的生态上，尤其是在省际、行政区划交界处，责任无法清晰界定的情况下，更容易导致上游产生的负外部性由流域共同承担。推动实施流域内横向生态补偿，各地政府甚至利益相关组织可以在协商一致的前提下，对流域内各主体直接或者间接分享的公益性生态环境效益和直接经济效益进行更加精确的定量分析，各地应按照定量分析的结果，按照收益比例分担生态建设和环境保护成本，最终达到流域内生态共建、环境共保、资源共享、优势互补、经济共赢的目标。流域内生态补偿首先需要理清楚"为什么补""谁补谁""补多少""如何补"等一系列问题，在为了流域总体经济更好更快发展的总目标上，合理地限制重污染工业、高密度畜牧及养殖业等，或通过联合限定污染企业产值等方式，来达到保障上游甚至中游的水资源质量，通过中游及下游获得的超额收益按补偿体系合理对上游的生态让步做出经济补偿。流域内合理进行赔付需要明确地区之间的生态关系，合理评估生态获益地区获得的利益，同时尽可能准确计算补偿地区实际所付出的经济成本。在上述措施中，对于被补偿地区的补偿依据和补偿标准则是毫无疑问的重点也是难点所在，流域内补偿区域和受偿区域对流域生态的测算标准存在很大的分歧。不仅在水质、水量基础上进行补偿没有划分标准，而且上下游、左右岸之间不同地区和流域致力于流域水环境保护的投入成本也不同，因此，补偿标准难以落地。然而，实质上流域生态补偿标准的难点并不在于技术阻力，真正的阻力来自行政。补偿标准问题不可避免地要牵涉地方利益，而横向补偿则是地方行政关系之间的一次利益互换，但是方方面面的行政关系又错综复杂，最终导致对补偿标准争论不休，严重制约了补偿机制的建立和实施。因此，明确按照"谁开发谁保护，谁破坏谁恢复，谁利用谁补偿"的原则，建立污染方与被污染方、上下游、城市与乡村、资源提供方与资源获取方、富裕省份与贫困省份之间互相的补偿标准，促进受益地区对受损地区进行生态补偿，更进一步地建立不同层面的生态补偿机制，才能更好地平衡各方利益。

3.财政转移支付

政府仍然是流域生态补偿的主体之一，明确要积极发挥财政在生态补偿中的基础作用，推动淮河流域生态保护和治理，建立健全淮河流域生态补偿与保护机制，从而实现生态补偿、生态保护和可持续发展之间的良性循环。流域内各个发展主体之间的矛盾，本质是由谁承担主要的生态补偿成本的问题，这些问题目前则主要是通过地方政府之间的协商谈判来进行解决。因此进一步拓宽筹资渠道，对于落实生态补偿政策则尤为重要。目前在政府主导的模式下，淮河流域主要的生态建设和生态补偿资金主要包含：一是流域内各级政府的财政收入中，固定用于流域生态补偿的资金收入。二是淮河流域生态建设、生态保护、生态开发以及其他公共项目预算（特别是水利建设项目）中的生态补偿资金，这部分资金则会随着工程项目的展开和工程项目的决算产生较大幅度的波动。三是中央财政转移支付给淮河流域内各个省份的生态补偿专项资金。这部分资金的具体数额的大小则主要取决于中央财政的财力，资金数额大小存在一定的不确定性。因此，不难看出加大中央财政对淮河流域生态补偿力度，同时加大各级政府对下级政府的专项财政转移支付，特别是加大对负外部性承担方的补偿力度，对进一步促进流域生态环境的改善将会起到明显的作用。

4.市场融资机制

探索建立可持续市场化生态融资机制，引入社会资本。流域生态建设和补偿这一领域产生的巨大边际效益将会吸引广大市场资金进入，可以考虑在跨流域间设立生态项目，吸引市场资金投入到流域生态建设和补偿项目中。要引入社会资本，首先需要发挥财政资金的引导和带头作用，以法人形式建立淮河流域生态补偿基金，进而充分募集社会资金。其次，集中力量优先让流域内先天条件比较好的区域先发展、先富裕，同时并从城市发展红利中提存固定收益作为生态补偿基金的收益，以保障社会资本进行投资的积极性。对于流域内自身先天条件较差的地区，在发展线路上同样可以考虑以财政资金为主，以补偿资金为辅，坚持绿水青山就是金山银山的基本理念，坚持以完善基础设施建设为主来推动地方发展，并且在基础设施建设过程中尽可能地对周边环境进行保护。这部分城市则可以考虑部分借鉴风险投资的理念，探索生态补偿基金以长期投资的形式享受城市的发展收益，同时一定程度上也需要承担城市发展的风险，将当地的经济发展与参投资本的收益绑定，进而充分调动社会力量的参与，发挥其主观性、积极性、能动性。

（二）非现金补偿政策

1.流域内对口帮扶

淮河流域地域跨度极大，流域内各地发展程度不一，部分流域因为环境保护的需求，导致诸多工业上的发展都将被牺牲。从社会长远发展的角度来考虑，先富带动后富，因地制宜地进行流域内的"异地开发"，进行"造血式"补偿，下游地区给上游地区找到合适的发展空间，共同开发，共享收益，为上游地区的发展建立一种长效机制，例如下游地区因上游进行环保工作而获益，作为回馈，下游地区也可以为上游地区在本地区设立政策飞地，进一步帮助上游地区构建专门的产业园，或者为上游企业在下游市场设立相对优待的政策。总之，上游生态环境整体的提高将对下游地区的生态安全拥有极大的保障作用，对上下游地区的经济发展都将起到积极作用。同时，地方政府也应在国家宏观政策指导下，大力调整流域上下游地区的产业结构，促进上下游之间的生产关系进一步整合，并且将区域支持类项目列为建立生态环境补偿机制的重中之重。

依据《国务院办公厅关于健全生态保护补偿机制的意见》，生态补偿政策的完善在扶贫和乡村振兴工作及流域协同发展方面同样具有极为重要的意义，但是生态补偿和乡村振兴之间同时存在着协同效应和拮抗效应，所以推进生态补偿项目与乡村振兴共同发展就需要政府制定周密的生态补偿政策，然后周密设计具体的实施方案，充分提高二者之间的协同效应，大幅降低甚至去除二者之间的拮抗效应，结合生态补偿助力乡村振兴有效性、针对性和可持续性的目标构建相应的对接机制，以实现生态补偿有效助力乡村振兴的目的。在路径选择上，部分地区可以依托自然资源来打造乡村休闲旅游项目，带动特色补偿项目的发展。地方政府也应建立帮扶机制，为生态脆弱地区培养乡村旅游人才，并加强对其基础设施建设方面的技术指导服务；支持低收入农户参加相关专业技能培训，提升生态旅游服务行业的规范化、标准化水平。各地的相关行业协会也可以鼓励经济薄弱地区组建新型休闲农业和乡村旅游协会、产业及区域品牌联盟等组织，以适应新经济业态的发展，被帮扶地区也应努力形成自我管理、自我监督、自我服务的管理服务体系，以加快适应协同发展的趋势转变。

2.碳汇交易

碳汇交易一般是指从空气中清除二氧化碳的过程、活动、机制。而具体应用到流域生态补偿上而言，主要是指植树造林等生态建设行为所形成的植物吸收二氧化碳并将其固定在植被或者土壤中，从而减少二氧化碳在大气中的浓度。为了减少温室气体排放，国际社会在共同但有区别的原则下，制订了《联合国气候变化框架公约》和《京都议定书》，要求发达国家率先减少温室气体排放量，并规定了3种履约机制，即排放贸易（国家间温室气体排放权买卖）、联合履约（发达国家共同实施减排或者碳汇项目，将项目产生的减排量转让给另一个国家）和清洁发展机制（指发达国家到发展中国家实施项目所获得的碳信用额度，用于抵减发达国家的减排量），推动了国际碳汇市场的发育。参考国际做法和排污权交易机制，淮河流域管委会可以统筹管理，在流域内经济发达但环境资源紧张和经济欠发达但是环境承载能力较好的地区试行碳汇交易，进而达到经济发达地区主动支援、帮扶经济欠发达地区的目的。

3.生态标记

生态标记指的是政府对受环境影响比较大的产品赋予的一定的认证以提升其社会信誉的行为。生态标记能够较好地增加某个地区产品的知名度和美誉度。对于流域生态环境良好的地区而言，生态环境的附加值可以提高农副产品的市场价格和竞争能力，有利于增加经济效益。从实质上看，生态标记也可以说是政府的一种间接补偿。

从补偿效果的长短来看，上述生态补偿形式也可分为另外两个大类：一种是输血式补偿形式，另一种是造血式补偿形式。现实地说，我国的生态补偿形式主要是以国家的财政支付为主的输血式补偿形式。由于国家的财政投入与流域生态补偿资金需求相比是杯水车薪，因此存在着巨大的资金缺口，又由于输血型生态补偿无法解决发展权补偿的问题，无法解决生态保护和建设投入上自我积累、自我发展的问题以及补偿额度难以量化的问题，所以从长远看，我国流域生态补偿应当以造血式补偿为主、输血式补偿为辅的混合模式。

三、现阶段实施生态补偿政策的困难

国家层面的生态补偿研究和实践尚处于探索阶段，适合国情的不同层次和不同类型的生态补偿机制尚未形成。特别是流域生态环境补偿，涉及面广，触动利益多，问题更为复杂，如果不建立科学合理的流域生态补偿机制，势必影响整个流域环境、资源、经济、社会的协调发展。但是，构建流域生态环境补偿机制是一项复杂的系统工程，实施流域生态环境补偿会遇到许多困难和障碍，主要有以下几个方面：

（一）资源环境产权的界定

例如淮河流域存在资源过度开发、环境污染加重、生态恶化的问题，有部分学者认为问题的关键在于资源环境产权主体模糊和失位，只有明确界定资源环境产权主体才可以走出当前的困境。资源环境产权不清晰，就无法衡量经济行为的合理性与合法性，就没有对影响生态环境的行为进行惩罚和补偿的依据，有效的产权改革是建立生态补偿机制的推动力。

尽管我国产权制度改革已经取得了很大成效，但还存在产权界定不清、权利义务失衡、产权交易困难等问题，特别是在资源环境产权方面，这些问题会更加严重。同样，建立流域生态环境补偿机制存在的障碍之一也是如何界定生态环境产权，只有产权界定清晰，才能确定生态效益的提供者和受益者，才能界定生态服务的提供者和受益者。尽管国家确立了"谁开发、谁保护，谁受益、谁补偿"的生态补偿原则，但涉及具体补偿方案时，由于产权主体模糊难以确定生态效益的提供者和受益者，特别是在国家层面上实施大尺度区际的生态环境补偿时，这个问题就更加突出。淮河流域便是一个非常好的例子，好比处在流域中游的省份，对下游省份而言是上游，对上游省份而言又是下游，如果产权界定不清，则会存在环境贡献者与环境受益者利益"非对称性"，进而很难确定流域生态环境补偿主体、补偿对象和补偿标准。

有学者认为，产权是流域生态环境补偿形成的基本保证，流域生态服务产权清晰，可以为政府确定补偿对象和补偿标准提供依据，也可以为买卖双方确定交易平台。例如水权，可以在有关法律法规的保障下赋予水资源的使用权"可经营""可转让""可承包"等相关内涵，确立水资源使用权可按市场经济的原则转让、交易的合法地位。确定资源产权的前提是认可"环境有价"的理念，建议从国家层面尽快建立现代环境产权制度，特别是环境产权界定和交易制度，并尽可能遵循以下原则：（1）凡为创造良好的环境做出贡献的地区、企业或个人，应获得环境产权的收益；（2）凡享受了环境外部经济的地区、企业或个人，应向环境产权所有者支付相应的费用；（3）凡对环境造成损害的地区、企业或个人，应做出相应的经济赔偿。

（二）生态环境补偿标准确定

流域生态环境补偿标准的确定是流域内开展生态补偿的前提，是决定能否顺利实施补偿的关键。补偿标准的确定在很大程度上依靠对资源环境价值的评估，目前对资源环境价值评估的方法论述较多，但多数方法脱离实际，难以操作。由于生态环境价值本身难以量化和货币化的特性，给流域生态环境补偿的定量分析造成困难。国内外对于生态价值的评估还没有一套完整的评价标准和评估方法，因而很难得出确定流域生态环境补偿标准所需的科学依据。由于研究基础薄弱，对生态服务价值评估、生态补偿标准、生态补偿的组织方式等都需要开展大量的研究。

（三）法律法规不健全

健全的法律法规体系是建立流域生态环境补偿机制的前提和基础。环境政策的实施、生态建设项目的进行、环境管理工作的有效开展，都必须以法律为保障。目前，我国还没有统一的生态环境保护与建设的法律法规，有关生态补偿的文字只是零星散布在不同法律和政策文件中，相关的资源环境法对生态补偿的规定缺乏内在的协调，生态补偿的政策与法律多数局限于对正外部性行为给予补偿，对负外部性行为尤其是环境污染所造成生态功能损失需要的补偿存在政策、法律缺位，难以满足新形势下开展流域生态环境补偿工作的需求。

（四）管理体制和资金制约

单就国家层面来说，我国幅员辽阔，大江大河以及中小流域往往跨越若干省（自治区、直辖市），即使着眼于淮河流域，也是横跨 5 省 40 市的巨大区域。流域生态环境补偿机制直接触及重新调整流域上下游之间、干支流之间、左右岸之间、行政区之间的环境和经济利益关系，十分复杂。流域管理体制横向多部门管理，纵向管理体制不健全，又缺乏跨省的协调机制，已有的流域生态环境补偿还处在非制度化的自发阶段，省间的生态补偿往往因为无休止的讨价还价而陷入僵局。因此，需要建立流域跨行政区的区域协调管理机构（流域管委会），负责流域生态环境补偿工作。此外，流域生态环境补偿缺乏有效的资金保障，资金来源单一、资金管理不到位、资金使用效率低下等都是影响流域生态环境补偿机制建立的因素。

（五）生态补偿意识淡薄

长期以来，因为发展经济的客观需要，淮河流域甚至国家层面许多的资源、环境处于无偿或低价使用的状况。这种现象长期存在扭曲了人们从事经济活动对自然资源和环境的价值的认识，片面追求经济利益，因而过度开发和消耗自然资源，导致了资源短缺甚至枯竭、环境污染和生态恶化，直接影响到区域的可持续发展。由于长期无偿或低价使用生态环境，部分地方政府的生态补偿意识非常淡薄，对于自己在经济上的"搭便车"行为并不认为是占据了环境上的优势，甚至归纳于自身的努力和天赋，更有甚者认为区域间的生态补偿是一种施舍，加之对流域生态环境补偿政策及其实施效果又缺少综合评价，最终导致了生态补偿的长效机制难以建立。

参考文献

［1］安徽省财政厅课题组.支持皖北地区发展的财政政策研究［J］.决策，2009（9）.

［2］蔡安宁.淮河生态经济带建设构想［J］.江苏师范大学学报（自然科学版），2015（33）.

［3］曹冰冰，朱正业.近十余年来淮河流域经济开发研究述评［J］.阜阳师范学院学报（社会科学版），2017（4）.

［4］曹鑫.自由贸易试验区与区域对外开放研究［M］.北京：中国经济出版社，2020.

［5］曹玉华，夏永祥，毛广雄，蔡安宁，刘传明.淮河生态经济带区域发展差异及协同发展策略［J］.经济地理，2019（39）.

［6］陈博文，任志安.淮河流域经济增长、FDI与工业污染排放的时空研究［J］.嘉兴学院学报，2017（5）.

［7］陈捷.论信息化条件下税收征管流程重组［J］.财政研究，2003（12）.

［8］陈敬霄、卓翔芝、郑跃、邓高丹."一带一路"战略下皖北地区发展路径研究［J］.山东农业工程学院学报，2017（9）.

［9］陈磊.产业投资基金的积极作用［J］.中国金融，2017（24）:53-54.

［10］陈丽芬.以流通升级带动消费和制造业全面升级［N］.经济参考报，2020（7）.

［11］陈小川.关于促进沿淮及皖北地区现代农业发展的初步研究——以安徽为例［J］.劳动保障世界，2015（5）.

［12］陈小洁，张波.淮河生态经济带建设思考［J］.治淮，2017-4.

［13］陈裕平.产业投资基金视角下高速公路集团融资模式创新研究［J］.商业会计，2020（23）:77-79.

［14］程必定，袁宏.皖江城市带承接产业转移示范区建设对中国区域发展的时代价值［J］.江淮论坛，2010（6）.

［15］程必定."东中一体"协调发展的中部崛起新论［J］.区域经济评论，2018（6）.

［16］程必定.产业转移"区域黏性"与皖江城市带承接产业转移的战略思路［J］.华东经济管理，2010（4）.

［17］程必定.中国区域布局战略升级背景下的淮河流域发展［J］.区域经济评论，2015（6）.

［18］储德银，罗鸣令，贺晓宇.助推乡村振兴的财税政策优化与机制设计——2019年财税制度创新与乡村振兴国际研讨会综述［J］.经济研究，2019（54）.

［19］丁志伟.中原经济区"三化"协调发展的状态评价与优化组织［D］.河南大学，2014.

［20］杜鹰，等，农业投入与财税政策［M］.北京：中国农业出版社，2010.

［21］范富春，吴志明，徐晓云.西部大开发中新型融资方式的探索［J］.淮阴工学院学报，2002（02）:44-45.

［22］符永鑫.资源环境约束下淮河流域产业结构调整与经济发展方式转变研究［D］.安徽财经大学，2014.

［23］宫天廷、胡斌.基于矿山土地复垦与生态恢复治理方法分析［J］.现代农业研究，2020（26）.

［24］顾为东，张萍.淮河生态经济带发展规划研究［J］.江苏大学学报（社会科学版），2016（1）.

［25］顾为东，张萍.淮河生态经济带发展规划研究［J］.江苏大学学报（社会科学版），2016（18）.

［26］郭志斌.论政府激励性管制［M］.北京：北京大学出版社，2002.

［27］何刚，杨静雯，鲍珂宇，周庆婷.新型城镇化对区域生态环境质量的空间相关性及效应分析［J］.安全与环境学报，2020，20（5）.

［28］何雪松，王金平，唐晓虎.淮河水利委员会人才队伍现状及思考［A］.中国水利学会、水利部淮河水利委员会.青年治淮论坛论文集［C］.中

国水利学会、水利部淮河水利委员会:中国水利学会，2005.

［29］胡登峰.皖北经济社会发展研究报告皖北地区扩大开放及区域合作专题研究2016［M］.合肥：合肥工业大学出版社，2016.

［30］胡瑞，左其亭.淮河流域水资源现状分析及承载能力研究意义［J］.水资源与水工程学报，2008（5）.

［31］淮河流域水资源与水利工程问题研究课题组编著.淮河流域水资源与水利工程问题研究［M］.北京：中国水利水电出版社，2016.

［32］淮河生态经济带发展战略规划研究报告（摘要）［A］.中国生产力学会.2013——2014中国生产力发展研究报告［C］.中国生产力学会，2015.

［33］环境保护部关于进一步加快重点流域水污染防治规划实施的通知［EB/OL］.http://www.gov.cn/zxft/ft156/content_1169379.htm，2008-12-1.

［34］黄敦平，牛希璨，郑祥雨.淮河生态经济带绿色发展效率测度与评价［J］.西南科技大学学报（哲学社会科学版），2020，37（1）.

［35］黄汉权.建设支撑高质量发展的现代产业体系［J］.智慧中国，2018（5）.

［36］黄群慧."双循环"新发展格局　未来我国经济政策的重要目标和着力点［J］.财经界，2020（28）.

［37］黄仲德.矿山开采对生态环境的影响及矿区生态修复分析［J］.中国资源综合利用，2020（38）.

［38］季晓芳."一带一路"背景下江苏经济发展的机遇与挑战［J］.现代商贸工业，2017（20）.

［39］贾康，刘薇.构建现代治理基础中国财税体制改革40年［M］.广东：广东经济出版社，2017.

［40］贾寿良.淮河港口投资与建设模式探讨［J］.科技信息，2014-12.

［41］江妍妍，李仲.淮安市特色产业基地发展现状分析［J］.现代工业经济和信息化，2018（8）.

［42］姜信宇.不断提升企业自主创新能力［N］.经济日报，2012-07-13（6）.

［43］孔凡斌.建立我国矿产资源生态补偿机制研究［J］.当代财经，2010（2）.

［44］孔伟，张飞.淮河生态经济带土地城镇化水平与质量协调度区域差异分析［J］.资源与产业，2018，20（1）.

［45］黎元生、王文烂、胡熠.论构建矿产资源开发的生态补偿机制［D］.北京大学，2008.

［46］李刚，唐诗雨.淮河生态经济带产业结构优化对生态效率的影响分析［J］.安徽农业大学学报（社会科学版），2020，29（4）.

［47］李虎，尹昌斌，信军.国家现代农业示范区特色农业发展规划研究以河南省渑池县为例［M］.北京：中国农业科学技术出版社，2016.

［48］李利华.我国流域生态补偿机制的成效、问题与对策——《财政科学》专题沙龙总第12期会议综述［J］.财政科学，2020（12）.

［49］李玲.水资源非农化对粮食生产的影响及应对策略研究［D］.山东农业大学，2020.

［50］李猛.新时期构建国内国际双循环相互促进新发展格局的战略意义、主要问题和政策建议［J］.当代经济管理，2021（1）.

［51］李胜.跨行政区流域水污染府际博弈研究［M］.北京：经济科学出版社，2007.

［52］李姝.区域产业分工合作的内在机理与路径研究［D］.合肥工业大学，2012.

［53］李双平.对欠发达地区商业银行发展投资银行业务的思考［J］.甘肃金融，2004（05）:45-47.

［54］李太淼.构建和完善有中国特色的自然资源和环境产权制度［J］.中州学刊，2009（4）.

［55］李武军.中原经济区现代产业体系发展及制度创新研究［D］.武汉大学，2012.

［56］李怡庭.全国水质监测规划概述［J］.中国水利，2003（1）.

［57］梁威.战略性新兴产业与传统产业协调发展研究［D］.江西财经大学，2016.

［58］廖文根、李锦秀、彭静.我国水资源保护规划中若干定量化问题的探讨
　　　〔J〕.水力发电，2002（5）.

［59］林后春.关于组建环渤海发展银行的可行性研究〔J〕.环渤海经济瞭
　　　望，1999（05）:21-24.

［60］刘德军，张靖会.促进山东省区域协调发展的财税政策研究〔M〕.北
　　　京：中国经济出版社，2015.

［61］刘国斌.论亚投行在推进"一带一路"建设中的金融支撑作用〔J〕.东
　　　北亚论坛，2016（2）.

［62］刘倩.促进皖北优势产业发展的财政政策优化研究〔D〕.安徽大学，
　　　2012.

［63］刘通、陈龙桂.流域生态补偿的政策框架研究〔J〕.中国经贸导刊，
　　　2009（9）.

［64］刘西涛，王炜.现代农业发展政策研究〔M〕.北京：中国财富出版社，
　　　2016.

［65］ 刘晓磊.PPP模式在开发区建设中的应用与思考——以河北省为例
　　　〔J〕.经济论坛，2016（08）:141-143.

［66］刘晓林、洪磊、冯棣.1998—2017年淮河流域水资源变化趋势分析
　　　〔J〕.安徽农业科学，2020（48）.

［67］刘笑晓.流域生态保护补偿法律制度建设研究〔D〕.甘肃政法学院，
　　　2018.

［68］ 刘学敏、张生玲.中国企业绿色转型:目标模式、面临障碍与对策
　　　〔J〕.中国人口·资源与环境，2015（25）.

［69］刘勇.河南省战略性新兴产业发展研究〔D〕.河南大学，2011.

［70］楼建军，李建业.山东的水利建设〔M〕.济南：山东人民出版社，
　　　2006.

［71］栾贵勤，孙克任，杨渡.大学与企业孵化器的分工与合作〔J〕.长春大
　　　学学报，2002（4）.

［72］吕慧娜.应对欠发达地区"资金外流"的政策路径——以政策性银行
　　　"政策性"功能回归为中心〔J〕.税务与经济，2020（01）:12-18.

［73］ 马成文，彭娜.淮河生态经济带生态经济发展水平评价研究［J］.中原工学院学报，2018，29（2）.

［74］马成文，夏杰.淮河生态经济带中心城市影响力比较分析［J］.经济研究导刊，2021（1）.

［75］马东来.基于GIS的农业洪涝灾害风险评价［D］.东北师范大学，2013.

［76］马庆华.流域生态补偿政策实施效果评价方法及案例研究［D］.清华大学，2015.

［77］马晓琴.投资银行业务及其在西部地区的发展路径思考［J］.经贸实践，2016（02）:171.

［78］潘霞，范德成.区域投资环境与招商引资［M］.北京：人民邮电出版社，2009.

［79］庞娟.产业转移与区域经济协调发展［J］.理论与改革，2000（3）.

［80］彭学军.流域管理与行政区域管理相结合的水资源管理体制研究［D］.山东大学，2006.

［81］戚树发.废弃矿山地质环境治理工程项目管理应用研究［D］.山东科技大学，2008.

［82］ 秦柳.内陆城市后发赶超与对接"一带一路"战略——以蚌埠市为例［J］.开发研究，2016（4）.

［83］任志安.资源环境约束下的淮河流域经济发展方式转变研究［M］.北京：人民出版社，2018.

［84］阮君，何刚，王莹莹.淮河生态经济带安徽段产业转型与生态环境的耦合协调分析［J］.黑龙江工程学院学报，2020，34（4）.

［85］ 芮明杰.构建现代产业体系的战略思路、目标与路径［J］.中国工业经济，2018（9）.

［86］芮明杰.中国新型产业体系的构建与发展研究［M］.上海：上海财经大学出版社，2017.

［87］ 邵敏.淮河流域区域合作的创新与淮河生态经济带建设［J］.中国发展，2016（16）.

［88］申现杰、肖金成.国际区域经济合作新形势与我国"一带一路"合作战

略［J］.宏观经济研究，2014（11）.

［89］ 沈晓梅，向敏.协同视阈下淮河生态经济带绿色高质量发展及其空间特征研究［J］.水利经济，2020，38（6）.

［90］石杰、陈海峰.浅谈发展生态智慧城市的策略［J］.智能城市，2020（6）.

［91］石婷.流域生态共建共享机制必要性探讨［A］.中国法学会环境资源法学研究会（China Law Society Association of Environment and Resources Law，CLS-AERL）、昆明理工大学.生态文明与环境资源法——2009年全国环境资源法学研讨会（年会）论文集［C］.中国法学会环境资源法学研究会（China Law Society Association of Environment and Resources Law，CLS-AERL）、昆明理工大学:中国法学会环境资源法学研究会，2009（5）.

［92］宋洪远.新型农业社会化服务体系建设研究［J］.中国流通经济，2010（24）.

［93］ 宋建军.流域生态环境补偿机制研究［M］.北京：中国水利水电出版社，2013（4）.

［94］宋剑.环渤海地区经济发展的金融支持研究［D］.河北大学，2006.

［95］ 宋鹏臣、姚建、马训舟、吴小玲.我国流域生态补偿研究进展［J］.资源开发与市场，2007（11）.

［96］孙芳.产业投资基金支持实体经济发展及其风险防控研究［J］.时代金融，2018（35）:352-353.

［97］孙睿男，任新平.现代农业的现状及发展对策研究［J］.粮食科技与经济，2020（45）.

［98］孙卫，邱立军，张园园.水资源统一调度工作进展及有关考虑［J］.中国水利，2020（21）.

［99］ 孙修远.江苏沿海发展战略对宿迁经济的影响分析——基于区域发展的视角［J］.淮海工学院学报（社会科学版），2010（7）.

［100］孙语圣.改革开放以年来淮河流域的商业市场与消费研究［J］.安徽农业大学学报（社会科学版），2019（3）.

［101］索罗丹，李凡，朱晓东.淮河生态经济带产业承接能力和承接方向分析［J］.生态经济，2021，37（1）.

［102］汤芳.自然资源的价值与有偿使用研究［J］.经济论坛，2004（20）.

［103］万伦来，胡志华，余晓钰.淮河流域产业结构调整战略研究［J］.安徽科技，2009（11）.

［104］汪建国.深化地方税收征管改革的若干建议［J］.税务研究，2013（9）.

［105］王发曾.三化协调与四化同步:中原经济区的战略选择［J］.地域研究与开发，2013（5）.

［106］王福强.建设淮河生态经济带　助力全流域同步小康［J］.全球化，2015（8）.

［107］王慧英.林业低碳经济发展模式［J］.湖北农机化，2020（12）.

［108］王金南，万军，王倩，苏洁琼，杨丽阎，肖旸.改革开放40年与中国生态环境规划发展［J］.中国环境管理，2018（10）.

［109］王瑾、张广磊.建立健全生态安全预警机制，维护生态安全——从法律与政策层面完善生态安全预警机制［J］.商品与质量，2011（8）.

［110］王俊豪，等.现代产业组织理论与政策［M］.北京：中国经济出版社，2000.

［111］王蕾，闪辉.江淮分水岭地区现代农业发展研究［J］.安徽农业科学，2015（43）.

［112］王七萍.基于DEA的淮河生态经济带城市绿色发展效率分析［J］.安徽广播电视大学学报，2020-4.

［113］王文月，葛立群.农业农村现代化与产业科技创新研究［M］.北京：北京科学技术文献出版社，2019.

［114］王晓军.关于欠发达地区企业融资方式创新思考［J］.特区经济，2006（07）:320-321.

［115］王晓燕.河南省新型城镇化产业支撑体系研究［J］.华北水利水电大

学学报（社会科学版），2014（30）.

［116］王鑫义.淮河流域经济开发史［M］.合肥：黄山书社，2000.

［117］王英，闫磊.矿产资源生态补偿制度探究［D］.辽宁省法库县环境保护局，2008.

［118］王有强，卢大鹏.地方政府经济行为:激励制度与科学发展［J］.中国行政管理，2010（2）.

［119］王玉章.中国今年的抗洪救灾斗争［J］.瞭望周刊，1991（38）.

［120］吴春梅.推进淮河生态经济带建设的思考［N］.安徽日报，2020–11–17.

［121］吴国玺，李长坡，郑敬刚.创新型产业集聚区形成的机理及发展模式研究［J］.资源开发与市场，2010（26）.

［122］习近平.决胜全面建成小康社会 夺取新时代中国特色社会主义伟大胜利——在中国共产党第十九次全国代表大会上的报告（2017–10–18）［J］.前进，2017（11）.

［123］肖兴志，韩超，赵文霞，邓菁，齐鹰飞，曹志来，郭晓丹，万丛颖，李姝，王建林，王岭，王雅洁，李少林.发展战略、产业升级与战略性新兴产业选择［J］.财经问题研究，2010（8）.

［124］徐辉.流域生态系统管理的保障体系研究——理论与实践［D］.兰州大学，2008.

［125］徐颖，张庆，高璐，柳西强.欠发达地区发展产业投资基金研究［J］.财会研究，2012（23）:73–76.

［126］荀德麟.淮河生态经济带文旅产业联动发展的思考［J］.江苏地方志，2020–6.

［127］杨静雯，何刚，周庆婷，鲍珂宇.淮河生态经济带水资源利用效率的空间溢出效应研究［J］.水力发电，2020，46（1）.

［128］文彦，杨劲青.西部地区直接融资的方式与对策研究［J］.新疆金融，2001（03）:37–39.

［129］姚公安."一带一路"沿线欠发达地区基础设施融资模式:项目融资视角［J］.现代管理科学，2017（03）:66–68.

［130］叶立生.淮河生态经济带发展战略思路［J］.宏观经济管理，2014（12）.

［131］叶知年.论自然资源物权受限下的生态补偿机制［J］.福建政法管理干部学院学报，2007（2）.

［132］尤飞，罗其友.淮河流域农业发展问题与对策研究［J］.农业环境与发展，2012（29）.

［133］于万春、姜世强、贺如泓.水资源管理概论［M］.北京：化学工业出版社，2007.

［134］于紫萍，许秋瑾，魏健，等.淮河70年治理历程及"十四五"展望［J］.环境工程技术学报，2020（5）.

［135］余明桂，范蕊，钟慧洁.中国产业政策与企业技术创新［J］.中国工业经济，2016（12）.

［136］袁振宇，朱青，等.税收经济学［M］.中国人民大学出版社，2006.

［137］张春梅，王敏，朱云浩，任启龙.基于BCC-DEA模型的淮河生态经济带生态效率评价［J］.淮阴师范学院学报（自然科学版），2020，19（4）.

［138］张浏.安徽淮河流域水污染防治的多元化融资模式研究［J］.南京邮电大学学报（社会科学版），2014，16（03）:81-86.

［139］张挺.淮河流域水利院校"人才兴淮"供给侧探究［J］.安徽水利水电职业技术学院学报，2020，20（4）.

［140］张效功.促进我国区域协调发展的财税体制机制研究［J］.财会研究，2010（1）.

［141］张亚萍，马博文，张露.淮安市绿色金融发展情况的调查与分析——基于淮河生态经济带建设背景［J］.经济研究导刊，2021-1.

［142］张衍毓，王静，陈美景.河南省粮食生产核心区建设的战略思考［J］.中国土地科学，2012（26）.

［143］张耀辉.传统产业体系蜕变与现代产业体系形成机制［J］.现代工业经济和信息化，2012（2）.

［144］赵大平.政府激励、高科技企业创新与产业结构调整［M］.北京：

中国经济出版社，2012.

［145］赵蓉、赵立祥、苏映雪.全球价值链嵌入、区域融合发展与制造业产业升级——基于双循环新发展格局的思考［J］.南方经济，2020（10）.

［146］赵疏航，何刚，李恕洲，杜宇.淮河生态经济带城市经济承载力的多维测度［J］.延边大学学报（自然科学版），2020，46（3）.

［147］郑利.安徽融入长三角经济圈中的产业战略定位［D］.湖南大学，2006.

［148］郑林岚.全面深化改革优化发展环境［J］.发展研究，2015（12）.

［149］郑镇亚.淮河流域的现代农业发展规划——以淮滨县为例［J］.农业工程技术，2017（37）.

［150］周黎安.转型中的地方政府：官员激励与治理［M］.上海：格致出版社，2008.

［151］周晓艳，章芳，张苗苗.长江经济带城市土地利用效率的影响因素及其空间溢出效应研究［J］.测绘与空间地理信息，2020，43（4）.

［152］周莹.抢抓淮河生态经济带发展机遇［N］.连云港日报，2020-11-05.

［153］周映华.流域生态补偿及其模式初探［J］.水利发展研究，2008（3）.

［154］周志强，王飞.淮河流域水污染成因及防治对策探讨［J］.中国水利，2005（22）.

［155］左学金.泛长三角产业转移与区域合作［J］.江淮论坛，2010（1）.

图书在版编目（CIP）数据

淮河生态经济带发展政策保障研究 / 程广帅编著 .
—武汉 ： 长江出版社，2022.5
（淮河生态经济带发展研究丛书）
ISBN 978-7-5492-8320-0

Ⅰ . ①淮… Ⅱ . ①程… Ⅲ . ①淮河 - 流域 - 生态经济 -
区域经济发展 - 经济政策 - 研究 Ⅳ . ① F127

中国版本图书馆 CIP 数据核字 (2022) 第 080606 号

淮河生态经济带发展政策保障研究
HUAIHESHENGTAIJINGJIDAIFAZHANZHENGCEBAOZHANGYANJIU
程广帅　编著

出版策划：赵冕　张琼
责任编辑：蔡梦轩
装帧设计：汪雪
出版发行：长江出版社
地　　址：武汉市江岸区解放大道 1863 号
邮　　编：430010
网　　址：http://www.cjpress.com.cn
电　　话：027-82926557（总编室）
　　　　　027-82926806（市场营销部）
经　　销：各地新华书店
印　　刷：武汉新鸿业印务有限公司
规　　格：787mm×1092mm
开　　本：16
印　　张：15.25
彩　　页：4
字　　数：320 千字
版　　次：2022 年 5 月第 1 版
印　　次：2023 年 8 月第 1 次
书　　号：ISBN 978-7-5492-8320-0
定　　价：118.00 元